DRIVE:
5중 충돌이 만드는 산업 대전환의 법칙

DRIVE:
5중 충돌이 만드는 산업 대전환의 법칙

지은이 | 이경상

1판 1쇄 인쇄 | 2026년 1월 28일
1판 1쇄 발행 | 2026년 2월 2일

펴낸곳 | (주)지식노마드
펴낸이 | 노창현
표지 디자인 | 블루노머스
본문 디자인 | 푸른나무
등록번호 | 제313-2007-000148호
등록일자 | 2007. 7. 10
(04032) 서울특별시 마포구 양화로 133, 1202호(서교동, 서교타워)
전화 | 02) 323-1410
팩스 | 02) 6499-1411
이메일 | knomad@knomad.co.kr

값 25,000원

ISBN 979-11-92248-39-4 (13320)

D
R
I
V
E

DRIVE

5중 충돌이 만드는 산업 대전환의 법칙

이경상 지음

nomad
지식노마드

서문

상련지개(想連智個), 대전환의 시대를 살아가는 기업의 생존 공식

998834

"3~4년 안에 혁신을 달성하는 기업만이 향후 99년 동안 팔팔(88)하게 번영할 수 있다."

건배사에서 많이 쓰이는 위의 숫자를 필자는 산업 대전환의 시대를 헤쳐 나가기 위한 기업의 생존공식으로 재해석했다(건배사로는 "99세까지 팔팔하게 살다가 3~4일만 앓고 사후세계로 떠나는 것이 행복"이라는 장수를 기원하는 뜻이다).

이 책은 예측서가 아니라 예견서(Foresight Book)다. 미래를 읽는 방법에는 세 가지가 있다 — 예측, 예지, 그리고 예견이다. 예측은 과거의 데이터를 기반으로 확률을 계산하는 능력이고, 예지는 감각과 직관으로 미래의 변화를 감지하는 능력이며, 예견은 그 둘을 넘어 변화의 패턴과 목적을 해석하는 통찰이다. 앞으로의 미래는 선형적 진화가 아니라 단절과 재구성이 반복되는 흐름으로 전개된다. 따라서 불연속의 시대를 이해하는 힘은 통계가 아니라 패턴을 읽는 눈에서 나온다. 이 책은 바로 그 '예견의 시각'을 제시한다.

기술·정치·세대·기후·금융이 동시에 재편되는 지금, 변화의 주기는 인간의 생애보다 훨씬 짧아졌다. 지금 결단하지 않으면, 3~4년 뒤에는 이미 시장이 사라져 있을 것이다. 2026년을 기점으로 세계는 또 한 번의 산업적 분기점에 들어선다. 미국의 리쇼어링과 트럼프 복귀로 촉발된 공급망 재편, 스테이블코인 법제화로 시작된 화폐 질서의 혁명, AI 에이전트가 주도하는 지능경제의 출현, Zα(Zalpha)세대가 만들어가는 소비 질서의 전환, 그리고 순환경제와 기후테크가 이끄는 지속가능한 산업의 재설계 — 이 다섯 개의 거대한 물결이 바로 이 책의 핵심 키워드인 DRIVE(Decoupling, Regulation, Intelligence, Vitality, Ecology)이다.

DRIVE는 2026년 이후 산업의 판을 바꿀 다섯 가지 대전환을 중심으로 구성되어 있다. 미국과 중국의 분리(Decoupling), 화폐의 혁명(Regulation), 지능의 확장(Intelligence), 세대의 교체(Vitality), 생태의 복원(Ecology)이 그것이다. 이 다섯 개의 축은 서로 분리된 트렌드가 아니라, 정치·경제·기술·세대·환경이 서로 얽혀 만들어내는 복합적 변동의 생태계다. 이 책은 이러한 구조적 변화를 '예측'이 아닌 '예견'의 관점에서 해석한다. 변화가 왜 일어나는지, 어디로 향하는지를 분석하며, 그 안에서 기업이 어떻게 경쟁우위를 확보할 수 있는지를 구체적으로 제시한다.

이 책은 또한 한국 산업의 전략적 좌표를 재조정하는 나침반이다. 5개 분야에서 서로 다른 대전환을 이끄는 힘이 충돌하며 만들어낼 미래라는 거대한 맥락에서 한국형 대응 전략과 실행 가능한 로드맵을 함께 제시한다.

대전환 시대의 미래를 두려워하기보다, 변화 속의 기회를 포착하는 것이 중요하다. 미래는 위기가 아니라 재배열의 과정이다. 기술의 파괴는 새로운 시장의 창조로 이어지고, 산업의 붕괴는 새로운 가치사슬의 탄생으로 전환된다. 따라서 이 책은 위험을 피하기 위한 생존 매뉴얼이 아니라, 기회를 선점하기 위한 전략적 지도(Compass of Transformation)이다.

DRIVE는 불연속성의 시대를 헤쳐 나가는 방향 감각을 제공한다.

D는 '글로벌 공급망의 지도를 다시 쓰는 힘이다.'

R은 '화폐의 흐름을 재편하는 새로운 규칙이다.'

I는 '기업의 조직과 가치사슬을 재구성하는 협력적 지능이다.'

V는 '시장 질서를 바꾸는 세대의 힘이다.'

E는 '지속가능성을 촉진하는 친환경 혁신이다.'

이 책에서 저자가 독자 여러분에게 말하고 싶은 것은 단순한 경고가 아니다.

"변화가 오고 있다"는 말은 더 이상 정확하지 않다. 변화는 이미 시작되었으며 동시에 서로 충돌하고 있다.

글로벌 공급망 재편, 스테이블코인과 화폐 질서의 변화, AI 에이전트의 확산, Zα세대의 부상, 그리고 순환경제와 기후테크의 압박. 독자들은 이미 어딘가에서 들어본 이야기일지도 모른다. 그러나 이 다섯 가지가 같은 시점에, 같은 기업을 향해 동시에 작동할 때, 변화는 '트렌드'가 아니라 산업의 구조 자체를 바꾸는 충돌이 된다. 이 책이 말하는 '산업 대전환'이란 바로 이 동시성의 충돌에서 비롯된다.

각 Part의 마지막에 등장하는 '미래 실험실(Future Lab)'은 단순한 상상이나 추측이 아니라, 지금 현실에서 실행 가능한 미래 시나리오를 탐구하는 공간이다. 미래를 예측하는 것이 아니라, 대전환의 흐름 속에서 '실행 가능한 미래'를 검증하는 공간이다. 중국 경제가 침몰할 경우에 한국 산업에 미칠 영향, 스타벅스의 스테이블코인을 활용한 새로운 서비스, 고령화된 농업이 AI로 새로운 돌파구를 찾는 활용법, AI가 산불을 예측하고 숲을 복원하는 방법 등은 가장 큰 사회적 이슈들이 대전환의 패러다임에 어떻게 영향을 받고 기회를 찾아 변화할 수 있는지를 현실적 시나리오로 전개해보는 실험들이다. '미래 실험실'은 가능성의 담론이 아니라 실행의 무대이며, 지금 존재하는 기술과 제도로 '현실적 미래를 설계하는 법'을 보여준다.

디지털 기술과 산업 패러다임 전환을 30년 이상 현장에서 연구하고 실천해 온 미래 예견과 혁신 전문가인 필자에게는 산업 패러다임 변화를 관통하는 철학이 있다. 바로 상련지개(想連智個), 즉 상상하고(想), 연결하며(連), 지성으로 협력하고(智), 개인의 고유함을 확장하는(個) 인간의 새로운 경쟁 언어다. 상(想)은 세상을 다르게 보는 힘이고, 연(連)은 만물을 연결하는 능력이며, 지(智)는 인간과 AI가 공진화하는 하이브리드 지능이고, 개(個)는 초개인화의 시대에 인간의 고유한 의미를 지켜내는 정체성이다. 상련지개는 기술이 아니라 태도이며, 대전환의 시대를 이끄는 기업의 생존 철학이자 DRIVE 전체를 관통하는 정신이다.

이 책이 독자에게 단순한 미래 전망이 아니라 결정의 도구가 되기를 바란다. 불연속성의 시대에는 정답보다 방향이 중요하다. DRIVE는 그 방향을 제시한다. "어디로 가야 하는가, 무엇을 바꿔야 하는가, 그리고 왜 지금이어야 하는가?" 앞으로의 3~4년은 지난 30년보다 더 큰 변화를 만들어낼 것이다. 이 책을 읽은 독자가 대전환의 흐름을 읽고, 자신만의 전략적 결정을 내리는 통찰력을 얻기를 바란다. 그 통찰력을 기반으로 선제적으로 미래를 설계하고 행동하는 기업만이 99년의 번영을 누릴 수 있다고 믿는다.

산업의 미래는 기술이 아니라 상상력의 방향이 결정한다. 그리고 상상력은 행동으로 옮겨질 때 혁신이 된다. 이 책은 변화의 지도를 읽는 능력, 그리고 그 지도를 행동으로 옮기는 용기를 위한 나침반이다.

2025년 12월 31일 새해를 여는 희망의 마음으로

KAIST 문술미래전략대학원 이경상 드림

차례

PART 3. Intelligence

AI로 증강되는 일터, 하이브리드 인텔리전스

PART 4. Vitality

Zα세대, 경제·사회의 미래 권력

PART 5. Ecology

순환경제로의 대전환과 기후테크의 부상

프롤로그

산업 대전환의 나침반, DRIVE의 개념과 기회 창출

미래, 예측이 아니라 예견이 필요한 시대

2026년을 기점으로 세계 산업의 판이 다시 움직이고 있다. 전례 없는 속도로 얽히는 지정학, 기술, 세대 교체의 파도 속에서 기업은 '예측(Forecasting)'보다 '예견(Foresight)'의 시대에 들어섰다. 데이터로 확률을 계산하는 능력만으로는 불연속적 변화의 파동을 감당할 수 없다. 직관과 통찰을 바탕으로 변화의 징후를 미리 읽어내는 능력, 즉 예견이 필요하다.

그리스의 철학자인 헤라클레이토스는 "우주에 변하지 않는 유일한 것은 '변한다'는 사실뿐이다"라고 했다. 기업은 결코 진공 속에서 살지 않는다. 모든 것은 변화와 상호작용하면서 발전한다. 모든 산업과 시장

대전환의 시대, 5년을 이끄는 5가지 힘 DRIVE

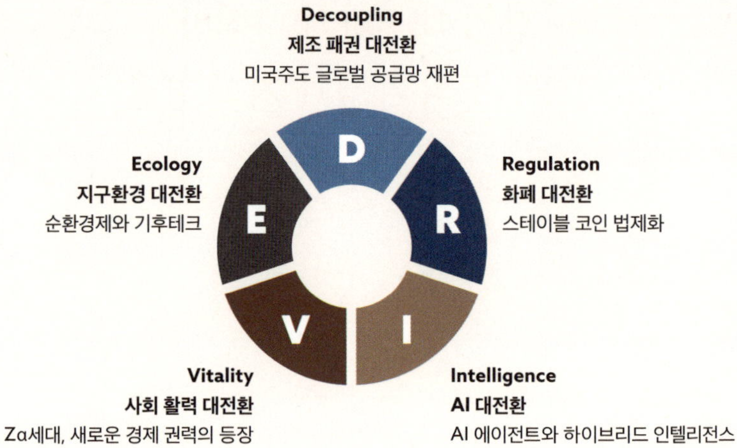

의 변화는 정치(Political), 경제(Economic), 사회(Social), 기술(Technological), 환경(Environmental), 법제(Legal)라는 여섯 가지 거대한 힘의 영향을 받는다. 이 여섯 요소를 구조적으로 분석해 미래 변화를 읽어내는 방법이 바로 PESTEL 분석이다. PESTEL은 단순한 외부환경 분석 도구가 아니라, '산업 생태계의 지각변동을 조기에 감지하고 전략적 대응을 설계하기 위한 탐침(Probe)'이다. 기업이 지속적으로 성장하려면, 이 여섯 가지 힘을 체계적으로 이해해야 한다.

- 정치(Political)는 정부 정책, 지정학, 무역 전략, 세제와 같은 국가적 의사결정이 산업에 미치는 영향을 다룬다. 이 책에서는 트럼프의 귀환과 미국의 초당적 리쇼어링 정책이 바꾸는 글로벌 제조 패권의 대전환을 다룬다.

- 경제(Economic)는 금리, 환율, 물가, 성장률, 금융제도 등 자본의 흐름을 좌우하는 변수들이다. 스테이블코인의 법제화로 화폐의 개념 자체가 바뀌면서 다양한 산업의 가치사슬이 재편된다.
- 사회(Social)는 인구구조, 세대 특성, 문화적 가치관의 변화다. 이 책에서는 Zα세대의 부상으로 파생되는 경제 활력의 구조적 재편을 다룬다.
- 기술(Technological)은 새로운 생산도구이자 경쟁력의 근원이다. 이 책에서는 AI 에이전트 시대에 인간과의 협업을 통해 바뀌는 기업의 가치사슬을 중점적으로 다룬다.
- 환경(Environmental)은 기후위기, 에너지 전환, 순환경제와 같은 지속가능성 이슈를 포괄한다. 이 책에서는 순환경제로의 대전환과 기후테크가 산업에 미치는 영향과 비즈니스 기회를 다룬다.
- 법제(Legal)는 제도와 규칙의 변화로, 기업의 행동 가능 영역을 규정한다. 스테이블코인이나 AI 관련 규제의 등장처럼, 법은 기술의 속도를 따라잡기 위해 끊임없이 진화한다. 이 책에서 금융과 법제는 스테이블코인 규제의 흐름 속에서 하나의 구조로 통합되며 규제(Regulation)라는 축으로 수렴된다.

대전환의 시대, 5개 동인은 어떻게 추출되었는가?

필자는 PESTEL 분석에서 추출된 다섯 가지 변화의 동인을 DRIVE라 정의하고, 이것들이 만들어낼 산업의 방향과 기업의 기회 창출 방안을 이 책의 5개 Part에서 제시하고자 한다.

5대 대전환	DRIVE	핵심 아젠다
제조 패권 대전환	Decoupling	트럼프의 귀환, 글로벌 제조패권과 중국 리스크
화폐 개혁 대전환	Regulation	스테이블코인 법제화와 화폐 흐름의 재설계
인공지능 대전환	Intelligence	AI 에이전트와 하이브리드 인텔리전스의 확장
사회 활력 대전환	Vitality	Zα(Zalpha)세대, 경제·사회의 미래 권력
환경 복원 대전환	Ecology	순환경제로의 대전환과 기후테크의 부상

"만약 이 다섯 개의 변화가 같은 시점에, 같은 기업을 향해 작동한다면 기업의 전략은 어떻게 달라져야 하는가?"

이것이 책 전체를 관통하는 질문이다.

공급망을 바꾸는 순간, 결제와 화폐 구조가 함께 바뀌고

AI를 도입하는 순간, 조직문화와 세대 갈등이 동시에 발생하며

친환경 전략을 선택하는 순간, 자본 접근성과 규제가 연결된다.

이제 기업은 더 이상 하나의 변화에 하나의 전략으로 대응할 수 없다. 이것이 예측이 아니라 예견의 방법론으로 'DRIVE: 5중 충돌이 만드는 산업 대전환의 법칙'을 쓴 이유다.

위기(Crisis)의 어원은 'Krisis', 즉 '결정의 순간'이다. 위기는 단순히 위험이 아니라, 판단과 결단이 요구되는 분기점이다. "더 큰 위협은 더 큰 기회와 함께 온다." 2020년 팬데믹 이후, 디지털 기술은 사회와 산업의 구조를 완전히 재편했다. 리쇼어링으로 대표되는 제조 공급망의 대이동, 스테이블코인을 중심으로 한 금융 질서의 전환, AI 에이전트의 기업 내 확산, Zα세대의 부상, 그리고 인간과 AI의 협업이 만들어내는

하이브리드 인텔리전스, 더 이상 참을 수 없는 지구의 환경 위기 등은 모두 이러한 '결정의 순간'을 우리에게 강제한다.

마키아벨리가 말했듯, "새 질서를 만드는 것보다 더 어려운 일은 없지만, 그것을 이루는 자가 권력을 얻는다." 그리고 찰스 다윈의 말처럼 "가장 강한 종이 아니라, 변화에 가장 잘 적응하는 종이 살아남는다."

2026~2030 산업 대전환, DRIVE의 핵심 요약

DRIVE는 2026~2030년, '공급망-화폐-지능-세대-지구'라는 5가지 축이 동시에 재편되며 기업 혁신의 규칙을 다시 쓰는 산업 대전환의 지도다.

D - Decoupling: 트럼프의 귀환, 글로벌 제조 패권의 대전환

- 트럼프는 1987년부터 30년 넘게 관세 압박·공장 이전·일자리 회복을 일관되게 주장해 왔다.
- Made in America는 공화당·민주당이 공유하는 초당적 기조로, 글로벌 제조 공급망의 거대한 재편을 예고한다.
- 중국 경제의 구조적 침체는 한국 기업에 새로운 기회와 리스크를 동시에 제공한다.

➡ 2030년까지 공급망 재구성 전략을 마련한 기업만이 생존과 도약의 기회를 잡게 된다.

R – Regulation: 스테이블코인 법제화와 화폐 흐름의 재설계

- 지니어스법 제정으로 미국은 스테이블코인을 2026년부터 제도권 화폐로 공식 편입했다.
- 스테이블코인을 결제·정산·리워드·고객 경험에 통합한 기업이 새로운 화폐 질서의 주도권을 확보한다.
- 화폐 질서의 재편은 금융을 넘어, 모든 산업의 가치 흐름을 다시 쓰는 체제 변화로 이어진다.

➡ 2030년까지 프로그래머블 머니는 전 산업의 비용 구조·정산 속도·고객 경험을 다시 정의할 것이다.

I – Intelligence: AI 에이전트와 하이브리드 인텔리전스의 확장

- AI 에이전트는 기업 가치사슬 전체를 다시 설계하는 인간과의 자율적 협업 파트너인 '하이브리드 인텔리전스'로 진화하고 있다.
- 개인·조직·산업 전반에 확산되는 하이브리드 인텔리전스는 생산성 향상, 의사결정, 경쟁우위의 힘을 재정의한다.
- 디지털 AI, 피지컬 AI, 생형형 AI와 인간의 직관, 속도와 통찰, 효율과 의미가 결합되는 지점에서 새로운 조직 운영체계가 탄생한다.

➡ 2030년까지 '퀀텀 워커·퀀텀 리더'로 전환한 기업은 그렇지 않은 기업보다 최소 4배 이상의 경쟁우위를 확보하게 된다.

V - Vitality: Zα세대, 경제·사회의 미래 권력

- Z세대와 α세대는 태어나면서부터 디지털과 AI를 자연어처럼 사용하는 최초의 AI 네이티브 세대다.
- 이들의 선택을 얻지 못하는 기업은 미래의 고객도, 미래의 인재도 동시에 잃는다.
- Zα는 단순 소비자가 아니라 산업 생태계의 미래 규칙을 다시 짜는 구조적 영향력을 가진 세대다.

➡ 2030년까지 Zα의 가치·언어·문화 코드를 이해한 기업만이 지속적 번영을 보장받는다.

E – 순환경제로의 대전환과 기후 테크의 부상

- 탄소 감축은 선언이 아니라 수출·규제·금융 접근성을 좌우하는 경쟁력 그 자체다.
- 순환경제의 핵심은 '버리고 재활용하는 구조'가 아니라, 설계 단계에서 순환을 내재화하는 구조 혁신이다.
- 기후테크는 지구 회복을 산업 혁신과 수익 창출로 연결하는 미래형 기술 무기다.

➡ 2030년까지 순환·탄소·에너지 혁신을 외면한 기업은 새로운 산업 질서에서 자연스럽게 배제될 것이다.

DRIVE가 영향을 주는 글로벌 경제적 가치

이 책에서 제시하는 DRIVE의 경제적 가치 예측은 단순한 미래 전망이 아니라, 2026년부터 2030년까지 세계 산업 구조를 근본적으로 바꿀 다섯 가지 변화 동인을 정량적으로 보여주는 분석이다. 이 책이 DRIVE를 핵심 변화 동인으로 선정한 이유는, 다섯 가지가 정치·금융·기술·세대·인간 역량이라는 전혀 다른 축에서 움직이지만, 서로 연결되어 산업 생태계 전체를 재편하는 '거대한 상호작용'을 만들어 내기 때문이다.

독자들을 위해 DRIVE가 글로벌 산업과 경제에 영향을 주는 가치를 분석해 보았다. 모든 수치는 2026년과 2030년을 기준으로 비교하며, 중간 연도는 복합 성장률(CAGR)로 추정했다. 환율은 1달러당 1,430원을 적용했고, 인플레이션을 반영하지 않은 명목가치 기준이다. 예측 방식은 각 동인별로 명확히 구분했다. D(Decoupling)는 미국 중심의 리쇼어링과 중국 이탈 이후 프렌드쇼어링 지역(멕시코·인도·ASEAN 등)으로 이동하는 제조·무역 가치의 흐름을, R(Regulation)은 스테이블코인 법제화가 가져올 금융·결제·유통 산업의 비용 절감과 신규 수익 효과를, I(Intelligence)는 멀티 AI 에이전트가 산업 생산성에 미치는 순효과를 측정했다. V(Vitality)는 Z세대와 α세대가 만들어내는 소비력과 시장 지배력의 성장 규모를, E(Evolution)는 하이브리드 인텔리전스 솔루션(디지털 AI, 피지컬 AI, 생성형 AI의 결합)의 실제 시장 매출 규모를 산정했다.

중복 계산을 피하기 위해 '산업 생산성 효과'(I)와 '솔루션 매출'(E)을 별도로 구분했고, 모든 항목은 보수적 가정 아래 계산했다. 데이터는 맥킨지, IDC, 보스턴 연준, 로이터, 뱅크오브아메리카, 가트너 등 글로벌 기관의 2024~2025년 자료를 종합해 평균값으로 제시했다.

결과적으로, 2026년 기준 글로벌 경제에 미치는 DRIVE의 2030년 시장의 종합 가치는 최소한 약 25경 원 이상으로 확대될 것으로 보인다.

- Decoupling은 미국 제조·데이터센터 투자 및 아시아 재배치 무역 가치로 2026년 $320B(₩458조)에서 2030년 $410B(₩586조)로 성장한다.
- Regulation은 스테이블코인 확산으로 결제·정산비 절감 및 리워드 신수익을 합쳐 2026년 $38B(₩55조)에서 2030년 $75B(₩100조)로 확대된다.
- Intelligence는 멀티 AI 에이전트 확산으로 생산성 순가치가 2026년 $0.5T(₩715조)에서 2030년 $1T(₩1,500조)까지 증가한다.
- Vitality는 Zα세대의 소비 지출이 2026년 $9T(₩13경)에서 2030년 $15T(₩22경) 규모로 확대되어 세계 소비의 40%를 차지할 전망이다.
- Ecology는 재활용·에너지 회수·기후테크·탄소자산 시장을 포함한 순환경제 가치사슬의 확장으로, 2026년 $1T(약 ₩1,500조)에서 2030년 $2.5T(약 ₩3,650조) 규모로 성장할 전망이다.

요약하면, DRIVE는 미래를 설명하는 다섯 개의 키워드가 아니라, 경제적 가치와 기업 생존 전략을 연결하는 프레임워크다. 이러한 거대한 경제적 영향도는 2026~2030년이 글로벌 제조 패권의 재편과 스테이블코인, AI 에이전트, Zα세대, 하이브리드 인텔리전스 그리고 순환경제가 동시에 경제 구조를 다시 짜는 대전환의 시기라는 간접적 지표가 된다. 이 다섯 축은 각각 움직이지만, 서로 상호작용하며 전체 경제 효과를 기하급수적으로 확대시킨다.

상련지개(想連智個): 산업 대전환 시대의 경쟁 원리

우리가 살고 있는 시대는 단순한 기술적 변화가 이끄는 것이 아니다. 문명의 가치체계 자체가 바뀌고 있다. 산업혁명 이후 우리는 두 가지 큰 경쟁의 논리를 경험해 왔다. 하나는 중후장대(重厚長大), 다른 하나는 경박단소(輕薄短小)였다.

중후장대에서 경박단소를 거쳐 상련지개의 시대로 이동

중후장대(重厚長大): 제조의 대전환, 기계의 시대

중후장대는 크고 무겁고 두껍고 길게, 즉 규모와 물리적 힘을 키우는 것이 경쟁력이던 시대의 논리다. 공장을 크게 짓고, 철강과 기계 같은 중후한 산업을 중심으로 성장하던 시기였다. 포드 자동차의 조립라인, 조선업과 제철업이 국가 경제를 이끌던 시대가 그 예다. 효율이 곧 생산력이었고, 생산력은 곧 경쟁력이었다. 크기가 곧 국력이었다. 대량생산과 물리적 자본이 부를 결정했다.

경박단소(輕薄短小): IT의 대전환, 디지털 기술의 시대

이후 디지털 기술이 등장하면서 경쟁의 기준은 완전히 바뀐다. 가볍고, 얇고, 짧고, 작게 만드는 것이 경쟁력이 되었고, 이를 우리는 경박단소라고 부른다. 반도체, 스마트폰, 인터넷, 디지털 기기의 소형화와 효율이 세상을 지배한다. 이 시대의 승자는 '속도'와 '효율'을 장악한 기업이었다. 반도체, IT, 스마트폰, 인터넷 산업이 이를 상징했다. "크기보다 속도가, 힘보다 정보가 중요했다. 정보의 신경망이 산업의 신경계가 되었다.

상련지개(想連智個): AI의 대전환, 지성의 시대

지금 우리는 '상상으로 연결하고, 지성으로 협력하며, 개인에 맞춘 세상으로 초월하는' 시대에 진입했다. 속도와 효율을 넘어선, 완전히 다른 경쟁의 DNA가 부상하고 있다. 바로 상련지개(想連智個)다.

- **想** (상상) : 모든 변화는 꿈을 꾸는 것에서 시작된다
- **連** (연결): 만물과 연결하는 능력이 경쟁력이다
- **智** (지능): AI와의 협업으로 퀀텀 엔터프라이즈로 변신하라
- **個** (개인): 초개인화·초개별화로 경쟁력 우위를 달성하라

想 (상상): 모든 변화는 꿈을 꾸는 것에서 시작된다

오늘날 지식은 더 이상 경쟁력이 아니다. 인공지능은 이미 인간이 쌓아온 대부분의 지식을 기억하고 있으며, 필요할 때 즉시 찾아준다. 지

식의 양과 정교함에서는 인간이 인공지능을 이길 수 없다.

그렇다면 인간은 무엇으로 경쟁할 것인가? 정답을 찾는 능력이 아니라, 질문을 새롭게 던지는 능력, 그것이 바로 상상이다. 상상은 '없는 것을 만드는 힘'이 아니라, '세상을 다르게 바라보는 관점의 전환'이다. 아이디어의 출발점은 지식이 아니라, 문제를 바라보는 시선이다.

애플은 휴대폰을 '전화'로 보지 않고 '손 안의 컴퓨터'로 상상했다. 테슬라는 자동차를 '제품'이 아니라 '업데이트되는 플랫폼'으로 바라봤다.

세상을 바꾼 것은 언제나 기술이 아니었다. 진짜 변화를 만든 것은 상상력의 방향이 바뀌는 순간이었다. 증기기관이 산업혁명을 이끈 것도, 전기가 세상을 밝힌 것도, 결국은 인간이 세상을 다르게 상상하기 시작했기 때문이다.

지금 우리는 다시 한 번 상상력의 대전환기에 서 있다. AI와 블록체인, 그리고 스테이블코인으로 대표되는 기술들은 그 자체로 혁신이 아니다. 진짜 혁신은, 그 기술을 통해 새로운 세상을 상상하는 방식이 바뀌는 일이다.

산업의 대전환이란 결국 상상력의 경쟁이다. 이제 상상력은 영감이 아니라 전략이 되고, 창의력은 선택이 아니라 생존의 언어가 된다. 기술은 도구에 불과하지만, 상상력은 방향을 정한다. 앞으로의 시대를 움직이는 힘은 기술이 아니라, 무엇을 그리고 어떻게 상상하느냐에 달려 있다.

連 (연결): 만물과 연결하는 능력이 경쟁력이다

미래의 경쟁력은 더 이상 '내가 얼마나 많이 소유했는가'가 아니라, '얼마나 넓고 깊게 연결되어 있는가'로 결정된다. 기업의 크기나 효율이 아니라, 만물과 연결되는 능력이 새로운 경쟁의 기준이 되고 있다.

과거의 기업은 공장과 제품을 중심으로 내부 효율을 높였다. 하지만 이제는 인간, 사물, 데이터, 공간, 그리고 인공지능까지 모두 연결된 거대한 생태계가 기업의 무대가 되었다. 아마존은 물류망을 넘어서 소비자, 판매자, 공급자, 데이터, 클라우드를 하나의 유기체처럼 통합했다. 현대자동차는 자동차를 '이동수단'이 아니라 '데이터를 주고받는 플랫폼'으로 확장하고 있다.

이제 경쟁은 기업 대 기업이 아니라 생태계 대 생태계의 전쟁이다. 한 조직의 한계는 더 이상 내부 역량으로 결정되지 않는다. 얼마나 다양한 주체와 데이터를 연결해 지식의 네트워크를 구축하느냐가 핵심이다. 연결은 관계의 총합이 아니라, 새로운 가치가 태어나는 통로다.

모든 것은 연결될 때 살아 움직인다. 사람과 제품, 고객과 기업, 도시와 시민, AI와 인간이 서로 연결될 때 진정한 혁신이 일어난다. 연결의 밀도와 반응 속도가 기업의 미래를 좌우한다. 끊김 없이 이어지는 연결의 힘이야말로 디지털 문명에서 가장 강력한 자본이다. 예를 들어 아마존은 재고 데이터·고객 행동·물류 경로·결제 흐름을 AI로 하나의 생태계로 연결해 '데이터가 스스로 움직이는 공급망'을 구축했다. 이 연결 한 번으로 재고 회전율은 3배 개선되고, 예측 정확도는 90%까지 향상되었다. 연결은 단순한 통합이 아니라 새로운 가치가 생성되는 순간이다." 따라서 기업의 핵심 질문은 이제 이렇게 바뀐다. "무엇을 만들 것인가?"가 아니라 "무엇과 연결될 것인가?" 만물과 연결하는 능력, 그것이 곧 미래 경쟁력의 본질이다.

智 (지능): AI와의 협업으로 퀀텀 엔터프라이즈로 변신하라

지금까지의 인공지능은 인간의 일을 대신하는 자동화 도구로 여겨졌다. 그러나 진정한 전환은 대체가 아니라 결합에서 일어난다. AI가 인간의 경쟁자가 아니라, 지능의 동반자가 될 때 비로소 새로운 가치가 태어난다.

하이브리드 인텔리전스(Hybrid Intelligence)는 인간의 직관과 인공지능의 연산이 결합된 새로운 형태의 지능이다. 인간은 '왜'라는 맥락을 이해하고, AI는 '어떻게'를 계산한다. 인간은 의미를 구성하고, AI는 패턴을 찾아낸다. 양쪽의 지능이 서로를 보완할 때, 기업은 과거에 없던 속도와 깊이의 사고를 동시에 획득한다.

BMW의 AI 공정 시스템은 인간의 감각으로 포착하기 어려운 불량을 실시간으로 감지하고, 인간 작업자는 그 데이터를 기반으로 품질 개선의 방향을 설정한다. AI는 눈이고, 인간은 마음이다. AI가 데이터를 해석하면, 인간은 그 해석을 사회적 가치로 전환한다. 이 상호작용이 바로 하이브리드 인텔리전스의 작동 방식이다.

이제 기업의 경쟁력은 '얼마나 많은 데이터를 보유하는가?'가 아니라, 그 데이터 속에서 'AI와 인간이 얼마나 잘 협력하여 가치를 만들어내는가?'로 결정된다. AI는 논리를 빠르게 결합하지만, 인간은 그 논리를 '맥락적 판단'으로 전환한다. 이 두 지능이 함께 작동할 때, 조직은 단순히 효율적인 체계를 넘어 지혜로 일하는 시스템으로 진화한다.

하이브리드 인텔리전스의 시대에는 개인의 직무도, 기업의 경영도 달라진다. 결정은 더 이상 단일 지성에 의존하지 않는다. AI가 제시한 수많은 가능성 중에서 인간은 윤리와 감성을 바탕으로 '의미 있는 선택'을 내린다. 이것이 바로 인간과 AI가 공진화(Co-evolution)하며 만들어 가는 새로운 지능의 형태다.

결국 지능은 혼자 생각하는 능력이 아니라 인공지능들과 함께 사고하는 능력이다. 하이브리드 인텔리전스는 인간의 한계를 기술이 보완하고, 기술의 냉정함을 인간의 통찰이 덮어주는 협력의 지능이다. 이 지능의 융합이야말로 상련지개의 세 번째 DNA, 즉 '지(智)'가 의미하는 새로운 경쟁력의 본질이다.

個(개인): 초개인화·초개별화로 경쟁력 우위를 달성하라

개(個)는 초개인화 시대에 산업과 조직의 운영 단위를 정밀하게 재구성하는 능력이다. 기술이 고도화될수록 경쟁의 단위는 '기업 전체'가 아니라, 고객·직원·공정·설비·시장의 개별 단위(Unit)로 세분화된다. AI는 고객을 평균값으로 묶지 않고 각 개인의 구매 맥락·패턴·선호를 실시간으로 분석해 제품 설계·가격·프로모션·물류 수준에서 다르게 반응하는 시장을 만든다. 이러한 단위 기반 접근은 리테일, 제조, 금융, 의료 등 모든 산업에서 매출·재고·수익 구조의 근본적 재설계를 가능하게 한다.

초개인화는 소비자에게만 적용되는 개념이 아니다. 공장에서는 AI가 각 설비의 미세한 상태를 '개별 개체로 식별'하여 부품 교체 시점·열화 패턴·고장 확률을 예측하며 전체 설비를 일률적으로 관리하던

경쟁 논리	핵심 경쟁력	상징어	대표 기업 문명
중후장대 (重厚長大)	물리적 크기와 생산력	철과 강철의 문명	2차 산업혁명: 제조혁명의 시대
경박단소 (輕薄短小)	속도와 정보의 효율	실리콘과 반도체의 문명	3차 산업혁명: 디지털혁명의 시대
상련지개 (想連智個)	상상·연결·지능·개인화	AI와 인간의 공진화 문명	4차 산업혁명: 하이브리드 인텔리전스 혁명

경쟁 논리의 시대별 변화

시대를 끝낸다. 조직에서는 직원의 경험·숙련도·업무 스타일을 개별적으로 파악해 교육·업무배정·인사평가가 '팀 단위'가 아니라 개별 역량 단위로 최적화된다. 기업의 생산성은 평균적 성과가 아니라, 각 단위에서 발생하는 미세한 최적화들의 합에 의해 기하급수적으로 증가한다.

또한 시장 역시 더 이상 세그먼트 단위가 아니라 개별 고객·개별 수요·개별 맥락으로 작동한다. 자동차·에너지·패션·헬스케어 기업은 고객의 라이프스타일, 지역별 수요, 사용 패턴, 지불 의향을 AI로 분석해 제품 기획 단계부터 미세 조정된 공급전략을 구축한다. 이 과정에서 기업의 경쟁력은 규모의 경제보다 정밀함의 경제(Economy of Precision)로 이동한다.

따라서 개(個)는 개인주의적 의미가 아니라, 산업과 기업이 운영·생산·고객관리·조직설계의 모든 단위를 세분화하고 최적화하는 전략적 능력이다. 기업이 개의 능력을 갖추면 시장의 평균값에 의존하지 않고 실시간 데이터 기반의 '개체 수준 의사결정'을 통해 높은 전환율, 낮은 비용, 정교한 예측, 더 빠른 혁신을 실현할 수 있다. 초개인화는 결국 기술이 개인을 위한 서비스가 아니라, 산업 전체의 운영 정밀도를 극대화하는 경쟁 시스템으로 진화했음을 의미한다.

대전환의 시대에 경쟁은 더 이상 '큰 기업 vs. 큰 기업'이 아니라, 얼마나 정밀하게 단위를 파악하고 실시간으로 대응하는 기업 vs. 그렇지 못한 기업의 싸움이다. 초개인화.초개별화를 관리할 수 있는 능력을 가진 기업이 DRIVE가 만들어내는 산업 재편 속에서 지속가능한 우위를 구축할 수 있다.

PART 1

Decoupling

트럼프의 귀환, 글로벌 제조 패권의 대전환

Decoupling
Regulation
Hybrid Intelligence
Vitality
Ecology

트럼프의 귀환은 4년이면 끝나는 개인의 정치 이벤트가 아니라 세계 제조업의 질서를 다시 짜는 대전환의 신호다. 효율 중심으로 엮였던 글로벌 공급망은 이제 '국가 이익'을 기준으로 재편되고, 제조업이 다시 세계 패권의 중심으로 돌아오고 있다.

트럼프는 1980년대부터 '관세는 협상의 무기, 제조는 패권의 근본'이라는 신념을 일관되게 유지하고 있다. 그는 미국을 '세계의 시장'이 아니라 '세계의 공장'으로 되돌려서 미국의 경제패권을 리셋하려고 한다. 중국 의존 공급망을 빠르게 해체하고 제조업을 중심으로 리쇼어링과 프렌드쇼어링을 추진하고 있다. 제조업의 기준이 값싼 노동력에서 '정치적 신뢰·기술 주권·공급망 안정성'으로 바뀌고 있으며, 반도체를 중심으로 한 기술 패권 경쟁이 글로벌 경제전쟁의 핵심축이 되고 있다.

앞으로 5년 동안 세계 산업 질서가 어떻게 재편될까? 산업의 미래 지형도를 읽는 항해를 시작해보자. Part1에서는 다음 주제를 설명하고, '글로벌 제조 패권 재편기에 필요한 한국 기업의 5대 전략 과제'를 제시한다.

1. 트럼프의 관세전쟁과 파괴적 협상술
2. 미국의 제조정책 변화와 글로벌 공급망 재편 전략
3. 위기의 중국 경제, "세계의 공장이 떠나면, 제국의 심장도 멈춘다"
4. 글로벌 기업들의 제조 전략 변화

미래 실험실 중국 경제 침몰에 대응하는 한국의 시나리오는 무엇인가?

트럼프의 관세전쟁과 파괴적 협상술

1

트럼프에 대해 알아야 할 3가지 불편한 진실

한 잔의 술도 마시지 않는 절제의 포식자

트럼프는 겉보기에 세속적 욕망의 상징처럼 보이지만, 실제로는 놀랄 만큼 절제하는 인물이다. 그는 술을 마시지 않고 담배를 피운 적도 없다. 커피나 약물도 멀리한다. 절제의 배경에는 그의 신념이 있다. '통제력은 생존의 기본'이라고 믿는다.

트럼프의 아버지 프레드 트럼프는 뉴욕 부동산 시장의 거물이었지만, 그의 형인 트럼프 주니어는 알코올 중독으로 생을 비극적으로 마쳤다. 이 사건은 트럼프의 세계관을 근본적으로 바꿨다. 젊은 시절부터 '의지력이 곧 경쟁력'이라고 믿은 도널드 트럼프는 비즈니스·방송·

정치까지 모든 영역에서 '통제'의 원리를 선택의 가장 중요한 기준으로 삼고 있다. 그래서 그의 언행은 즉흥적으로 보이지만, 실제로는 계산된 퍼포먼스다. X(옛 트위터)에서 표출하는 분노조차 감정의 폭발이 아니라, 상대의 약점을 드러내고 언론의 시선을 집중시키려는 전략적 분노(Performed Rage)다.

그의 금욕은 도덕이 아닌 권력 유지의 기술이며, 모든 움직임은 자신이 원하는 결과를 얻기 위한 전략적 통제의 범위 안에서 이루어진다. 그는 '본능적 협상가'가 아니라 계산된 전략으로 상대를 파괴해서 자신이 원하는 것을 얻는 '이기적이고 전략적인 포식자'이다.

지난 30년간 변하지 않는 생각, 관세 무기화

트럼프의 미국 최우선 경제 철학은 1987년 《뉴욕타임스》에 실린 전면 광고 한 장으로 요약할 수 있다.

트럼프 경제 철학의 원형을 보여주는 1987년 광고

"수십 년 동안 일본과 다른 나라들은 미국을 이용해 왔습니다."
광고에 실린 트럼프가 서명한 편지는 이렇게 시작한다. 이어서 일본과 중동이 미국의 지원을 남용해서 이익을 편취하고 있다고 주장한 후, 편지는 그의 핵심 주장으로 넘어간다.
"일본, 사우디아라비아, 그리고 다른 나라(NATO)들이 우리가 동맹국으로서 제공하는 보호에 대한 비용을 지불하게 해야 한다."

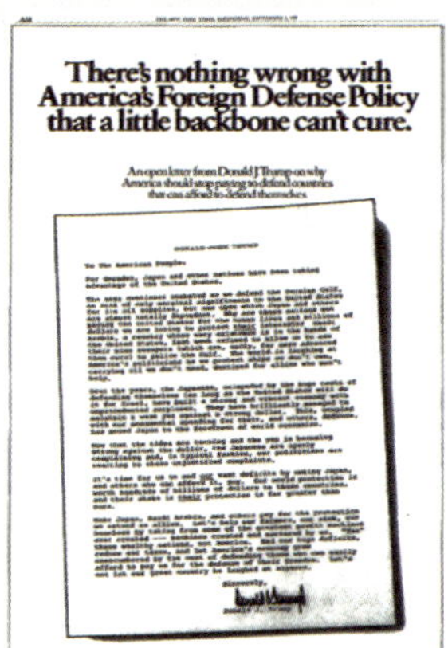

"우리나라에서 만들어내고 키운 기계에서 이익을 최대한 획득해서 우리 농부, 병자, 노숙자를 도와야 한다."

"미국이 아니라 부유한 나라에 '세금'을 부과하라."

"관세를 높여서 그들에게 압박을 가하라."

1987년 광고 이후 지난 30여년간 변하지 않은 트럼프의 미국 최우선 경제 철학은 한 문장으로 요약할 수 있다. "적자를 줄이는 유일한 길은 공장을 되찾는 것이다."

그 해법이 거칠고 때로는 과격해서 충동적으로 보이지만, 트럼프는 일관되게 같은 진단을 반복해 왔다. 트럼프에게 관세는 무역정책이 아니다. 그것은 만성적 무역적자 국가로 전락한 미국 경제를 치료하기 위한 외과적 수술 도구에 가깝다.

트럼프는 1980년대 후반부터 줄곧 같은 경고를 해왔다. "세계는 미국을 이용하고 있다(The world is laughing at us의 중의적 해석)." 그의 눈에 미국은 금융과 소비로 번영하는 동안, 제조 기반을 잃어버린 제국이었다. 자유무역이라는 이름 아래 공장은 해외로 이전했고, 일자리는 사라졌으며, 기술과 생산 역량은 중국과 멕시코로 흘러갔다. 실제로 1980년대 초 미국 GDP의 약 20%를 차지하던 제조업 비중은 10%대로 하락했다. 트럼프는 이 변화를 우연이 아닌 시스템의 실패로 해석했다.

그의 신념은 단순했다. 그리고 지난 30여 년간 한 번도 바뀐 적이 없다.

"자유무역은 공정하지 않다. 미국만 희생하고 있다."

트럼프가 관세정책으로 노리는 진짜 목표는 무역수지 개선이 아니다. 그의 목적은 미국 제조 생태계의 회복이다. 관세는 협상의 카드이자, 리쇼어링을 촉발하는 신호다. 그는 관세를 '공장을 되돌리는 자석'으로 규정해 왔다. 실제로 트럼프 1기 2018~2019년, 미국 제조업 고용은 약 48만 명 증가했고, 일부 기업들은 중국과 멕시코 대신 미국 남부 지역으로 생산 거점을 옮기기 시작했다. 이 성과가 관세의 직접적 결과인지에 대해서는 논쟁의 여지가 있지만, 제조업 회귀라는 흐름이 가속화된 것만은 부인하기 어렵다.

트럼프에게 연간 1조 달러에 육박하는 무역적자는 단순한 통계가 아니다. 그것은 미국이 상실한 경제 주권의 증거이며, 사라진 제조 기반의 결과다. 그가 말하는 '공정무역(Fair Trade)'은 무역 규칙을 조금 손보자는 제안이 아니다. 그것은 제조 패권을 되찾기 위한 경제 주권 회복 운동에 가깝다.

그래서 그의 관세정책은 경제학 교과서의 효율 논리보다 안보와 자존심을 앞세운다. 단기적인 물가 상승이나 교역 감소보다, 장기적인 제조 생태계의 복원을 더 중시한다. 관세는 세금을 걷기 위한 수단이 아니라, 공장을 다시 불러들이기 위한 무기라는 인식이 그의 사고를 지배한다.

"적자를 줄이려면 공장을 되찾아야 하고, 공장을 되찾으려면 관세라는 무기를 들어야 한다." 이 단순한 명제가 지난 수십 년간 트럼프의 정책 사고를 관통해 왔다.

트럼프 2기인 2025년말에 언론은 대부분 관세의 단기 성과와 실패 사례에 집중해 보도하고 있다. 그러나 우리가 주목해야 할 것은 관세정책의 성패가 아니다. 중요한 것은, 설령 트럼프의 관세정책이 경제적으로 실패한다고 해도, 미국의 제조정책 방향 자체가 되돌려지지는 않을 것이라는 사실이다. 이미 미국은 초당적으로 '제조의 귀환'을 국가 전략으로 선택했다. 반도체, 배터리, 방산, 에너지, 핵심 부품 산업에서 미국은 더 이상 글로벌 효율을 우선하지 않고, 미국 내의 통제력과 회복 탄력성을 우선한다. 제조 패권을 복원하려는 미국의 장기 여정과 그에 따른 변화가 '한국 기업의 전략, 공급망, 투자 판단에 어떤 구조적 선택을 요구하는가'에 우리는 집중해야 한다.

트럼프는 실패할 수 있다. 그래도 미국 제조 중심 전략은 남는다.

공화당 강령과 이념으로 행동하는 기존 질서의 파괴자

많은 사람들이 트럼프를 기존 정치 질서를 파괴하는 예외적 인물로 본다. 하지만 그의 행보를 면밀히 따라가 보면 오히려 공화당의 정체성을 가장 순수하게 구현하는 정치인 중 하나라는 점이 드러난다. 본능적으로 움직이는 것처럼 보이지만, 그의 정책과 언어는 철저하게 공화당 강령과 보수 진영의 이념적 청사진에 뿌리를 두고 있다.

2024년 7월 8일 발표한 공화당 정강 「America First: A Return to Common Sense」는 그의 두 번째 행정부가 따를 운영 매뉴얼에 가깝다. 16페이지의 이 문서는 경제·이민·교육·안보 등 10개 분야에서 20개의 핵심 원칙을 제시하며, 제조 주권 회복, 불법 이민 통제, 에너지 자립, 교육의 탈좌경화를 국가 목표로 규정한다. 이는 트럼프가 첫 임기 동안 밀어붙였던 정책과 거의 완벽히 일치한다. 그는 '직감으로 정치하는 인물'이 아니라, 공화당 강령을 '행동 매니페스토(Action Manifesto)'로

Project 2025의 산업패권 전략 핵심 요소

1. 글로벌 공급망 재편	2. 미국 주도 제조정책	3. 대 중국관계(디커플링)
• "미국 중심 공급망" 복업 • 리쇼어링(reshoring) & 니어쇼어링(nearshoring) 강화 • 공급망을 단순 경제 이슈에서 안보 프레임으로 격상	• 전통부터 첨단까지 미국 내 제조업 르네상스 • CHIPS 법을 펀드에서 지분투자·직접 통제 모델로 전환 • 에너지·자원 중심 제조 전략	• 전략적 경쟁자에서 적국으로 규정 • 전면적 고율 관세를 무기화 • AI 반도체 분야에 전방위적 제재 • 탈중국 공급망 가속화

삼아 실천하는 정치가이다.

이 강령의 배후에는 보수진영의 방대한 싱크탱크 네트워크가 존재한다. 강령의 핵심은 헤리티지 재단이 주도한 '프로젝트 2025(Project 2025)'에서 정리한 내용이다. 이 프로젝트는 수백 명의 보수 엘리트, 전직 행정부 인사, 정책 전문가들이 참여해 차기 공화당 행정부의 조직 구조와 정책 개편안을 설계한 이념적 청사진이며, 트럼프 2기 행정부의 정책 운영 프로토콜로 기능한다.

트럼프의 복귀는 개인의 귀환이 아니라 보수 진영 전체가 기획한 '체제의 귀환(Systemic Return)'이다.

그가 외치는 "America First"는 공화당 강령의 중심 문장이며, '프로젝트 2025'의 행정 개편안 철학과 연결되어 있다. 그의 관세정책, 이민정책, 에너지 독립, 교육 개혁 역시 보수진영이 오랫동안 추구해온 '작은 정부·강한 국방·자립경제'라는 세 기둥 위에서 작동한다. 이처럼 보수의 강령에 가장 충실한 트럼프의 복귀는 한 정치인의 컴백이 아니라, 보수 이념의 귀환, 그리고 미국 보수주의의 전면적 복원을 의미한다. 이 때문에 트럼프의 재집권은 단순한 정권 교체가 아니라, 미국 정치사에서 이념에 맞춰 국가 운영 시스템을 재설계하려는 실험이라고 평가할 수 있다.

트럼프의 협상술, 미국식 경제패권 알고리즘

트럼프의 협상은 감정을 폭발시키는 것처럼 보이지만, 사실은 치밀하게 계산된 연극이다. 1987년에 출간한 『거래의 기술(The Art of the Deal)』은 미국식 패권 협상의 매뉴얼이며, 그가 스스로 규정한 '슈퍼 갑의 협상 방식'을 체계화한 문서다.

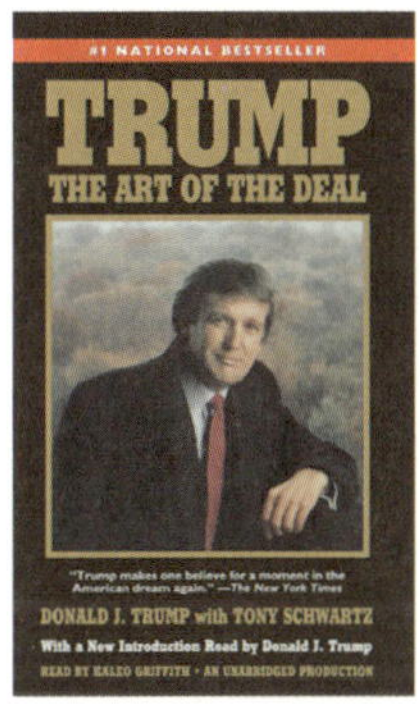

"거래란 상대를 이기기 위한 기술이 아니라, 상대를 나의 조건으로 움직이게 만드는 예술이다."

이 문장은 그의 협상 철학을 정확히 요약한다. 그의 협상 알고리즘은 일관된 다섯 단계의 패턴을 따른다. 외형적으로는 돌발적이고 감정적으로 보이는 행동이 사실은 계산된 전략적 연출이다. 트럼프는 종종 "성경 다음으로 많이 읽은 책이 『거래의 기술』"이라고 말한다. 그는 본능이 아니라 계산된 체계적 전략에 따라 행동한다. 필자의 눈에는 그의 '당황스러운 행동'조차 협상 전술의 일부로 보인다.

Big Think, 크게 생각하라. 작은 합의는 의미가 없다

'방위비 100% 인상, 관세 200% 부과', 트럼프는 협상 초반에 언제나 상대를 놀라고 당황하게 만든다. 그는 책에서 작은 타협을 '패배의 다른 이름'이라고 말한다. 목표를 크게 잡을수록 상대는 두려워하고, 판은 커지며, 반사 이익은 급증한다. '중국 전체에 대한 고율 관세', 'NATO 전체의 방위비 인상 요구'는 단순한 경제·안보 이슈가 아니라, 판 자체를 재설정하는 빅딜(Big Deal)의 출발점이다. 트럼프는 미시적 조정이 아닌 구조적 리셋을 노린다. 강력한 존재가 내세우는 큰 목표 앞에서 상대는 협상 전에 이미 심리적으로 밀리게 된다. 그가 한 번의 발언으로 시장을 흔드는 이유가 바로 여기에 있다.

Leverage, 지렛대를 쥐어라. 상대의 약점을 협상의 무기로 바꿔라

트럼프는 '힘 없는 협상은 존재하지 않는다'고 단언한다. 그는 협상 테이블에 앉기 전에 반드시 지렛대(Leverage)를 확보한다. 그 지렛대는 경제에서는 '관세', 외교에서는 '주둔 미군 철수', 금융에서는 '달러 기축통화'다. 그는 이 지렛대를 교묘히 조합해 상대를 불안하게 만든다. 한국과 일본에는 '방위비 증액' 요구를, 유럽에는 'NATO 분담금 인상'을, 중국에는 '대만 독립'이라는 압박 카드를 던진다.

이처럼 그의 협상술은 공포의 균형(Fear Balance) 위에 세워진다. 상대가 잃을 것이 많을수록(공포감이 클수록), 스스로의 협상력은 커진다고 믿는다.

Maximize Options, 항상 대안을 만들어라. 독점 당하지 말고 의존시켜라

트럼프는 하나의 시나리오에 자신을 가두지 않는다. 항상 여러 개의 옵션을 만들어두고, 상대가 트럼프에게 매달릴 수밖에 없는 구조를 설계한다. 중국과의 무역전쟁에서 "협상이 결렬돼도 미국은 버틸 수 있다"는 태도는 단순한 허세가 아니라 그의 계산된 전략이다. 그는 공급망, 환율, 군사, 에너지라는 서로 다른 지렛대를 동시에 움직이고, 늘 '플랜 B'와 '플랜 C'를 손에 쥐고 협상에 임한다.

이 다중 옵션 전략은 상대에게 강력한 심리적 압박을 준다. "미국은 선택지가 많고, 너희는 거의 없다." 트럼프 협상의 핵심은 바로 이 구조에 있다. 원래 미국이 상대에게 의존하는 것처럼 보였던 관계를 뒤집어, 상대가 미국에 더 의존하도록 만드는 '의존의 역전(Reverse Dependency)'이 트럼프식 협상 방식의 본질이다.

Use Pressure, 압박하라. 약점을 찾고, 흔들고, 굴복시켜라

트럼프는 협상에서 절대로 감정을 보이지 않는다. 대신 압박의 기술을 구사한다. 그는 상대의 약점을 찾아내고, 그것을 반복적으로 찔러서 피로감을 유발한다. 멕시코에는 국경 장벽과 불법 이민을, 한국과 일본에는 방위비 분담을, 중국에는 기술 이전 강요와 무역적자 문제를 집요하게 제기한다. 트럼프의 압박은 단기적 승부가 아니라, 자신의 대안에 대한 상대의 견고함을 시험하는 장기전이다. 그는 상대가 무너질 때까지 물러서지 않는다. 이것이 그의 협상술이 실상은 '거래의 기술'이 아니라 '압박의 기술'로 불리는 이유다.

Get the Word Out, 여론을 장악하라. 협상은 무대 위의 심리전이다

트럼프는 협상을 테이블 위의 대화가 아니라, 전 세계가 지켜보는 쇼로 만든다. 그의 진짜 무대는 회의실이 아니라, SNS와 자신에게 우호적인 언론이다. 그는 언론의 헤드라인을 협상 도구로 활용하며, 여론을 움직여 상대를 고립시킨다. 트럼프에게 언론은 전투의 병기다. 그는 비판조차 활용한다. '모든 관심이 나에게 집중된다면, 이미 판은 내 것이다'라고 생각한다. 그의 'SNS 정치'는 곧 '협상의 확성기'가 된다.

트럼프의 협상술은 결국 '미국식 패권 알고리즘'의 축소판이다. 그는 크게 생각하고(Big Think), 지렛대를 쥐고(Leverage), 항상 대안을 준비하며(Maximize Options), 압박을 지속하고(Use Pressure), 여론을 장악한다 (Get the Word Out). 이 다섯 단계는 그가 부동산 시장에서 시작해 백악관에 입성하기까지 사용한 일관된 협상 공식이다. 지금도 그는 이 공식을 세계 무대에서 그대로 재현하고 있다.

트럼프에게 협상이란 타협의 과정이 아니라, 자신의 이익을 극대화하기 위한 주도권을 잡는 과정이다. 그의 책 제목처럼, 그에게 협상은 단순한 기술이 아니라 'The Art', 즉 미국식 힘의 미학이다.

미국의 제조정책 변화와 글로벌 공급망 재편

2

지난 30년간 글로벌화는 효율과 저비용을 좇아 중국으로 생산기지를 몰아넣었다. 그러나 세계는 팬데믹, 미중 갈등, 반도체 전쟁을 거치며 '효율이 때로 가장 큰 위험이 될 수 있다'는 감춰진 진실을 확인했다.

이제 미국은 더 이상 '세계의 소비시장'에만 머물지 않고 '세계의 생산기반'을 되찾으려 한다. 그 전략의 핵심이 바로 새로운 리쇼어링(Reshoring) 정책인 니어쇼어링(Near-shoring, 미국에서 생산)과 프렌드쇼어링(Friend-shoring, 동맹국에서 생산)이다. 이는 단순한 공급망 조정이 아니라 패권 지도를 다시 그리는 과정이다. 제조 주권의 회복, 첨단산업의 내재화, 기술 패권의 재장악. 이 세 축이 지금의 미국 경제정책을 초당적으로 움직이고 있다.

이 장에서는 미국의 제조정책이 글로벌 공급망을 어떻게 재편하고 있는지, 그 결과 중국몽과 일대일로가 어떤 균열을 맞고 있는지 살펴본다. 또한 '세계의 공장' 역할을 하던 중국 내의 생산기지들이 어디로 이동하고 있으며, 미국이 그 거대한 흐름을 어떻게 자국의 구상대로 끌어당기고 있는지 추적한다.

재구성되는 글로벌 공급망

1991년 소비에트연방 붕괴 이후, 세계는 전혀 새로운 경제 질서를 맞이했다. 자유시장과 자본의 흐름이 국경을 넘나들며 확산되자 '글로벌(Global)'은 기업 경영의 핵심 철학이 되었다. 제품의 디자인은 미국에서 하고, 원재료는 남미에서 조달하며, 조립은 중국에서, 판매는 유럽과 한국에서 이루어지는 초국경적 가치 이동의 시대, 즉 글로벌 가치사슬(GVC)의 시대가 열렸다. 1990년대부터 30년간 이 구조는 세계 경제를 하나의 거대한 글로벌 경제 네트워크로 통합했다.

1990년대 후반부터 2010년대 초반까지, 중국은 '세계의 공장'이라는 별명처럼 전 세계 제조업 공급망의 중추로 성장했다. 저임금 노동력, 거대한 내수시장, 정부의 보조금, 그리고 WTO 가입(2001년)은 중국을 글로벌 생산체계의 심장으로 끌어올렸다. 그 결과 세계 제조의 30% 이상이 중국에서 이루어지고, 중국의 GDP 역시 세계 2위로 치솟았다. "중국이 멈추면 세계가 멈춘다"는 말이 통용될 정도였다.

전환점, 팬데믹으로 중국 리스크가 드러나다

2020년 코로나19 팬데믹은 전 세계가 '완벽하다'고 믿었던 글로벌 공급망의 허상을 한순간에 드러냈다. 중국은 자국이 코로나19의 발병국이 아니라는 것을 증명하려 했다. 초기 확산을 통제하는 과정에서 통계를 조작하고, 도시 봉쇄·공장 폐쇄·항만 중단 조치를 시행했다. 중국이 취한 일련의 조치는 세계의 생산과 물류를 멈춰 세웠다. 그때 세계는 하나의 진실을 확인했다. "중국식 통치 구조는 글로벌 공급망을 언제든 중단시킬 수 있다"는 점이다.

- "중국의 불투명성과 국경 폐쇄는 글로벌 공급망에 큰 충격을 줬다." – *CNN, 2020*
- "코로나19는 중국 제조 허브 시대의 종말을 알리는 신호일 수 있다." – *Forbes, 2020*
- "팬데믹은 더 탄력적인 공급망 필요성을 증명했다." – *HBR, 2020*

중국이 세계의 생산 허브라는 전제가 무너지자 글로벌 제조 시스템의 구조적 균열이 일어났고, 다국적 기업들은 리스크 분산을 위해 본격적인 탈중국(De-China) 전략에 착수했다. 팬데믹은 동시에 세계가 믿어온 '중국식 자본주의'의 취약성도 드러냈다.

- "중국식 자본주의는 결국 자본주의가 아니라는 사실을 보여주었다." – *WSJ, 2021*
- "중국 공산당은 글로벌 산업을 통째로 멈출 수 있다는 교훈을 남겼다."

– *Bloomberg, 2021*

예측 불가능한 정부 통제, 갑작스러운 규제, 불투명한 데이터 환경—이 모든 요인들이 글로벌 CEO들에게 한 가지 결론을 남겼다. "중국 리스크는 더 이상 관리 가능한 리스크가 아니다." 결국 세계는 효율 중심의 공급망에서 '신뢰 중심의 공급망(Trusted Supply Chain)'으로 이동하기 시작했다.

Globalization은 갔다, 이제는 'Reglobalization'

2023년의 '가트너(Gartner) 글로벌 CEO 서베이'에 따르면, 59%의 경영자들은 "지구촌화(Globalization)는 끝났고, 이제는 리글로벌라이제이션(Reglobalization)의 시대가 왔다"고 답했다. 이는 탈글로벌화(Deglobalization)가 아니라, 공급망의 재설계, 가치사슬의 재배치, 그리고 동맹 중심의 재결합을 뜻한다.

글로벌화는 사라진 것이 아니라, 새로운 형태로 재구성되고 있다. 이제 세계는 '저비용의 효율성'보다 '정치적 안정성'과 '신뢰'를 우선한다. 이 변화는 미국의 리쇼어링과 프렌드쇼어링 정책으로 구체화되고, 유럽·일본·한국도 그 흐름에 동참하고 있다.

결과적으로, 팬데믹은 글로벌 공급망을 다시 설계하게 만든 '역사적인 글로벌 공급망 재부팅 버튼'이었다. 세계는 지리·정치·경제학적 요인을 기반으로 리글로벌라이제이션의 시대로 진입하고 있다.

중국몽과 일대일로 그리고 미국에 위협이 되는 것들

2017년 10월, 시진핑은 중국 공산당 제19차 전국대표대회에서 "새로운 시대의 중국 특색 사회주의라는 위대한 승리를 취하는 중화민족의 위대한 부흥의 꿈, 즉 중국몽(中國夢)"을 공식적으로 선포했다. 중국몽을 신중국 수립 100주년이 되는 2049년에 완성하겠다는 중국 패권의 청사진이었다.

그때까지 중국은 종합 국력과 국제 영향력에서 미국과 대등하거나 그를 넘어서는 '선두국가(Superpower)'가 되는 것을 목표로 한다. 중국몽은 문화적 자존심을 회복하고, 경제·기술 패권을 완성하겠다는 중국식 패권주의의 선언이다.

'중국제조 2025', 패권의 산업 매뉴얼

중국몽이라는 거대한 비전의 첫 번째 구체적 실행 계획이 바로 '중국제조 2025(Made in China 2025)'다. 이는 단순한 산업 육성 정책이 아니라, '글로벌 제조 패권'을 겨냥한 국가 주도의 산업 리쇼어링 전략이었다.

시진핑 정부는 2025년까지 다음 10개 핵심 첨단 산업에서 세계 1위를 목표로 제시했다.

- 반도체 및 첨단 칩
- 첨단 의료기기 및 바이오 의약 기술
- 로봇 및 자동화 장비
- 항공우주 및 해양 엔지니어링

- 전기차 및 신에너지 차량
- 차세대 통신 장비(5G · 6G)
- 첨단 화학 제품 및 신소재
- 정밀기계 및 디지털 제조 장비
- 인공지능(AI) 기반 산업 시스템
- 디지털 금융 및 중앙은행 디지털화폐(CBDC)

중국제조 2025의 핵심은 '수입 대체'가 아니라 '기술 자립'이다. 중국은 부품과 기술의 국산화율을 높이고, 미국 · 일본 · 독일이 주도하던 공급망의 고리를 하나씩 자국 내로 끌어들였다. 그 결과 스마트폰 · 배터리 · AI · 전기차 · 전자상거래 분야에서 세계 시장을 재편해내는 '중국판 산업 르네상스'가 본격적으로 시작되었다.

AI·전기차·CBDC, 미국의 불안을 자극한 성공의 그림자

중국몽의 성과는 분명했다. AI 스타트업 수에서 중국은 이미 미국을 추월했고, 화웨이 · 샤오미 · BYD · CATL 같은 기업들은 스마트폰, 배터리, 전기차, 반도체 설계, 5G 네트워크 등 핵심 산업에서 미국 기업과 직접 경쟁하기 시작했다. 여기에 중국은 중앙은행 디지털화폐(CBDC) 실험을 세계 최초로 시행하며, 달러 중심 금융 체제에도 균열을 일으켰다.

트럼프 1기 행정부와 바이든 행정부는 공통적으로 중국을 경제적 경쟁자가 아닌 '체제의 위협'으로 규정했다. 중국을 패권 질서에 대한 도전자로 인식하기 시작한 것이다. 팬데믹 이후 중국의 불투명한 방역 대응과 국경 폐쇄는 미국의 여론을 급격히 악화시켰다. 공급망 마비, 의료장비 부족, 반도체 품귀 사태를 경험한 미국인들에게 중국은 더 이상 '세계의 공장'이 아니라 '위험의 근원'으로 인식되기 시작했다. 실제로 2021년 이후 미국인의 대중 호감도는 20% 이하로 급락했다.

패권에 도전하는 중국에 대한 미국의 대응 목표는 견제가 아니라 '제조 주권의 재탈환'이다. 이 목표는 관세정책, 기술 수출 통제, 반도체 동맹(Chip4), 리쇼어링 전략으로 구체화되고 있다.

시진핑의 중국몽이라는 국가 비전이, 역설적으로 미국이라는 잠자는 사자를 깨운 패권전쟁의 트리거가 되었다. 무역전쟁을 넘어 두 강대국의 이념·기술·공급망이 얽힌 장기 패권전쟁의 서막이 시작되었다.

미국 제조 주권 회복을 겨냥하는 'Made in America'의 등장

중국의 부상은 미국의 재산업화(Reindustrialization)를 촉발했고, 그 결과 세계는 지금 리글로벌라이제이션의 국면으로 접어들고 있다. 중국몽(비전)은 중국제조 2025(실행)로 구체화됐고, 미국의 반격(관세·동맹·리쇼어링)을 촉발했다. 트럼프 1기에서는 관세를 무기로 산업 지형을 흔들었고, 바이든은 공급망이라는 무대로 전선을 확장했다. 정치적 색깔은 달랐지만 두 리더의 목표는 동일했다. "미국의 제조 주권을 회복하라(Made in America)." 미국이 21세기 제조 패권을 되찾기 위해 움직이기 시작한 반격의 서막이었다.

연도	중국의 전략적 행동	핵심 키워드	의미 및 결과
2015	'중국제조 2025(Made in China 2025)' 발표	반도체, 로봇, 항공, AI, 바이오 등 10대 하이테크 산업 육성	중국 제조 패권 탈환 프로젝트의 시작
2017	시진핑, '중국몽(中國夢)' 공식화, "2049년까지 종합국력 선두국 달성"	국가 비전, 기술 주권	중국의 패권 의지 공식 선언
2018-2019	미중 무역전쟁 발발 — 트럼프의 25% 고율 관세	관세전쟁, 지렛대 협상	미국의 제조 리쇼어링 본격화
2020	팬데믹·공급망 붕괴, 중국의 국경 봉쇄와 불투명한 통계	공급망 리스크, 불신 확대	글로벌 공급망 재편으로 촉발
2021-2023	중국, AI·전기차·CBDC 성과 가시화	기술 패권, 디지털 통화	중국의 시스템 리스크 부각
2024-2025	트럼프 2기, 관세 강화 + 리쇼어링 가속화 + 중국 투자 억제	제조주권, 보호무역	미중 공급망 대전의 전면화

미중 패권전쟁 주요 사건 연표

트럼프 1기의 관세 압박, 제조 주권 회복의 불씨를 지피다

트럼프에게 무역전쟁은 미국이 지난 30년간 중국에 넘겨준 제조 기반과 막대한 무역적자를 되돌리기 위한 전면적인 '산업 리셋' 프로젝트이다.

2018년부터 시행된 25% 고율 관세는 중국뿐 아니라 유럽, 캐나다, 멕시코까지 확대되며 사실상 '관세의 시대(Tariff Era)'를 열었다. 상대 국가를 겨냥한 제재처럼 보이지만, 이는 글로벌 공급망을 미국 중심으로 재편하기 위한 구조적 압박이었다.

트럼프의 계산은 명확했다. '중국이 축적한 제조·기술 우위를 뒤흔들고, 미국의 구조적 재정적자와 무역적자를 줄이며, 글로벌 기업들이 관세 회피를 위해 미국으로 생산거점을 돌리도록 유도한다.' 그는 "관세는 상대를 벌주는 도구가 아니라, 공장을 미국으로 되돌리는 자석" 이라고 말해왔다. 이 전략은 실제 성과로 이어졌다. 2017~2019년, 미국 내 제조업 고용은 48만 명 이상 증가했고, 테슬라 · GE · 보잉 · 인텔 등 주요 기업들이 생산거점을 다시 미국으로 이전하기 시작했다. 트럼프의 의도는 일관되었다. 그의 말처럼, "관세는 세금이 아니라, 미국으로 돌아오라는 GPS 신호였다." 트럼프 1기의 관세정책은 결국 'Made in America' 부활의 불씨를 지핀 첫 번째 전환점이었다.

바이든의 공급망 재편, 전략적 리쇼어링의 제도화

트럼프의 관세가 제조 부흥의 불씨를 지폈다면, 바이든은 그 불씨를 법과 제도로 확장했다. 바이든 정부는 'Made in America 2.0'을 표방하며 국가 차원의 산업 재구조화 프로젝트를 시작했다. 그 핵심은 '공급망의 안보화(Supply Chain Security)'다. 팬데믹과 미중 갈등을 거치며, 미국은 "싸게 만드는 것보다 안정적으로 확보하는 것이 더 중요하다"는 교훈을 얻었다.

구분	법안명	주요 내용	목표
1	CHIPS and Science Act (2022)	반도체 생산보조금 527억 달러, R&D 세액공제	반도체 주권 확보, 동맹 내 생산망 형성
2	Inflation Reduction Act (IRA, 2022)	친환경차·배터리·청정에너지에 대규모 세제혜택	에너지 독립, 전기차·배터리 산업의 미국 내 회귀
3	Infrastructure Investment and Jobs Act (IIJA, 2021)	첨단 인프라·디지털망·물류체계 현대화	생산·운송·데이터망의 통합적 재편

미국 산업 패권 복원을 위한 핵심 3개 법안

이를 제도화한 것이 세 가지 핵심 법안이다.

이 세 법안은 단순한 경기부양책이 아니라, '산업 패권 복원의 삼각축(Industrial Sovereignty Triangle)'으로 기능한다. 그 결과 미국이 반도체·전기차·배터리·AI 분야에서 다시 공급망의 중심으로 복귀하기 시작했다.

'Made in America'는 단순히 '국내 생산'을 의미하지 않는다. 그것은 미국의 경제주권 선언이다. 과거 글로벌화의 논리는 '비용 절감'이었지만, 이제 리글로벌라이제이션의 논리는 '위험 절감'이다. 바이든은 신뢰가능한 공급망(Trusted Supply Chain)과 동맹 기반 생산 네트워크(Friend-shoring Network)를 구축하려고 노력했다. TSMC의 애리조나 공장, 삼성전자의 텍사스 공장 투자 유치가 이러한 전략에 따른 것이다. 바이든은 대통령 재임 시절 연설에서 이렇게 말했다.

> "우리는 세계 어디서도 쉽게 흔들리지 않는 공급망을 만들 것이다.
> Everything we buy will be made in America."

이 문장은 글로벌 공급망의 이념적 좌표를 보여주는 선언문이다. 미국의 제조 주권 전략은 이제 자국 정책의 범위를 넘어, 기술과 산업을 매개로 한 동맹 체계로 확장되고 있다. 반도체를 중심으로 미국·한국·일본·대만이 연결되고, 인도·태평양 지역에서는 경제 협력을 축으로 한 새로운 질서가 형성되고 있으며, 안보 협력체 역시 산업과 기술 협력으로 영역을 넓히려는 시도를 하고 있다. 이 구조는 경제와 안보, 기술이 분리되지 않고 하나의 전략으로 작동하는 체계를 만들어낸다.

결과적으로 우리는 '경제 나토(Economic NATO)'의 등장을 목격하고 있다. 경제와 안보, 기술이 한 몸처럼 움직이는 새로운 질서 속에서 'Made in America'는 더 이상 미국만의 브랜드가 아니다. 그것은 서방 진영 전체가 공유하는 제조 정체성이자 전략적 표식으로 진화하고 있다.

트럼프 2기의 'America First 2.0', 관세에서 산업주권으로

2024년 시작한 트럼프의 두 번째 임기 핵심 아젠다는 '관세 강화, 리쇼어링 가속화, 산업 블록화'로 요약된다. 트럼프가 첫 임기에서 "관세로 협상하라"는 원칙을 세웠다면, 2기에서는 "관세로 재건하라"는 전략으로 진화했다. 트럼프는 모든 수입품에 10%의 일률적 관세를 부과하고, 특히 중국산 제품에는 최대 60% 이상의 징벌적 관세를 적용하겠다고 밝혔다. 트럼프는 다음과 같이 말한다.

"세계가 미국 시장을 이용해왔다면, 이제 그 대가를 지불할 때다."

그는 관세를 '산업 복귀세(Industrial Return Tax)'로 정의한다. 해외로 나간 공장과 일자리를 되돌려 'Made in America'의 속도를 극대화하려고 한다. 트럼프 진영은 이를 통해 향후 10년간 300만 개의 제조 일자리 창출을 목표로 하고 있다.

트럼프 2기 경제팀의 제조 전략은 명확한 방향성을 가진다. 프로젝트 2025 문서는 이를 “기업이 자유를 찾아 돌아오게 하라(Bring them home by freedom)”라는 한 문장으로 요약한다. 관세로 압박하는 것만이 아니라, 미국에서 생산하는 것이 가장 합리적인 선택이 되도록 제도 자체를 재설계하겠다는 구상이다. 이 전략은 법인세, 에너지, 노동이라는 세 가지 축을 중심으로 작동한다.

우선 법인세는 현행 20% 수준에서 15%까지 인하하는 방안이 추진되고 있다. 이는 글로벌 제조 기업의 미국 내 직접 투자를 유도하려는 가장 직관적인 신호다. 여기에 에너지 정책이 결합된다. 트럼프 2기는 ‘에너지 지배(Energy Dominance) 2.0’을 내세우며 셰일가스·석유·석탄 생산을 확대하고, 친환경 규제를 완화함으로써 제조업에 필요한 에너지 비용을 구조적으로 낮추려 한다. 값싸고 안정적인 에너지는 미국을 다시 ‘제조하기 좋은 나라’로 만드는 핵심 조건이다. 동시에 노동 규제 완화와 이민 통제를 통해 저임금 외국인 노동력 유입을 제한하고, 국내 제조 인력 양성과 자동화를 병행하는 방향으로 노동시장을 재편하고 있다.

이 세 가지 정책의 결합은 전형적인 ‘기업 친화형 리쇼어링 패키지’다. 바이든 행정부가 보조금과 세제 혜택을 앞세운 정부 주도형 리쇼어링을 추진했다면, 트럼프의 모델은 세금·에너지·규제 완화를 통해 시장 스스로 공장을 돌아오게 만드는 방식이다. 접근 방식은 다르지만, 목표는 동일하다. 미국 제조 생태계의 실질적 회복이다.

이와 동시에 트럼프 2기는 제조 전략의 중심축을 AI, 반도체, 국방산업으로 명확히 설정하고 있다. 그는 “AI는 국가 안보다(Artificial Intelligence is National Security)”라는 구호 아래, AI 반도체와 첨단 소재, 방위로봇, 양자통신, 우주산업을 차세대 전략 제조권의 핵심으로 규정한다. 국방부·에너지부·상무부를 중심으로 민간 AI 기술과 국가 안보 수요를 결합하는 R&D 블록을 재편하며, 이는 사실상 'CHIPS Act 2.0'으로 확장되는 구조다. 민간 AI 역량과 국가 안보를 결합해 산업주권을 확보하겠다는 새로운 공식이 만들어지고 있다.

이 모든 정책의 바탕에는 'America First 2.0'이라는 일관된 철학이 있다. 트럼프는 단순한 보호무역주의자가 아니라, 미국이 다시 생산·무역·기술의 중심에 서야 한다고 생각하는 패권 회복주의자에 가깝다. 그의 관세정책, 세금정책, 에너지 전략, 공급망 재편, 기술정책은 각각 따로 움직이는 것처럼 보이지만, 실제로는 'Made in America'라는 하나의 축을 중심으로 맞물려 돌아간다.

미국은 이제 소비와 금융의 나라가 아니라, 공장을 되찾고 기술을 지키며 공급망을 통제하는 국가로 이동하고 있다. 관세는 그 자체가 목적이 아니라, 제조 주도권을 회복하기 위한 압박 수단이다. 바로 이것이 트럼프 2기 제조 전략의 본질이다.

위기의 중국 경제, "세계의 공장이 떠나면, 제국의 심장도 멈춘다"

3

2020년대 중반, '세계의 공장'이라 불리던 중국에서 조용하지만 거대한 탈출이 시작되었다. 한때 전 세계 제조업의 30%를 차지하던 그 땅을 이제 글로벌 기업들이 떠나고 있다. 아이폰, 나이키, 폭스콘 그리고 수많은 중소 협력사들이 하나둘씩 '차이나 엑소더스(China Exodus, 중국 대탈출)' 대열에 합류하고 있다. 그 이유는 단순히 인건비 상승 때문이 아니다. 문제의 본질은 신뢰의 붕괴와 체제 리스크의 누적이다. 팬데믹 시기의 봉쇄정책, 기술 제재, 공급망 단절, 그리고 금융 부실과 부동산 위기가 겹치면서 중국 경제는 '성장 둔화'가 아닌 '구조적 침몰(Structural Collapse)'의 징후를 보이고 있다. 이제 세계의 공장들은 더 이상 중국에 머물지 않는다. 생산라인은 인도·베트남·멕시코로 이동하고, 공급망이 '프렌드쇼어링'으로 재편되고 있다. 세계 제조 패권의 축이 이동하는 대전환(Grand Shift)이 시작되었다.

이 장에서는 다음의 네 가지 질문을 중심으로 중국 경제의 추락을 해부한다.

1) 누가? 왜? 중국을 떠나는가?

2) 글로벌 생산의 중심은 어디로 이동하고 있는가?

3) 디커플링은 어떻게 중국 경제 침몰의 신호탄이 되었는가?

4) 중국 내부의 구조적 모순은 왜 외부 충격을 증폭시키는가?

누가? 왜? 중국을 떠나는가?

'세계의 공장'이 '리스크의 중심'이 되다

"이제 중국은 더 이상 기회의 땅이 아니다." 2022년 블룸버그 기사의 이 한 문장은 글로벌 기업들의 이탈 행렬을 상징적으로 요약해준다. 과거에는 값싼 노동력과 거대한 내수 시장이 '기회의 자석(Magnet of Opportunity)'이었다면, 지금 중국은 '리스크의 블랙홀(Risk Black Hole)'로 바뀌고 있다.

한국 기업들의 탈중국, 가장 먼저, 가장 크게 움직였다

한국 기업들은 '차이나 리스크의 체감자'이자 '엑소더스의 선도자'다. 2016년 사드 보복 때부터 이미 조짐이 나타났다. 그후 정치적 리스크, 팬데믹 봉쇄, 인건비 급등과 공급망 교란이 겹치며 불확실성이 폭발했다.

- 전기차 제조사 쎄보모빌리티는 중국에서 제조한 차가 석 달째 반입이 막힌 이후에 물류 혼란·운임 상승·규제 강화를 이유로 철수를 결정했다.
- 롯데그룹은 16억 달러 규모의 선양 테마파크 사업을 매각하며, "정권의 신뢰 부재가 사업의 근본 리스크"라고 지적했다.
- 아모레퍼시픽은 한류 붐의 주역이었지만, 팬데믹 이후 1,000개 이상의 중국 매장을 폐쇄했다.
- 삼성SDI·삼성디스플레이·LG전자는 중국 공장을 단계적으로 정리하며 '리스크 선제 회피'를 택했다.

한국 기업의 탈중국은 단순한 '비용 절감'이 아니라 '예측 불가능한 정치체제에서의 다양한 리스크를 차단'하기 위해서였다.

빅테크 기업들의 탈중국, 데이터는 국경을 넘을 수 없다

미국의 빅테크들도 줄줄이 중국을 떠나고 있다. 그 직접적 원인은 '데이터 보안법'과 '개인정보보호법'(2021)이었다. 이 법은 외국 기업이 중국 내 데이터 스토리지를 현지화하고, 정부가 요구하면 언제든 개인정보를 제공하도록 강제한다. '데이터 주권'을 명분으로 공산당이 통제하는 체제가 된 것이다.

- 구글은 검색 검열에 반발해 2010년 철수했다가 2017년 번역 서비스로 재진입했으나, 2022년 사용자 5,000만 명 규모의 중국어 번역 서비스를

종료했다.

- 아마존은 2023년 중국 내 킨들(Kindle) 사업을 철수했다. 시진핑 저서에 대한 리뷰 기능을 삭제하도록 강요받은 사례도 있었다.
- 마이크로소프트의 링크드인(LinkedIn)은 2021년 소셜 네트워크 서비스를 종료했다.
- 에어비앤비는 15만 건의 숙박 리스트를 삭제하고 2022년 철수했다.
- 나이키는 자사 앱 'Nike Run Club'과 'Nike Training Club'을 중단하며 "디지털 생태계 운영이 불가능하다"고 밝혔다.

미중 비즈니스협의회(US-China Business Council) 2022년 4월 보고서에 따르면, 미국 IT 기업의 81%가 중국의 데이터 규제가 "모호하고 불안정하다"고 답했다. 빅테크의 탈중국은 '법적 리스크 회피'와 '디지털 통제 회피'가 핵심 동기였다.

유럽 기업들의 탈중국, "폐쇄된, 특이하게 다른 국가"

2022년 9월 EU 중국상공회의소(China Chamber of Commerce to the EU) 보고서는 중국을 "폐쇄되고, 예측 불가능하며, 특이하게 다른 국가"로 규정했다. 팬데믹 봉쇄와 행정 불투명성, 정치 개입으로 인해 유럽 기업들이 중국에서의 투자를 중단하거나 연기하고 있다.

- 2020년 EU의 대 중국 직접투자가 전년 대비 11.8% 감소했다.
- 독일, 프랑스, 네덜란드 기업 다수가 "중국 시장은 효율보다 리스크가 크다"며 동남아로 시선을 돌렸다.

위 보고서는 이렇게 결론짓는다. "점점 더 많은 유럽 기업이 중국을 보류하고, 불확실성이 얼마나 지속될지 주시하며 새로운 거점을 탐색 중이다."

일본 기업들의 탈중국, "핵심은 안전한 제조를 하는 것"

일본 제조업의 탈중국 흐름은 '공급망 안정 = 생존 전략'이라는 인식에서 출발했다.

- 혼다는 전체 생산의 40%를 차지하던 중국 공장 의존도를 줄이기 위해 병렬 공급망(Parallel Supply Chain) 구축을 추진하고 있다.
- 마쓰다(Mazda)는 중국 봉쇄로 1억 1,500만 달러 손실을 입은 뒤 생산 이전을 검토하고 있다.
- 일본 철강업체와 부품사들도 블룸버그 인터뷰에서 "지정학 리스크와 공급망 불안으로 중국 이탈을 모색 중"이라 밝혔다.

혼다 CEO 무카이 다케시는 로이터와의 인터뷰에서 이렇게 말했다. "핵심은 언제나 우리의 손에 안전한 부품을 쥐고 있는 것이다." 즉 일본의 탈중국은 '생산의 자유(Freedom of Production)'를 지키기 위한 전략이다.

"공장은 떠나고, 신뢰는 무너졌다"

한국의 제조업, 미국의 빅테크, 유럽과 일본의 산업까지 각각 다른 이유에서 탈중국을 시작했지만, 결론은 하나로 수렴된다. 중국은 더 이상 세계의 유일한 공장이 아니다. 글로벌 기업은 단일국 의존을 리스크로 인식하며 공급망 다극화를 향해 움직이고 있다. 그 배경에는 다음 네 가지 요인이 복합적으로 작용한다.

구분	주요 요인	설명
정치 리스크	사드 보복, 데이터법, 공산당 통제 강화	정책 일관성 붕괴
공급망 리스크	코로나 봉쇄, 물류 지연, 인건비 상승	생산 효율성 악화
제도 리스크	외국인 투자 규제, 기술 유출 우려	법적 불확실성 증대
신뢰 리스크	기업 데이터 강제 제출, 검열·감시 강화	글로벌 스탠더드와 괴리

리스크의 블랙홀이 된 중국

글로벌 생산의 중심은 어디로 이동하고 있는가?

'리쇼어링에서 니어·프렌드쇼어링으로, 제조 패권의 지도가 다시 그려진다'

지난 10여 년간의 리쇼어링은 주로 기업의 자발적 선택이었다. 노동비용 상승, 물류 효율성, 현지 시장 접근성 등의 요인으로 기업들이 본국 혹은 인근 지역으로 자연스럽게 이동한 것이다. 그러나 2020년대의 리쇼어링은 성격이 완전히 달라졌다. 과거의 리쇼어링이 '비용 절감'을 위한 선택이었다면, 지금의 리쇼어링은 '안전한 제조 전략'에 따라 이루어진다.

미국 중심의 니어쇼어링, 기술과 안보가 만드는 새로운 제조 지도

2020년 이후 미국은 첨단 제조 전반을 다시 미국 본토 중심으로 재배치하는 일을 국가 안보의 핵심 과제로 격상시켰다. 반도체, 전기차, 배터리, AI, 로봇, 친환경에너지에 이르기까지, 이 모든 산업을 미국이 통제 가능한 체제로 전환하는 것이 목표다.

1) 반도체, 미국 제조 패권의 '핵심 인프라'

반도체 지원법(CHIPS Act)을 통해 미국은 전 세계 반도체 기업을 본토로 끌어들이고 있다. TSMC·삼성전자·인텔은 수십조 원을 투입해 미국 내 대형 팹을 건설 중이다.

- TSMC 애리조나: 4나노(2024), 2나노(2027) 양산 체제
- 삼성전자 텍사스 테일러: 고성능·AI 칩 전용 라인
- 인텔 오하이오/애리조나: 미국의 상징적 제조 허브 재건

반도체는 미국 첨단 제조의 '베이스 캠프'이자 모든 산업을 떠받치는 뿌리로 간주된다. 즉 단순한 생산시설이 아니라 국가 안보의 거점이다.

2) 전기차·배터리, 미국이 다시 잡으려는 '차세대 자동차 주도권'

미국은 전기차(EV)와 배터리 산업 역시 본토 중심으로 재편하고 있다. IRA(인플레이션 감축법)는 전기차 보조금을 '미국 또는 FTA 체결국' 생산 제품에 한정하며, 중국 중심의 기존 공급망을 해체하고 미국에 새로운 자동차 생태계를 만들고 있다.

- 테슬라: 네바다·텍사스 공장 확장, 배터리까지 수직계열화

- GM·포드: 한국·일본 기업과 합작(ULIUM, BlueOval SK 등)으로 배터리 생산
- 현대차·기아: 조지아 EV 전용 공장(2025), 북미 배터리 합작 투자 확대

"내연기관의 패권은 일본과 독일에게 빼앗겼지만, 전기차의 패권은 미국이 쥔다." 이것이 미국의 목표다.

3) AI·로봇·신에너지 제조, '미국의 공장 재건 프로젝트' 확대

반도체·EV를 넘어 미국은 AI 반도체 패키징, 로봇 제조, ESS·태양광 등 신에너지 산업까지 광범위한 제조 리쇼어링을 추진하고 있다.

- AI 반도체 패키징(Advanced Packaging): 아마존·구글·마이크로소프트가 투자
- 로봇 제조: 테슬라 옵티머스·보스턴 다이내믹스 등 북미 중심 클러스터 형성
- 태양광·ESS 제조: 중국 의존 탈피 위해 미국 내 기가팩토리 확충

첨단 제조 전반에서 미국은 기술·자본·정책의 3박자를 총동원해 새로운 '미국 제조 르네상스' 정책을 밀어붙이고 있다.

미국을 중심으로 형성되는 니어쇼어링 흐름을 단순한 '공장 이전'이나 비용 효율의 문제로 보면 안 된다. 이것은 첨단 기술 공급망을 정치·안보·전략의 관점에서 재배열하는 과정이다. 반도체 → 전기차 →

배터리 → AI → 로봇 → 신에너지로 이어지는 21세기 제조 생태계 전체를 미국과 인근 지역으로 다시 배치하는 작업이다. 미국은 이 전략을 통해 글로벌 제조 패권을 다시 손에 쥐려 하고 있으며, 니어쇼어링은 그 핵심 도구다.

프렌드쇼어링, 인도·베트남·멕시코로 이동하는 글로벌 공장들

중국 의존도를 낮추기 위한 또 하나의 전략은 '프렌드쇼어링'이다. 이는 정치·안보적으로 신뢰할 수 있는 우방국에 생산과 공급망을 옮기는 방식이다.

가장 대표적 사례는 애플이다. 애플은 아이폰 생산을 더 이상 중국에만 맡기지 않는다. 폭스콘·위스트론·타타와 함께 인도로 생산을 대규모로 이전하고 있다. 베트남도 중요한 생산기지로 떠오르고 있다. 애플은 이미 베트남에서 아이패드·에어팟·애플워치 생산을 확대했으며, 팀 쿡 CEO는 "베트남은 애플 공급망의 핵심 축이 될 것"이라고 밝힌 바 있다.

북미에서는 멕시코가 새로운 제조 허브로 부상하고 있다. 미국과의 지리적 근접성, USMCA(신 북미자유무역협정)의 관세 혜택, 안정적인 인력 공급 덕분에 2024년 멕시코의 대미 제조 수출은 사상 최고치를 기록했다.

글로벌 제조업은 중국을 중심으로 한 단일 구조에서 다양한 우방국으로 확산되는 다극 공급망 체제로 재편되고 있다.

디커플링은 어떻게 중국 경제 침몰의 신호탄이 되었는가?

2025년의 중국 경제는 '성장 둔화'가 아니라 '침몰(Sinking)'의 초입에 들어섰다고 해도 과언이 아니다. 표면적으로는 GDP 성장률 4%대를 유지하고 있지만, 그 속을 들여다보면 산업, 금융, 고용, 수출이 동시에 흔들리고 있다. 이 위기의 본질은 단순한 경기순환이 아니라, 디커플링이라는 글로벌 경제의 구조 변화와 중국 내부의 고질적 불균형이 맞물린 결과다.

디커플링에서 비롯된 중국 경제 침몰의 신호탄

미국이 주도한 전면적 관세 공격과 기술 봉쇄, 그리고 공급망 재편 압력은 중국이 오랫동안 감춰왔던 구조적 취약점을 정면으로 드러내고 있다. 부동산 부채, 청년 실업, 인구절벽이라는 내부 요인과 외부의 디커플링 압력이 결합하면서 중국 경제는 '성장 둔화 → 고용 불안 → 내수 침체 → 투자 위축'으로 이어지는 악순환의 소용돌이에 빠져들고 있다.

미국과 동맹국의 리쇼어링·프렌드쇼어링의 물결 속에서 중국은 더 이상 '불가결한 제조 허브'가 아니다. 미국이 주도하는 공급망의 정치적 재배치는 단기간에 외환 유출, 고용 감소, 지역 산업 침체를 불러오며 중국 경제의 심장을 조용히 압박하고 있다.

투자 이탈과 수출 감소, 보이지 않는 자본의 탈출

중국의 전통적 성장 엔진은 외국인 직접투자(FDI)에 크게 의존해 왔다. 그러나 2025년 실제 유입된 외국인 직접투자는 약 86.4억 달러로 전년 대비 10% 이상 감소했다. 이는 외국 자본이 과거처럼 중국 시장에 확신을 갖고 대규모 투자를 집행하지 않는다는 신호로 풀이된다.

이와 같은 투자 둔화는 투자 프로젝트 자체가 줄어들었다기보다, 실제 자본의 유입이 줄어든 현실적 흐름을 보여 준다. 신설 외국인 투자 기업 수는 증가했지만, 실제로 중국에 자금이 유입된 금액과 규모는 감소했다는 점에서 외국 자본의 신뢰가 흔들리고 있음을 엿볼 수 있다.

무역 측면에서도 중국의 지위는 이전만큼 강력하지 않다. 미국의 대중국 수입 의존도는 과거 20%대 중반 수준에서 2024년 기준 약 13% 수준으로 하락하며 중국 중심의 공급망 의존이 축소되는 경향을 보이고 있다.

기술 분야에서도 중국의 점유율은 특정 고부가가치 제품군에서 감소하는 양상을 보였다. 특히 반도체·첨단 통신과 같은 전략 산업에서는 중국의 위상이 미국, 대만 등과의 기술 경쟁에서 완전히 우위를 점하지 못하고 있으며, 글로벌 첨단 기술 공급망에서의 중간재 점유율 확대에도 한계가 드러나고 있다.

이러한 변화는 단순한 통계 이상을 의미한다. 외국 자본의 투자 유입이 둔화되고, 미국 중심의 시장 의존도가 줄어드는 상황은 중국 경제가 단순히 과거의 고성장 경로를 반복하기 어렵다는 점을 보여 준다. 시장은 여전히 중국의 소비 잠재력을 인식하고 있지만, 자본의 실제 유입과 전략적 기술 분야 투자는 보다 신중해지고 있다. 이러한 변화는 중국의 미래 산업 기반이 글로벌 신뢰 구조의 변화 영향을 직접적으로 받고 있음을 시사한다.

결국 2025년의 데이터는 중국 경제가 외국 자본과 글로벌 공급망에 과거처럼 쉽게 편입되던 시기를 지나, 보다 불확실하고 재편되는 세계 질서에 영향을 받고 있음을 보여 주며, 공급망과 기술 경쟁의 구조적 변화가 현실화되고 있음을 나타낸다.

세계의 공장은 어디로 갔는가, 새로운 승자들

중국이 미국 수입 시장에서 점유율을 잃어가는 동안, 그 무역 점유율 감소분은 동맹국과 전략적 파트너 국가들로 빠르게 이동하고 있다. 2025년 기준 미국의 전체 수입에서 중국의 비중은 약 10.4%까지 하락했으며, 이는 전통적 공급망 의존이 약화되고 있음을 보여준다.

반면 멕시코와 베트남, 대만 등은 미국의 주요 공급망으로 부상하고 있다. 멕시코는 미국 수입의 약 15.3%를 차지하며 중국 다음으로 큰 공급국으로 자리매김했고, 베트남과 대만은 각각 5.1%와 4.8% 규모로 확대되며 중국산 감소분을 상당 부분 흡수했다.

이러한 재편의 배경에는 전통적 제조 중심지에서 공급망 다변화·리스크 회피 전략을 추진하는 미국 기업들의 움직임이 있다. 베트남은 '차이나 플러스 원(China+1)' 전략의 최대 수혜국으로, 전자·의류·가전 등 여러 산업에서 미국향 수출이 빠르게 확대되고 있다.

멕시코는 지리적 근접성과 무관세 혜택 덕분에 특히 자동차·가전·배터리 및 중간재 생산의 핵심 기지로 부상했고, 북미 공급망의 중추 역할을 하고 있다.

대만은 반도체·전자 부품 등 고부가가치 품목 중심으로 미국 수입 점유율을 확대하며 전략적 공급국으로서 위상을 강화하였다. 한국 또한 반도체·배터리·디지털 장비 분야에서 미국 기업의 조달 다변화 전략에 포함되며, 미국향 수출 비중이 꾸준히 유지·확대되고 있다.

결과적으로 중국이 잃어가고 있는 미국 내 시장 점유율은 단순히 하나의 국가로 이동하는 것이 아니라, 멕시코·베트남·대만·한국과 같은 제조·공급망 다변화 축으로 재편되고 있다. 이는 글로벌 공급망이 과거의 '중국 중심'에서 동맹·파트너 중심의 다극적 체계로 전환되고 있음을 보여 준다.

글로벌 시장의 분노, 과잉생산이 불러온 차이나 쇼크 2.0

2024년 이후 경제 수축에 직면한 중국은 내수 부진을 수출로 돌파하려 한다. 그러나 그 방식은 '시장 경쟁'이 아니라 국가 보조금에 의한 과잉생산이다. 전기차, 태양광, 배터리, 철강, 화학소재 등에서 정부의 막대한 보조금이 투입된 제품들이 덤핑 가격으로 글로벌 시장에 쏟아지면서 세계 제조업 질서를 왜곡하고 있다.

이로 인해 2025년 6월 G7 정상회의는 중국을 '무역 질서를 위협하는 공공의 적'으로 지목했다. EU 집행위원장 우르줄라 폰데어라이엔은 다음과 같이 경고했다.

> "2001년 중국을 세계무역기구(WTO)에 가입시킨 것이 문제의 뿌리다. 우리는 서로 싸울 게 아니라, 중국이라는 공통의 위협에 대응해야 한다. 중국은

지적재산권 보호를 약화시키고 막대한 보조금으로 전 세계 제조업과 공급망을 지배해왔다. 이는 시장 경쟁이 아니라 의도적인 시장 왜곡이고, 경기 침체 속에 과잉생산된 제품을 덤핑으로 쏟아내며 '차이나 쇼크 2.0'을 일으키고 있다. 이제 중국은 국가 주도 성장의 부작용에 책임을 져야 한다."

유럽의 이 경고는 세계가 더 이상 '저가의 중국 제조'를 받아들일 수 없다는 공감대를 형성하고 있음을 의미한다.

중국 경제는 지금 성장률 4%의 착시 속에 감춰져 있는 붕괴의 초입에 들어서고 있다. 부동산 부채와 청년 실업, 소비 위축, 외국자본 이탈, 그리고 세계의 '탈중국화'라는 다중, 다층의 파고가 중국 경제의 기초체력을 갉아먹고 있다. 디커플링은 단순한 분리가 아니라, 체계적 고립으로 진화하고 있다. 중국이 스스로의 성장모델을 혁신하지 못한다면 그 거대한 몸체는 결국 '과잉과 침몰의 함정'에 빠질 것이다.

중국 내부의 구조적 모순은 왜 외부 충격을 증폭시키는가?

'부채, 부패, 그리고 붕괴의 메커니즘'

중국 경제의 붕괴 조짐은 단지 미국의 관세전쟁이나 글로벌 공급망 재편 같은 외부 충격에서 비롯된 결과가 아니다. 진짜 위기의 본질은 중국 내부의 구조적 모순이 외부 충격을 증폭시키는 '증폭기' 역할을 하고 있다는 데 있다.

글로벌 제조 슈퍼 허브 국가의 위상이 침몰한다

필자는 2020년 6월 10일 출간한 <코로나 19 이후의 미래>라는 제목의 저서에서 코로나19가 끝나면 발생할 8가지 핵심 미래를 예견한 바 있다. 그 중 첫번째가 '(경제) 글로벌 공급망이 재편된다' 였고, 두번째로 '중국의 기업 연쇄 도산과 제2차 금융위기에 대비하라' 였다. 이 두 가지 예견이 맞물리면서 중국의 위기는 증폭되고 있다. 2020년에 예견했던 필자의 견해에 최근 상황을 묶어서 외부 충격과 맞물리는 중국 내부의 구조적 결함이 어떻게 2026년 이후에 작용할 것인지를 살펴본다.

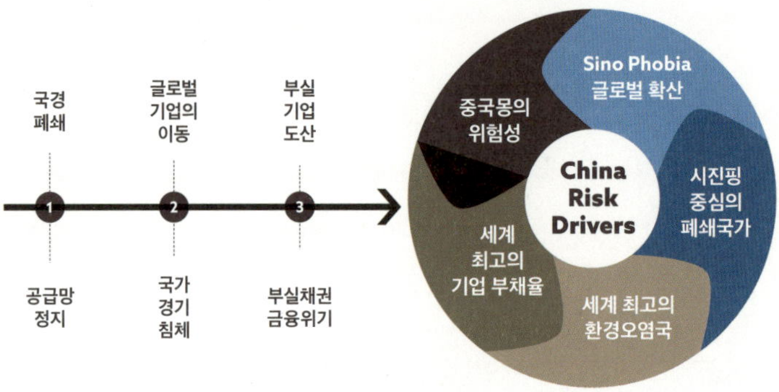

첫째, 기업 부채의 과잉 구조가 경제의 내성을 약화시켰다. 중국의 비금융기업 부채 비율은 GDP 대비 160%를 넘어서며 세계 주요국 중 가장 높은 수준이다. 문제는 이 부채가 생산성 향상보다 부동산 투자, 지방정부 프로젝트, 국유기업의 비효율적 확장에 쓰였다는 점이다. 그 결과 부실기업 정리 능력은 마비되었고, 한 기업의 도산이 금융·지방경제·고용으로 연쇄 전이되는 '시스템 리스크의 전염 구조'가 형성되었다.

둘째, 과잉생산과 부채 경영이 결합된 산업 구조의 왜곡이다. 전기차, 태양광, 반도체 등 신산업 분야에서 '국가 보조금'과 '생산 유도 정책'이 결합하면서 기업들은 실수요를 초과하는 과잉 설비 경쟁에 내몰렸다. 특히 BYD를 비롯한 일부 전기차 업체들은 단기간 폭발적 성장을 이루었지만, 협력업체 결제 지연과 높은 부채비율로 이미 '제2의 헝다'로 불릴 정도의 잠재적 부실 위험을 안고 있다. 이들 산업이 흔들리면, 관련 부품·소재·물류 기업들이 연쇄적으로 타격을 입으면서 공급망 내부에서 위기 대응 능력이 붕괴된다.

셋째, 금융시스템의 부패와 왜곡이 위험을 증폭시킨다. 중국의 금융 시스템은 국가와 지방정부의 통제 아래, 정치적 목적에 따라 자금이 흘러간다. 그러나 부패한 인사 네트워크와 비공식 담보 거래 구조는 부실채권을 체계적으로 숨기며, 위기가 현실화될 때 한꺼번에 '도덕적 부채(Moral Debt)'로 폭발한다. 이미 지방정부의 그림자금융과 중소은행권의 부실채권 비율이 빠르게 늘고 있으며, 이는 통화완화 정책의 효과를 약화시키고 결국 '금융위기형 디플레이션'의 위험으로 이어질 가능성이 높다.

넷째, 건설·부동산 부문의 붕괴가 GDP 전체를 흔든다. 중국의 GDP에서 건설·부동산 관련 부문이 차지하는 비중은 약 25%에 달한다. 헝다 사태 이후 미분양과 채무불이행이 급증하면서 지방정부의 토지 매각 수입이 급감했고, 이는 인프라 투자 축소 → 고용 부진 → 소비 위축으로 이어지는 도미노 구조의 경기 하강 경로를 고착시켰다.

외부의 디커플링 압력과 기술 봉쇄가 이러한 내부 부채·부패·과잉의 구조와 결합하면 중국 경제는 '충격이 들어오면 폭발하는 경제(Fragile Economy)'로 변한다. 외부 충격은 위험을 만들지 않고 이미 존재하던 구조적 취약성을 드러낼 뿐이다. 이제 중국은 '고도성장의 유산'이 '구조적 리스크의 저주'로 바뀌는 역사적 전환점에 서 있다. 만약 금융시스템에 부실채권이 본격적으로 몰려오고, 국가가 이를 억누르기 위해 인위적 통제를 강화한다면 그 결과는 단순한 경기침체가 아니라 사회 전반의 신뢰 붕괴와 체제 리스크로 확산될 가능성이 크다. "외부의 바람보다 내부의 균열이 더 위험하다." 2025년의 중국 경제가 보여주는 가장 큰 교훈이다.

다섯째, 수축 경제에 대한 내성 부재는 침몰을 가속화한다.

한국은 1997년 IMF 외환위기라는 국가적 붕괴의 문턱에서 고통스러운 구조조정을 통해 기업 부채비율을 낮추고, 금융시스템의 투명성과 경쟁력을 복원했다. 이 과정에서 한국 경제는 '고성장에서 수축 경제로의 체질 전환'을 경험하며 위기 대응의 내성을 키웠다. 성장을 잃었지만 회복력을 얻은 셈이다.

반면 중국은 성장 일변도의 경제 모델 속에서 '수축기에 버티는 힘'을 기르지 못했다. 위기를 체험하지 않은 경제는 회복 근육을 단련하지 못한다. 중국의 경우 국가 통제와 정치 선전으로 모든 위험을 억누르면서 '성장의 환상'을 유지해 왔다. 하지만 글로벌 탈중국화가 가속화하고 내수와 부채 문제가 취약해지는 상황이, 성장 중독의 후유증으로 인한 '회복력의 부재'라는 허약한 체질과 만나면 중국은 단순한 경기침체가 아니라 체제 피로와 사회적 침몰 상태에 빠질 수 있다.

중국 경제는 '외부의 충격'이 아니라 '내부의 왜곡'으로 무너질 가능성이 높다. 부채, 과잉생산, 부패, 부동산, 그리고 내성 부재, 이 다섯 개의 균열이 결합하면 조그마한 외부 타격도 크게 증폭되어 붕괴로 전이되는 구조적 함정에 빠질 수 있다.

"성장의 기억은 많지만, 위기의 경험은 없다." 이것이 2025년 중국 경제의 가장 큰 불행이다.

글로벌 기업들의 제조 전략 변화

4

과거의 글로벌 경제는 '점진적 변화'라는 암묵적 전제를 기반으로 작동해왔다. 하지만 2026년 이후의 세계는 정치·기후·기술·지정학의 변수들이 서로 얽히며 예측 불가능한 불연속의 시대에 접어들고 있다.

미중 패권 경쟁은 무역 분쟁을 넘어 '기술과 자원의 전쟁'으로 확장되었고, 공급망은 경제 논리가 아닌 안보 논리로 재편되고 있다. 미국 반도체 지원법(CHIPS Act), EU의 CBAM, 중국의 희토류·흑연 수출 통제는 기업이 설계해야 할 미래의 구조가 더 이상 '선형적 회귀'가 아니라 '완전히 다른 경로'로 이동하고 있음을 보여준다.

이제 기업은 '단일 미래'가 아닌 '다중 미래(Multiple Futures)'를 상대해야 한다.

이 시대의 경영자는 정답을 찾는 사람이 아니라 미래의 여러 가능성을 설계하는 사람이 되어야 한다.

'China Plus One' 전략의 본격 시행

China Plus One(C+1) 전략은 코로나19 이후 글로벌 공급망이 재편되면서 제조 기업들이 빠르게 채택하고 있는 생산 전략이다. 중국 중심의 제조·공급망 구조를 유지하되, 동시에 하나 이상의 대체 생산거점을 확보해 지정학적·정책적 리스크를 분산하는 방식이다.

이 전략은 '중국을 떠난다'는 의미가 아니라, 중국을 포함하되 중국에 종속되지 않는 다축(多軸) 생산 네트워크를 구축한다는 개념이다. 중국 외 지역에 추가적인 조달 및 제조 거점을 확보함으로써 공급망 위험을 완화하고, 새로운 소비시장에 접근하며, 기술·혁신 자원을 확장하는 동시에 비용 효율성을 유지하려는 전략이다.

'C+1' 전략의 기본 원칙은 다음 세 가지로 요약된다.

- 중국 내 생산은 중국 시장 수요를 충족할 수준으로만 유지한다.
- 중국의 자원·무역·규제 리스크에 대비해 원자재와 공급원의 다양화를 추진한다.
- 중국 리스크가 오히려 기회가 되는 국가에 선제적으로 생산·투자를 확대한다.

애플, 인텔, 보쉬, 지멘스 등 글로벌 제조 리더들은 이미 생산 거점을 인도, 베트남, 멕시코, 폴란드 등으로 분산하고 있다. 이는 지정학적 충격을 흡수하는 '공급망 포트폴리오 전략'의 일환이다.

애플은 인도·베트남을 축으로 한 생산 다변화의 대표 사례이다. 애플은 가장 적극적으로 C+1 전략을 시행한 기업 중 하나이다. 아이폰 생산이 중국에 과도하게 집중된 구조에서 벗어나기 위해 인도와 베트남을 새로운 제조 축으로 삼기 시작했다. 인도에서는 폭스콘(Foxconn), 위스트론(Wistron), 타타(Tata)를 중심으로 생산을 확대하며 2025년까지 전 세계 아이폰의 약 20%를 인도에서 생산하겠다는 목표를 세웠다. 베트남에서는 이미 아이패드·에어팟·애플워치 생산이 빠르게 확대되고 있으며, 애플은 이 지역을 중국을 보완하는 핵심 공급망 축으로 선언한 바 있다. 이러한 흐름은 애플이 지정학적 리스크 분산을 제조 전략의 중심에 놓고 있다는 것을 보여준다.

아디다스는 동남아시아로 생산거점을 이동한 전형적 C+1 사례이다. 아디다스는 중국 내 인건비 상승, 공급망 리스크, 미중 갈등의 장기화 등을 이유로 중국 의존도를 줄이고 있다. 그 결과 베트남과 인도네시아가 새로운 주요 생산기지로 떠올랐으며, 현재 아시아 생산의 대부분이 이 두 국가로 이동했다. 이는 글로벌 패션·스포츠 선도 기업이 C+1 전략을 통해 비용과 지정학적 리스크를 동시에 관리하는 대표적 방식이다.

지멘스는 중국 내수를 유지하되 생산·기술거점을 인도와 베트남으로 확대한 사례이다. 지멘스는 중국 내 시장 비중은 유지하면서도 생산·기술서비스 기능을 인도와 베트남으로 분산하는 전략을 선택했다. 이는 "중국 시장은 유지하되, 생산은 중국 하나에만 의존하지 않는다"

는 C+1의 기본 원칙을 정확히 구현한 사례이다. 지멘스는 특히 동남아시아의 기술센터 확장을 통해 공급망의 탄력성을 강화하고 있다.

한국 기업들 역시 빠르게 움직이고 있다. 삼성전자는 베트남과 인도를 중심으로 글로벌 조립 네트워크를 구축했고, LG에너지솔루션과 현대자동차는 북미 현지 생산을 확대하며 IRA(인플레이션 감축법)의 세제 혜택을 적극 활용하고 있다. SK그룹은 폴란드·미국·인도네시아를 잇는 배터리 소재·셀·재활용의 순환형 가치사슬(Circular Value Chain)을 완성해가고 있다. 이제 한국의 제조업은 '한국-동남아-북미'를 잇는 3극(極) 공급망 체계를 국가 차원에서 설계해야 한다. 핵심 기술과 연구개발, 품질관리 기능은 한국에 남기되, 생산과 조립은 리스크가 분산된 거점으로 이동하는 분업형 글로벌 가치사슬 구조가 이상적이다. 이 구조는 단순한 탈중국 전략이 아니라, '글로벌 제조 허브'에서 '산업 설계국'으로 한국의 위상을 전환하는 전략적 선택이기도 하다.

선제적이고 탄력적인 Just-In-Case 제조 전략

2020년 이후 전쟁, 기후위기, 지정학 갈등, 팬데믹, 기술 패권 경쟁이 동시에 일어나며 기업은 '언제든 끊길 수 있는 세계'를 전제로 생산 전략을 다시 설계해야 하는 상황에 놓였다.

효율성 기준의 값싼 노동력과 최적화된 물류를 기반으로 한 Just-In-Time(JIT, 시간 맞춤) 패러다임은 예측불가능성이 일상이 된 지금, 더 이상 유효한 전략이 아니다. 기업은 이제 '효율성보다 생존'을 먼저 생각해야 하며, 생산의 철학 자체를 Just-In-Case(JIC, 상황 맞춤)로 바꿔야 한다. Just-In-Case 기업이란 위험을 선제적으로 감지하고, 충격을 흡수하며, 회복탄력성을 스스로 구축하는 제조의 재정의이다. 이 전략의 핵심은 세 가지다.

- 원자재·에너지·희토류 등의 글로벌 공급 충격에 대비하는 탄력적 조달 능력
- 단일 글로벌 가치사슬에 갇히지 않는 다축 생산 네트워크
- 초개인화 소비 시대에 맞춘 유연한 생산 구조의 재설계

이 세 가지 축을 중심으로, 기업이 왜 더 이상 '한 곳에서 싸게 만들기'에 머물러서는 안 되는지, 그리고 어떻게 '여러 곳에서 끊기지 않고 만드는 제조'로 전환할 수 있는지를 알아보자. 세계는 더 복잡해졌고, 더 예측하기 어려워졌으며, 그만큼 제조의 전략적 중요성은 이전보다 훨씬 커졌다. Just-In-Case 제조 전략은 이러한 대전환 속에서 기업이 생존을 넘어 경쟁력을 확보하기 위한 새로운 나침반이다.

원자재 변화에 대한 탄력적 대응

러시아-우크라이나 전쟁, 중동 분쟁, 기후위기 등으로 에너지·희토류·식량·원자재 가격은 언제든 급등할 수 있다. 이 불연속성의 시대에 기업은 '단일 조달-정해진 단가' 모델을 버려야 한다. 대신 공급망 다변화와 대체소재 개발을 병행하는 '동태적 자원 소싱' 전략이 필수다.

Just-In-Case 제조를 위한 경영 전략

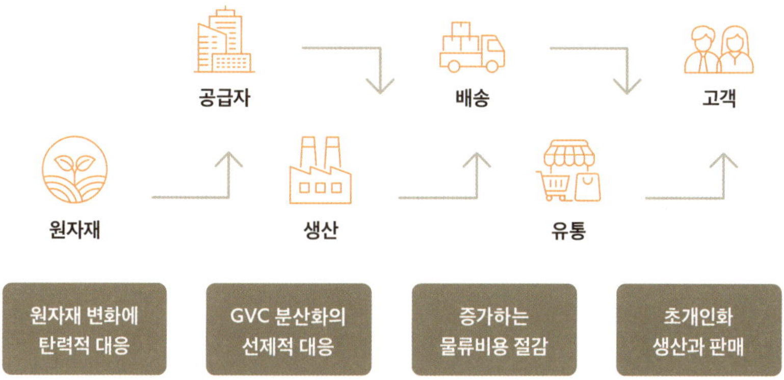

예를 들어, 철강·화학·배터리 업종은 원자재 조달선을 중국 중심에서 인도·호주·아프리카 등으로 분산하고, AI 기반 원가 예측 모델을 통해 실시간 가격 변동에 따른 조달 시점 자동화를 운영해야 한다. 리사이클 소재의 사용 확대와 자원순환형 공정 구축도 원자재 리스크를 완충하는 내재적 방어벽이 된다.

글로벌 가치사슬 분산화에 대한 선제적 대응

글로벌 가치사슬은 이미 '효율의 시대'에서 '회복탄력성의 시대'로 넘어갔다. 기업은 한 곳에서 싸게 만드는 것이 아니라, 여러 곳에서 끊기지 않고 만드는 것을 목표로 해야 한다.

한국 기업들은 중국 중심의 생산 구조에서 벗어나 C+1, T+1(Thailand Plus One), V+1(Vietnam Plus One) 형태로 다극화된 공급망을 구축해야 한다. 예컨대 반도체 장비 업체는 생산라인을 한국과 동남아로 분산하고, 부품기업은 핵심 공정을 국내에 남겨 '이중 또는 다중 생산 구조'를 만드는 것이 이상적이다. 또한 공급망의 가시성을 높이기 위해 AI 기반 글로벌 가치사슬 리스크 모니터링 시스템을 도입해야 한다. 이 시스템은 각 지역의 정치·물류·환율 리스크를 실시간 분석해 생산 계획과 조달 우선순위를 자동 조정함으로써 공급망 충격을 최소화할 수 있다.

초개인화 소비 시대의 생산 전략 재설계

생산이 수요를 끌어가는 시대에서, 소비가 생산을 설계하는 시대로 바뀌고 있다.

중국의 내수 둔화와 글로벌 소비 양극화 속에서 소비자들은 '대량생산된 싸구려 제품'이 아니라 '나에게 맞는 경험과 가치'를 생산하는 브랜드를 선택한다. 기업은 대량생산(Mass Production)과 대량 맞춤생산

명칭	핵심 정의	대표 산업/사례
대량생산 (Mass Production)	표준화된 제품을 대량으로 생산하여 단가를 낮추는 방식	포드 자동차의 컨베이어 시스템, 삼성 가전의 초기 TV·세탁기 대량생산
대량맞춤생산 (Mass Customization)	대량생산의 효율성을 유지하면서 고객의 개별 요구를 일부 반영하는 생산방식	나이키(Nike By You) 맞춤 신발, 델(DELL) 주문형 PC, 현대자동차 컬러 옵션
초개인화 생산 (Hyper-Personalization)	AI와 데이터 분석을 통해 고객 개개인의 취향·행동·가치관에 따라 실시간으로 제품이나 서비스를 맞춤화	코스메틱 브랜드 랑콤의 맞춤형 파운데이션, AI 기반 의류 추천 생산, 전기차의 세대별 맞춤 설정

생산 전략의 진화

(Mass Customization)을 넘어서 초개인화 생산(Hyper-Personalization)으로 생산 전략을 재설계해야 한다. AI 기반의 고객 분석, 디지털 트윈 설계, 주문형 생산 시스템을 통해 소비자의 취향, 위치, 가치관에 따라 제품을 실시간 맞춤화하는 인공지능 기반 맞춤제조 체계로 전환해야 한다.

시나리오 경영의 도입, 불연속의 시대 생존 전략

"2026년 이후의 불연속적 경영환경에서는 예측이 아니라, 시나리오로 대응해야 한다."

시나리오 경영은 미래를 하나로 맞히려는 경영 방식이 아니다. 대신 "앞으로 정확히 무엇이 일어날까?"를 묻기보다, "일어날 수 있는 여러 가능성은 무엇이며, 각각에 어떻게 대비할 것인가?"를 고민하는 사고법이다.

전통적인 경영은 하나의 전망을 세우고 그에 맞춰 계획을 짠다. 하지만 불연속성이 커질수록 이 방식은 위험해진다. 예상이 빗나가는 순간, 전략 전체가 무력해지기 때문이다. 시나리오 경영은 이 한계를 보완한다. 하나의 정답 미래가 아니라, 여러 개의 '가능한 미래 지도'를 동시에 그려놓고 준비하는 방식이다.

이 접근법이 널리 알려진 계기는 1970년대 석유위기였다. 당시 대부분의 에너지 기업은 유가가 안정될 것이라는 단일 전망에 의존했다. 그러나 로열더치쉘은 유가 급등, 공급 차질, 지정학적 충돌 등 여러 시나리오를 가정하고 대응 전략을 미리 준비했다. 그 결과, 석유위기 속에서도 쉘은 충격을 최소화하며 경쟁사보다 빠르게 회복할 수 있었다. 이 사례는 '미래를 맞힌 기업'이 아니라, '미래의 여러 가능성에 대비한 기업'이 살아남았다는 점을 보여준다.

오늘날의 시나리오 경영은 과거보다 훨씬 진화했다. 이제는 단순히 위험을 나열하는 수준이 아니라, AI와 데이터 분석을 통해 기술 변화, 지정학적 갈등, 공급망 재편, 규제 변화 같은 복합 변수를 함께 읽어내는 경영 인텔리전스 시스템에 가깝다. 다시 말해, 시나리오 경영은 위기를 피하기 위한 방어 전략이 아니라, 불확실성을 기회로 바꾸기 위한 전략적 사고의 틀로 자리잡고 있다.

요약하면, 시나리오 경영이란 미래를 예측하려는 경영이 아니라, 미래에 적응할 수 있는 능력을 키우는 경영이라고 할 수 있다.

2026년 이후의 글로벌 경영환경은 단절(Decoupling)과 불연속(Discontinuity)이 일상이 될 것이다.

- 미중 패권 경쟁의 구조적 고착화: 양국의 경쟁은 총체적 기술 패권전쟁으로 변질되었다. 예를 들어 반도체를 둘러싼 미국과 중국의 분쟁과 다툼은 기업의 공급망이 이제 '경제논리가 아니라 안보논리'로 재편되는 시대에 들어섰음을 보여준다.
- 중국의 전략자원 무기화: 희토류·흑연·게르마늄·갈륨 등 핵심 광물에 대한 중국의 수출 통제는 제조업 국가들에게 '자원 공급망 위험'을 직접 각인시켰다. 자원은 더 이상 물류 문제가 아니라 '지정학적 자산'이 되었다.
- 미국의 제조 귀환 전략: 미국은 제조 기반을 다시 자국으로 불러들이며

반도체·배터리·전기차 인프라를 국가 전략산업으로 지정하고 있다. 여기서 기업이 직면하는 리스크는 생산비가 아니라 정책 변화의 속도다.

- 기후위기와 지리적 리스크의 결합: 파나마 운하 가뭄, 홍해 해상 충돌, 유럽의 산불, 동남아 폭우는 기후가 공급망의 새로운 '구조적 리스크'가 되었음을 의미한다.
- 기술혁명의 가속: AI·로봇·디지털 트윈·자율화는 산업의 구조 자체를 재정의하고 있으며, 기술 변화의 속도는 이미 기업의 대응 전략 수립 속도를 앞지르기 시작했다.

이런 환경은 기업에게 하나의 사실을 말해준다. "단일 미래를 전제로 하는 전략은 더 이상 기업을 지켜주지 못한다." 복합적 불연속성의 시대에는 '정확한 예측이 아니라 '다층적 대비'가 필요하다.

예측에서 예견으로, 계획에서 학습으로

불연속성이 커질수록 기업은 '정답'을 찾기보다 여러가지 미래의 가능성에서 공통적으로 유효한 선택을 찾아야 한다. 시나리오 경영의 목적은 바로 그 공통점, 즉 '변하지 않는 전략적 원리'를 도출하는 것이다. 시나리오 경영은 불확실성의 구조를 '읽고', 변화의 신호를 '탐지하며', 조직이 빠르게 '적응'하도록 학습시키는 지능적 프레임워크다.

이 프레임워크는 세 단계로 작동한다. 먼저 기업은 정치, 기술, 사회, 환경, 가치관과 같은 거시적 동인들이 자사 산업에 어떤 영향을 미치는지를 식별한다. 이는 단순한 트렌드 나열이 아니라, 산업의 방향을 바꾸는 힘이 어디에서 비롯되는지를 구조적으로 파악하는 과정이다.

단계	핵심 질문	주요 활동
1단계: 변화 원동력 식별	"우리 산업에 영향을 주는 거시 변수는 무엇인가?"	정치, 기술, 사회, 환경, 가치관 등 거시 동인(PESTEL) 분석
2단계: 시나리오 도출	"미래는 어떤 방향으로 전개될 수 있는가?"	2~4개의 대안 시나리오 작성 (낙관적 / 기준선 / 위기 / 파괴적)
3단계: 대응전략 설계	"각 시나리오에서 우리의 전략은 어떻게 달라져야 하는가?"	시나리오별 전략 포트폴리오 및 의사결정 시뮬레이션 구축

시나리오 경영 프레임워크의 3단계

다음으로 이러한 동인들이 서로 다른 방식으로 결합될 때 어떤 미래들이 펼쳐질 수 있는지를 가정한다. 낙관적 시나리오, 기준선 시나리오, 위기 시나리오, 파괴적 전환 시나리오 등 2~4개의 대안적 미래를 그려봄으로써 기업은 '하나의 미래'에 갇히는 위험에서 벗어난다. 마지막으로 각 시나리오에서 기업의 전략은 어떻게 달라져야 하는지를 설계한다. 투자, 생산, 인력, 기술 선택을 시나리오별로 시뮬레이션하며 전략 포트폴리오를 준비하는 단계다.

AI 시대의 시나리오 경영은 이 과정을 데이터 기반으로 한층 고도화하고 있다. 디지털 트윈과 예측 알고리즘, 시뮬레이션 AI는 수백만 개의 변수를 동시에 평가하며, 전략의 민첩성을 극대화한다. 과거처럼 연 1회 보고서를 만드는 방식이 아니라, 실시간으로 가설을 업데이트하고 전략을 조정하는 '살아 있는 경영 시스템'으로 진화하고 있는 것이다.

시나리오 경영은 특정 부서에 국한된 작업이 아니다. 기업은 생산, 물류, 에너지, 자금과 결제, 기후 재난 등 핵심 활동 영역별로 스스로에게 질문을 던져야 한다. 대만 리스크가 현실화될 경우 생산은 어디로 이동해야 하는지, 중국의 원자재 통제가 강화되면 조달 전략은 어떻게 바뀌어야 하는지, 파나마 운하나 홍해 리스크가 상시화되면 물류 경로는 어디로 우회해야 하는지, 탄소가격제 확대가 비용 구조에 어떤 영향을 미치는지, 스테이블코인 기반 국제 결제 체제가 자리잡을 경우 어떤 기회와 리스크가 생기는지, 기후 재난으로 글로벌 곡물 공급이 흔들릴 때 생산과 수입 전략은 어떻게 재구성되어야 하는지를 묻는 과정이 필요하다. 이 질문들은 단순한 가정이 아니라, 기업의 투자·생산·인력·기술 전략을 다시 설계하는 출발점이 된다.

글로벌 기업의 시나리오 경영 사례

1) 지멘스: AI를 경영 시뮬레이션 엔진으로 만든 기업

지멘스가 AI 기반 시나리오 경영에 본격적으로 나선 배경에는 사업 포트폴리오의 복잡성이 있다. 지멘스는 에너지, 제조, 인프라, 헬스케어 등 다양한 산업에 걸쳐 글로벌 생산 거점을 운영하는 기업으로, 지정학적 리스크, 기후 변화, 기술 전환이 동시에 영향을 미치는 구조를 가지고 있다. 기존의 정적 계획 방식으로는 이러한 복합 변수를 관리하기 어렵다는 판단이 'Scenario 2030 AI' 프로젝트의 출발점이었다.

지멘스는 정치 환경, 기후 리스크, 기술 발전 속도, 규제 변화 등 120여 개의 거시 변수를 AI에 학습시켜 시나리오 시뮬레이션 플랫폼을 구축했다. 이 시스템은 단순히 미래를 예측하는 데 그치지 않고, 변수 간 상호작용이 공장 입지, 인력 배치, 투자 시점에 어떤 영향을 미치는지를 실시간으로 계산한다. 예를 들어 특정 지역의 지정학적 리스크가 높아질 경우, 생산 이전 시나리오와 인력 재배치, 투자 보류 혹은 가

속 전략이 동시에 시뮬레이션된다.

그 결과 지멘스는 중장기 투자 결정의 속도와 정확도를 크게 높였고, 불연속성이 커질수록 오히려 전략적 유연성을 확보하는 구조를 갖추게 되었다. 시나리오 경영은 지멘스에게 보고서가 아니라, 실제 의사결정을 지원하는 '경영 운영 시스템'으로 자리잡았다.

2) 삼성전자: 지정학을 전제로 설계된 반도체 공급망 전략

삼성전자는 글로벌 지정학적 리스크와 공급망 변동성 증가에 대응하기 위해 공급망 리스크 식별·분석·대응 체계를 운영한다. 공식 지속가능성 보고서에 따르면, 삼성은 다양한 내부·외부 위험 요인을 체계적으로 관리하고 주요 공급망 데이터를 기반으로 잠재 리스크를 신속히 파악·대응한다.

삼성전자는 지정학적 긴장과 공급망 충격에 대응하기 위한 전략의 일환으로 공급처 다각화 및 지역별 공급망 재구성을 진행하고 있다. 예컨대 중국 의존도를 낮추고 한국, 미국, 베트남 등으로 공급망을 확대하는 움직임이 확인된 바 있다. 미중 갈등이 심화되는 경우, 대만 지정학 리스크가 현실화되는 경우, 중동 지역의 원자재 공급 불안이 발생하는 경우, 그리고 유럽을 중심으로 AI 반도체 경쟁이 가속화되는 경우의 각 시나리오에 대해 공급망 다변화 전략, 장기 공급 계약 구조, 지역별 생산 비중 조정, AI 기반 수요 예측 모델을 별도로 운영하는 유연성을 발휘하고 있다.

이러한 대응들은 삼성전자가 단순히 공급망의 효율성을 추구하는 것을 넘어, 위험 요인을 사전에 평가하고 유연하게 전략을 조정하는

'리스크 관리 중심의 운영'을 강화하고 있음을 보여 준다.

3) 유니레버: 기후 리스크를 성장 기회로 바꾼 시나리오 전략

유니레버의 시나리오 경영은 기후 변화에 대한 인식에서 출발했다. 기후 위기는 단순한 규제 대응 문제가 아니라, 원자재 조달, 생산 비용, 소비자 선택까지 동시에 바꾸는 구조적 변수라는 판단이 유니레버 전략의 배경이다. 특히 식품, 생활용품, 화장품을 아우르는 유니레버의 사업 구조에서는 기후 변화가 곧 비즈니스 모델 변화로 이어진다.

유니레버는 지구 평균기온이 1.5도, 2도, 3도 상승하는 각각의 시나리오를 설정하고, 이 조건에서 공급망 안정성, 제품 포트폴리오, 소비자 행동이 어떻게 달라지는지를 시뮬레이션했다.(이 평균기온 기반 시나리오에 관심이 있는 독자는 'E: 순환경제로의 대전환과 기후테크의 부상'의 '임계온도 1.5도, 돌아올 수 없는 선을 넘다.'를 참고하기 바란다) 기온 상승 수준에 따라 원재료 수급 위험, 친환경 제품에 대한 수요 증가 속도, 포장재 규제 강화 가능성 등을 동시에 분석한 것이다.

이 시나리오 모델을 통해 유니레버는 탄소 감축 목표를 넘어 새로운 성장 기회를 포착했다. 친환경 소재, 저탄소 포장재, 지속가능 제품 라인에 대한 투자를 선제적으로 확대하며, 기후 리스크를 비용이 아니라 시장 창출의 기회로 전환했다. 그 결과 유니레버의 ESG 전략은 방어적 대응이 아니라, 미래 소비자 수요를 앞서 확보하는 공격적 성장 전략으로 진화했다.

이 세 사례가 보여주는 공통점은 분명하다. 시나리오 경영은 위기를 피하기 위한 보험이 아니라, 불연속성을 전제로 경쟁우위를 설계하는 전략 도구라는 점이다.

결국 시나리오 경영의 목적은 미래를 맞히는 데 있지 않다. 미래를 상상하고 대비함으로써 조직의 유연성을 극대화하는 데 있다. AI, 기후 변화, 지정학, 세대 전환이 동시에 교차하는 2026년 이후의 경영 환경에서 리더에게 필요한 역할은 예측의 정확성을 겨루는 사람이 아니라, 여러 미래를 설계하고 조직을 그 안에서 학습시키는 시나리오의 설계자다. 미래를 통제할 수는 없지만, 미래를 상상하지 않으면 결국 미래에 의해 통제당한다. 시나리오 경영은 불연속성의 시대를 두려움이 아니라 창조의 무대로 바꾸는, 가장 현실적인 경영 사고의 출발점이다.

미래 실험실

중국 경제 침몰에 대응하는 한국의 시나리오는 무엇인가?

한 세대 전 일본의 '잃어버린 30년'은 한국 산업의 성장판을 열었다. 세계가 일본의 버블 붕괴를 우려하던 시기에, 한국은 기술 내재화와 수출 확대를 통해 제조 강국의 기반을 구축했다. 일본의 침체가 한국의 부흥을 가능케 한 것이다.

이제 역사는 또 한 번 새로운 무대를 열려고 한다. 중국 경제의 침몰은 중국의 문제가 아니라 글로벌 가치사슬의 리셋 버튼이다. 세계의 공장이자 세계 최대 소비시장으로 군림하던 중국이 부채·부패·인구절벽·과잉생산이라는 내부 균열과 디커플링·기술 봉쇄·관세전쟁이라는 외부 충격이 겹치며 '잃어버릴 50년'의 문턱에 서 있다. 중국이 흔들리면, 아시아 전체의 공급망과 무역 질서도 흔들린다. 그러나 거대한 변동의 틈은 한국에게 새로운 도약의 기회가 될 수 있다.

이 '미래 실험실'은 그 가능성과 위험의 경계를 동시에 탐구하는 미래 전략 시뮬레이션의 장이 될 것이다.

일본의 잃어버린 30년은 한국 도약의 열쇠로 작용하였다

'몰락한 제국의 그림자 속에서 피어난 한국형 산업 기적'

1980년, 일본의 1인당 GDP가 미국을 넘어섰다는 뉴스가 전 세계를 강타했다. 세계 제2의 경제대국 일본이 미국의 소득 수준을 추월했다는 사실은, 미국에게는 충격이었다. 당시 미국 언론들은 이를 '제2의 진주만 공습'이라 표현하며, 일본의 경제 팽창을 국가안보 수준의 위협으로 인식하기 시작했다.

미국은 곧바로 반격에 나섰다. 1985년의 플라자 협정(Plaza Accord)을 통해 엔화 가치를 인위적으로 절상시키고, 자동차·전자제품 등 일본 수출품에 대해 고율의 관세를 부과했다. 그 결과 일본 제조업은 급속히 수익성을 잃었고, 버블경제의 붕괴와 함께 '잃어버린 30년'이 시작되었다.

이 위기가 한국에게는 역사적 기회가 되었다. 수익성이 떨어진 일본 기업들이 새로운 생산기지를 찾아 해외로 눈을 돌리자, 한국은 '공업입국(工業立國)'이라는 박정희 대통령의 슬로건을 이어받아 그 기회를 과감히 잡았다. 포항제철, 구로공단, 창원 국가산단 등 국가 차원의 산업단지가 조성되어 있던 한국은 일본 기업들의 생산 이전지이자 전략적 파트너로 부상했다. 이 시기 한국은 단순히 일본의 하청기지로 머무르지 않았다. 일본의 기술과 경영 방식을 빠르게 흡수하고, '부품 공급국'

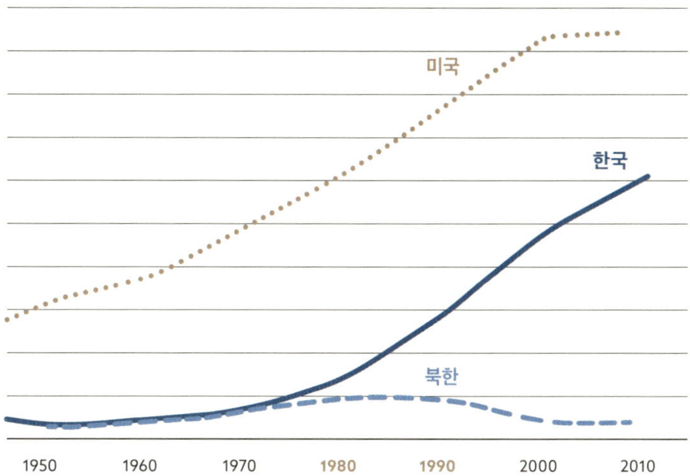

미국과 남북한의 1인당 GDP 성장 곡선(출처: Navigant Research)

에서 '제품 제조국'으로 탈바꿈했다. 자동차, 전자제품 등 당시 세계 시장에서 '저품질·저가품' 생산자로 천대받던 산업들이 한국의 효자산업으로 자리잡기 시작했다.

삼성의 메모리 반도체, 현대자동차의 수출형 모델, LG전자의 가전제품 등은 1990년대 들어 글로벌 시장에서 일본 제품을 대체하며 '메이드 인 코리아(Made in Korea)'라는 브랜드 가치를 키웠다. 이러한 산업적 변신의 바탕에는 높은 교육 수준, 근면한 노동력, 그리고 위기를 기회로 바꾸려는 '학습국가(Learning Nation)'의 DNA가 있었다.

한국의 1인당 GDP 성장 곡선은 1990년대 이후 미국의 성장률 곡선을 거의 평행하게 따라가는 형태로 발전했다. 일본이 장기 불황의 늪에 빠진 1990년대~2010년대가 한국에게는 '부상(浮上)의 시대'였다.

결국 역사는 이렇게 말한다. "일본의 잃어버린 30년은 한국의 떠오르는 30년이었다." 한 나라의 정체가 다른 나라 도약의 디딤돌이 되었고, 그 대전환의 배후에는 위기를 감지하고 신속히 구조를 바꾼 한국 산업 생태계의 적응력과 학습력이 있었다.

중국의 잃어버릴 50년은 대한민국에게 기회인가? 위협인가?

'중국 경제의 침몰은, 한국 산업에 복합적 파동을 던진다'

2016년, 독일의 싱크탱크 MERICS(Mercator Institute for China Studies)는 '중국 제조 2025가 미칠 글로벌 산업 영향'이라는 보고서를 통해 흥미로운 경고를 던졌다. 제조업이 GDP에서 차지하는 비중과 하이테크 산업이 국가 경제에 미치는 영향을 종합 분석한 결과, 중국이 '제조 2025'를 성공적으로 달성할 경우 가장 큰 타격을 입게 될 국가로 한국을 지목했다. 그 이유는 명확했다. 한국은 전 세계에서 제조업이 GDP에서 차지하는 비중이 가장 크고, 동시에 하이테크 산업 의존도 역시 세계 최고 수준이다. 즉, '제조 기반의 고기술 집약형 국가'라는 점에서 중국의 산업 고도화가 곧 한국의 산업 생태계와 정면으로 부딪히는 구조를 가지고 있다.

실제로 지난 10여 년간, 중국의 급속한 산업 굴기는 한국 산업의 경쟁 지형을 바꾸어왔다. 조선업에서 중국의 부상은 한국 조선소의 도산과 구조조정으로 이어졌고, 전기자동차 시장에서는 BYD와 니오(NIO)의 약진이 한국 완성차 기업의 수출 둔화로 연결되었다. 소재·부품·

장비 분야에서도 중국이 대규모 보조금과 기술 내재화 전략을 통해 한국의 중간재 수출 기반을 잠식하기 시작했다. 이처럼 중국의 공세적 산업 부상기(2010~2020년대)는 한국 제조업 전반이 구조적 압박을 받는 시기였다. 한국 기업은 기술력과 브랜드 경쟁력으로 이를 방어했지만, 중국은 '국가 주도형 생산력 확대'로 규모의 경제를 전면에 내세우며 가격과 물량으로 압도하는 공세를 가했다. 그 결과 한국은 제조 기술력에서는 앞서지만 수익성과 점유율에서는 지속적인 하락 압박을 받게 되었다.

그런데 2025년을 전후로 이 구조가 역전의 조짐을 보이고 있다. 중국의 경제 위기가 제조업 과잉생산에서 비롯된 구조적 위기로 드러나고 있기 때문이다. 과잉 설비, 부채, 기술 중복 투자로 인한 효율 저하, 그리고 디커플링에 따른 수출 부진이 맞물리면서 중국 제조업은 스스로 만든 성장의 함정에 빠져들고 있다.

단기적으로 이러한 충격은 한국 제조업에도 불안 요인으로 작용할 것이다. 중국이 보유한 과잉 생산력과 저가 공세는 글로벌 시장에서 한국 기업의 수익성을 압박하고, 중국발 금융 불안은 아시아 전체의 수출 동력을 약화시킬 수 있다. 즉, 중국의 위기는 한국의 위기이기도 하다.

그러나 장기적으로 본다면, 이 위기는 과거 일본의 사례처럼 한국 산업의 리셋과 재도약의 계기가 될 수 있다. 1980년대 미국의 압박 속에 일본이 잃어버린 30년을 맞았을 때, 그 공백을 메운 나라는 한국이었다. 마찬가지로, 중국의 '잃어버릴 50년'이 시작된다면 그 산업 공백을 메우는 첫 번째 국가 역시 한국이 될 가능성이 크다. (미국의 우방이었던 일본에 비해 적대국으로 인식되는 중국의 경제적 타격은 간접적으로 50년 가까이 이어질 것으로 필자는 판단한다) 한국은 이미 첨단 반도체, 전기차 배터리, 정밀기계, AI 기반 제조 등 '고부가가치 제조 혁신'의 축을 선점하고 있다. 중국의 구조적 침체가 장기화될수록 글로벌 기업들은 안정성과 기술력을 갖춘 한국·대만·일본 중심으로 공급망을 재편할 것이다. 요컨대, 중국의 잃어버릴 50년은 한국에게 단기적 위협이지만, 장기적으로는 새로운 산업질서 속에서 '산업 설계국'으로 도약할 역사적 기회가 될 수 있다. 결국 문제는 외부 요인이 아니라, 한국이 얼마나 빠르게 시나리오 경영과 산업 재배치 전략을 실행하느냐에 달려 있다.

중국 경제를 측정하는 신뢰 가능한 지표들은 무엇인가?

'숫자가 아니라 '행동 데이터'가 진짜 경제를 말해준다'

중국의 공식 경제 통계는 오랫동안 세계 경제의 불확실성을 증폭시켜온 미스터리였다. 국가통계국이 발표하는 GDP 성장률은 분기마다 놀랍도록 일정하며, 경기 순환이나 글로벌 수요 변동과 거의 무관하게 5% 안팎을 꾸준히 유지한다. 표면상으로는 안정이지만, 실상은 '조율된 숫자'라는 비판이 끊이지 않는다.

그 이유는 구조적이다. 중국의 지방정부에 대한 중앙정부의 평가 지표는 성장률과 연동되어 있다. 지방정부는 성과를 과시하기 위해 수치를 부풀리거나 왜곡하려는 유인이 크다. 지방정부의 토지 매각과 투자 유치 실적이 GDP에 직접 반영되는 구조에서 '성장률은 곧 관료의 출세'를 의미한다. 게다가 청년실업률이나 민간투자 같은 민감한 지표는 공표 방식이 불투명하고, 불리한 국면에서는 발표 자체가 중단되기도 했다. 실물보다 통계로 경제적 안정을 나타내는 나라, 그것이 오늘날 중국 경제의 현실이다.

이러한 불신 속에서, 세계의 경제 분석가들은 공식 수치 대신 '행동 데이터(Behavioral Data)'로 시선을 돌리고 있다. 행동 데이터란 정부가 만들어낸 숫자가 아니라 국민과 기업이 실제로 움직인 흔적에서 나오는 데이터다.

예를 들어 전력 소비량은 공장 가동률과 산업 활동을 보여주는 가장 직접적인 경기지표다. 산업용 전력이 줄고 가정용 전력만 늘어나는 시기는 공장 생산이 위축되고 실업이 확산되는 국면이다. 또한 항만 컨테이너 처리량과 철도 화물 운송량은 내수와 수출입의 체온계를 대신한다. 특히 상하이, 닝보, 선전 등 주요 항만의 물동량은 중국 수출경기를 보여주는 실시간 바로미터다. 이 수치가 지속적으로 감소한다면, '세계의 공장'이 실제로는 식어가고 있음을 의미한다.

최근에는 인공위성의 야간조도 데이터가 새로운 척도로 떠올랐다. 야간 위성사진에서 보이는 도시의 불빛은 생산·소비·인구 활동의 밀도를 그대로 드러낸다. 정부가 GDP 5% 성장을 발표해도, 야간조도가 오히려 감소한다면 그 성장은 '통계 속 성장'일 가능성이 높다.

그 밖에도 철강·시멘트·유리 생산량은 건설경기와 인프라투자 흐름을 반영하며, 부동산 선분양금액과 지방채(LGFV) 발행 규모는 지방정부의 재정 스트레스를 보여주는 신호다. 또한 세수(부가가치세·관세)와 온라인 결제 거래량, 글로벌 교역 상대국의 미러 통계(Mirror Statistics) 역시 중국의 내수와 수출입을 간접적으로 측정하는 데 활용된다.

이러한 지표들을 종합적으로 분석해 보면, 공식 GDP 수치가 아니라 세 개의 블록으로 중국 경제의 진실을 알 수 있다.

첫째, 실물 블록: 전력, 물동량, 철강과 같은 생산활동 지표.

둘째, 수요 블록: 세수, 소비, 수출입의 흐름.

셋째, 신용·재정 블록: 총사회융자(TSF)와 지방채, LGFV 금리 스프레드.

이 세 축이 동시에 둔화될 때, 그것은 경기 조정이 아니라 구조적 침체의 전조다. 특히 총사회융자(TSF)가 감소하고 지방채 발행이 급감하는 시점은 지방재정이 한계에 다다랐음을 의미한다. 이는 금융위기나 대규모 디폴트로 연결될 가능성이 높다. 결국, 중국 경제를 읽는 방법은 단순하다. 정부의 보도자료를 읽는 대신, 전력 계량기와 항만의 컨테이너, 철강공장의 굴뚝, 야간의 불빛을 관찰하는 것이다. 통계보다 현실이 먼저 말을 하고, 그 현실은 언제나 숫자보다 정직하다.

왜 돼지고기 가격이 중국 경제를 읽는 '비공식 지표'가 되었는가?

중국의 공식 경제통계는 투명성과 신뢰성 논란이 지속되고 있다. 이 때문에 글로벌 투자은행·경제연구소·국제기구는 돼지고기 가격을 중국 경기 흐름을 읽는 가장 현실적인 간접지표로 활용하고 있다. 돼지고기 가격은 중국 소비자심리·생활물가·정책 신뢰성·가계소비력을 압축적으로 보여주는 경제의 '체온계' 역할을 하기 때문이다.

1) 왜 하필 돼지고기인가?

- 중국 최대 단백질 공급원: 중국인의 육류 소비에서 돼지고기가 차지하는 비중은 60% 이상이다. 돼지고기 가격은 곧바로 가계 체감물가를 보여주는 핵심 식품

지표이다.

- 생활물가와 정치적 안정에 직접 영향: 돼지고기 가격이 오르면 생활비 부담이 즉각 확대되고, 내수 소비심리 악화와 서민 불만 증가로 이어지는 특성이 있다. 중국 정부가 물가관리에서 돼지고기에 민감하게 반응하는 이유이다.
- 정부가 직접 관리하는 품목: CPI 구성 항목 중에서도 정부 개입이 가장 큰 품목 중 하나가 돼지고기이다. 중국은 '국가 돼지고기 비축제도'를 운영해 가격 급등 시 비축분을 방출한다. 이는 돼지고기 가격이 경제뿐 아니라 정치적 지표로도 활용된다는 의미이다.

2) 돼지고기 가격이 알려주는 '진짜 경제 신호'

- 경기 동향의 간접 신호: 경기가 위축되면 소비자들은 돼지고기에서 계란·닭고기 등 더 저렴한 단백질원으로 이동한다. 이는 즉각적으로 돼지고기 수요 감소 → 가격 하락으로 나타난다. 돼지고기 가격은 가장 빠르게 경기침체를 반영하는 소비 지표이다.
- 인플레이션·디플레이션 판단 지표: 돼지고기는 식품물가에서 비중이 크기 때문에 중국의 총수요 변화를 민감하게 보여준다. 가격 급등은 식품 인플레이션의 전조이고, 가격 급락은 생산·소비 위축에 따른 경기 침체 신호이다.
- 정책 효과 검증 지표: 정부가 내수부양책을 시행해도 돼지고기 가격이 오르지 않는다면 소비 여력 회복이 미약하다는 뜻이다. 중국 내부에서도 돼지고기 가격은 정책 신뢰도의 간접 판단지표로 사용된다.

3) 최근 수치가 말하는 중국 경기 상황 (2025년 1Q 기준)

2025년 1분기 돼지고기 도매 가격이 약세를 보이고 있다. 춘절 수요 증가로 1월 말~2월 초에 소폭 상승해 1월 27일 kg당 23.4위안으로 일시적 고점을 기록했지만, 이후 수요 둔화로 4월 14일 kg당 20.8위안까지 하락했다.

전문가들은 2025년 내내 변동성이 커질 것으로 예상한다. 공급은 줄어들지만, 소비자 구매력 약화가 계속되기 때문이다. 이는 중국 내수경기의 약세와 소비심리 위축이 지속되고 있음을 보여주는 신호이다.

중국은 여전히 '성장률 5%'를 외치지만, 야간조도가 줄고, 항만의 물동량은 감소하며, 전력 소비가 정체된 도시가 늘어나고 있다. 이것이 바로 진짜 중국경제의 체온이다. 2022년 이후에 중국의 부동산 및 지방 정부 주도의 경기 침체는 중국 정부의 공식 데이터에 암시된 것보다 훨씬 심각했으며 이는 세계 경제 흐름을 예측하는 데 엄청난 장애 요인이 된다. 실제로 2024년의 중국의 GDP 성장률은 2.8%로 소폭 개선된 것으로 측정되지만, 이는 공식 발표된 거의 5%보다 훨씬 낮은 수치이다. 따라서 중국 경제를 평가할 때 통계의 신뢰성에 대한 판단은 필수적이다. 중국 정부가 발표하는 공인된 숫자가 아니라 행동 데이터로 중국의 경제를 진단해야 한다. 이것이 위기의 전조를 조기에 감지하고, 한국 산업이 중국발 충격을 한 걸음 앞서 대비할 수 있는 유일한 방법이다.

중국 침몰에 대비하는 한국 산업의 3단계 대응 시나리오

'위기를 앞서 읽는 자만이, 기회를 설계할 수 있다'

중국 경제의 침몰은 한국 산업 생태계 전체의 구조 리셋을 요구하는 경고음이며, 세계 공급망의 중심이 이동하는 역사적 분기점이다. 중국의 제조 역량 약화와 내수 침체는 동시에 한국에게 '수출시장의 붕괴'와 '산업공간의 확장'이라는 위험과 기회의 이중 신호를 던지고 있다.

중국은 한국의 최대 교역국으로 2024년 기준 한국 전체 수출의 약 19.5%를 차지하고 있어, 중국 경기 침체는 한국 수출 감소와 성장률

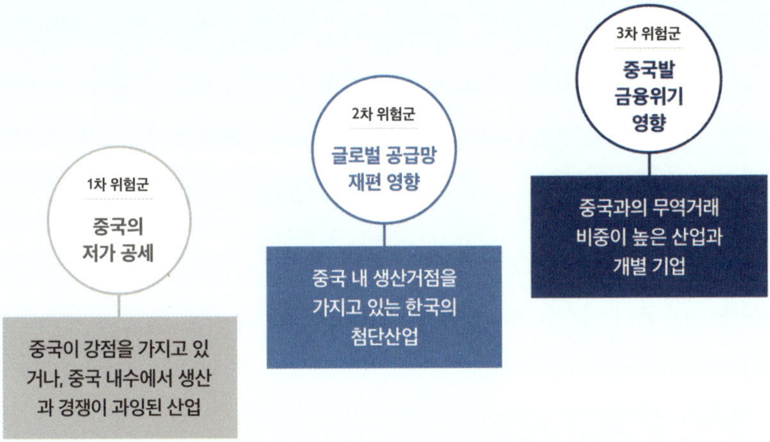

중국 경제 위기의 3단계 대응 시나리오

저하로 직결된다. 또한 전통 제조업, 첨단 산업, 서비스업 등 거의 모든 분야에서 중국과의 경쟁 또는 협력 관계가 얽혀 있어, 중국발 경제위기는 한국의 대기업·중견 중소기업은 물론 자영업자와 소상공인까지 영향을 미친다. 따라서 중국 경제의 위험을 실질 지표로 모니터링하면서 상황에 따른 선제적 대응 시나리오를 만들어야 한다.

단기 대응: 중국의 저가 공세에 의한 피해 산업

중국은 경기 부양을 위해 과잉 생산된 제품을 덤핑 수준의 가격으로 글로벌 시장에 쏟아내고 있다. 철강, 석유화학, 태양광, 배터리, 자동차 등 기초 제조산업에서 한국 기업들은 이미 쓰나미를 체감하고 있다. 특히 전기차 배터리 시장에서는 BYD, CATL이 보조금을 무기로 유럽과 동남아를 공략하면서 한국의 2차전지 수출이 2024년 이후 둔화세를 보이고 있다.

이러한 단기적 충격기에 한국은 가격 경쟁이 아니라 품질, 서비스, ESG 기반의 프리미엄 전략으로 대응해야 한다. 제품 경쟁력에 '친환경 인증', '탄소 저감', '리사이클 소재' 등의 부가가치를 더하는 차별화가 생존의 조건이 된다. 정부 또한 전략산업 피해 완화를 위한 긴급 수입 규제, 상계관세 조정, 무역금융 확대 등 방어적 산업정책을 과감하게 실행해야 한다.

중기 대응: 중국과 무역 의존도가 높은 첨단 산업

중국은 반도체·디스플레이·정밀소재 등 첨단 산업의 '최대 고객이자 최대 경쟁자'다. 중국의 경기 둔화는 곧 한국 첨단 제품 수출의 감소로 이어진다. 더구나 시진핑 정부가 '반도체 국산화', 'AI 자립화'를 추진하면서 한국 기업의 기술 우위가 잠식될 위험이 커지고 있다.

이 시기 한국은 기술 동맹과 시장 다변화를 병행하는 이중 전략을 취해야 한다. 미국·유럽·대만 등과의 기술 블록 안에서 '미드체인(Mid-chain) 기술 주도권'을 확보하고, 동남아·중동·인도 등 신흥 시장에서 '기술 수출형 협력 모델'을 구축하는 것이다. 예컨대 삼성전자와 SK하이닉스는 메모리와 AI 반도체 분야에서 '공급망 내 기술 파트너십 리더'로 자리매김해야 하며, 현대자동차는 전기차 핵심 부품과 배터리 공급망을 북미·동남아 시장 중심으로 재편해야 한다.

장기 대응: 중국발 금융위기의 파급을 막는 시스템 방어

중국의 부동산 부실, 지방채 위기, 그림자금융의 연쇄 부도는 한국 금융시장에도 간접적 충격을 준다. 특히 수출 중심의 중견 중소기업은 환율 변동, 채권 회수 지연, 거래처 부도 등의 2차 피해에 취약하다.

이에 따라 한국은 '중국 리스크 방어형 금융 안정 시스템'을 구축해야 한다. 수출보험공사의 보증 한도를 확대하고, 중소기업의 환리스크를 최소화할 수 있는 헤지 상품을 보급해야 한다. 또한 정부와 산업은행이 공동으로 '해외 생산기지 이전 펀드'를 조성하여 C+1 전략을 추진하는 기업이 초기 비용 부담 없이 생산기지를 이전할 수 있도록 지원해야 한다.

위기는 방향을 바꾸는 신호다

다가올 중국의 잃어버릴 50년은 한국이 '산업 설계국'으로 진화할 결정적 순간이 될 수 있다. 단기에는 저가 공세 방어, 중기에는 기술 블록 재편, 장기로는 금융 안정화 체계를 구축함으로써 한국은 중국발 격변의 시대를 오히려 성장의 사다리로 삼을 수 있다.

결국 이 시대의 승자는 위기를 피한 자가 아니라, 기회를 설계한 자다. 한국의 산업 전략은 이제 '중국 의존형 성장'에서 '시나리오 기반 자립형 성장'으로 패러다임을 바꾸어야 한다.

글로벌 제조 패권 재편기에 필요한 한국 기업의 5대 실행 전략

글로벌 제조 패권의 중심축이 미국·동맹국 중심의 공급망으로 이동하는 지금, 한국 기업이 선택해야 할 전략은 단순한 비용 절감이 아니라 생존과 성장의 구조 재설계이다. 한국 기업이 향후 10년 제조 경쟁력을 확보하기 위해 가장 먼저 착수해야 할 5가지 전략적 대응을 다음과 같이 제시한다.

병렬 생산 구조 구축: 한국–동남아, 한국–미국의 이중 생산 체계

한국 기업은 기존의 중국에 의존하는 단일 생산 체계를 유지하기보다, 한국을 핵심 공정의 허브로 두고 동남아·인도·미국을 병렬적으로 연결하는 이중 생산 구조를 구축하고 있다. 이는 단순히 공장을 여러 나라로 나누는 방식이 아니라, 공정·시장·리스크를 기준으로 글로벌 가치사슬을 재설계하는 전략이다.

실행의 핵심은 명확하다. 정밀가공, 고부가 기술, 품질 통제가 필요한 핵심 공정은 한국에 유지하고, 노동집약적 조립·후공정은 베트남·태국·말레이시아 등으로 이전한다. 동시에 미국 시장 대응용 생산은 멕시코 또는 미국 본토에 배치해 관세·조달 규제에 선제적으로 대응해야 한다. 이와 병행해 한국 내 생산라인은 AI·로보틱스·데이터 기반 스마트팩토리로 고도화함으로써 기술 내재화 수준을 끌어 올리고 있다.

이 전략을 통해 기업은 미중 갈등, 관세, 봉쇄 등 지정학적 리스크를 구조적으로 분산할 수 있으며, 미국·유럽 주요 시장에 대한 접근성과 신뢰도를 동시에 강화할 수 있다. 또한 한국 본사는 단순 생산기지가 아니라 기술과 인력이 축적되는 '글로벌 제조 두뇌'로 재정의되며, 이는 향후 10년간 한국 제조업 경쟁력의 기본 설계도가 될 것이다.

AI 기반 공급망 리스크 관리: 사후 대응에서 사전 감지로의 전환

글로벌 공급망의 불연속성이 상시화된 시대에 기업의 경쟁력은 더 이상 '위기에 얼마나 빨리 대응하는가'가 아니라, 위기를 얼마나 먼저 감지하고 선제적으로 회피하는가에 달려 있다. 이에 따라 한국 기업은 경험과 보고서에 의존한 전통적 공급망 관리에서 벗어나, AI 기반의 실시간 리스크 감지 체계로 전환해야 한다.

AI 기반 공급망 모니터링 시스템은 원자재와 부품의 가격 변동, 리드타임, 지연 가능성을 실시간으로 분석하고, 해상·항공 물류에서 발생하는 병목 신호—예컨대 파나마운하 가뭄, 홍해 분쟁, 기후 리스크—를 조기에 포착한다. 동시에 환율 변동, 공급업체의 재무 건전성, 국가별 정치 리스크 지수를 연동해 조달과 생산의 우선순위를 자동으로 재조정한다. 여기에 IRA, CBAM과 같은 탄소 배출 규제 변화까지 반영해, 소재 선택과 조달 전략을 실시간으로 최적화하는 구조를 구축해야 한다. 디지털 트윈 기반의 생산·조달 시뮬레이션은 이러한 판단을 사전에 검증하는 핵심 도구가 된다.

이 전략을 도입한 기업은 공급망 충격으로 인한 생산 중단과 납기 지연을 구조적으로 최소화할 수 있으며, 원자재 가격이 급변하는 국면에서도 조달 시점을 최적화해 원가 변동성을 흡수할 수 있다. 더 나아가 글로벌 가치사슬 전반의 가시성과 탄력성이 높아지면서, 기업은 더 이상 공급망에 끌려다니는 존재가 아니라 공급망을 지휘·조정하는 주체로 전환하게 된다. AI 기반 공급망 리스크 관리는 이제 선택이 아니라, 글로벌 제조 경쟁력의 새로운 표준이다.

프렌드쇼어링 포트폴리오 구축: 미국·멕시코·인도를 잇는 동맹형 공급망 재편

미국의 산업정책은 단순히 공장을 자국으로 되돌리는 리쇼어링에 머물지 않는다. 그 본질은 신뢰 가능한 동맹국을 중심으로 한 생산 생태계의 재구축, 즉 프렌드쇼어링이다. 이러한 변화 속에서 한국 기업은 미국 단독 진출이라는 단선적 선택이 아니라, 미국–멕시코–인도로 연결되는 다극적 포트폴리오로 공급망을 재편해야 한다.

먼저 미국은 반도체, 배터리, 전기차 부품과 같은 전략 산업의 핵심 거점이다. 한국 기업은 IRA와 CHIPS Act를 적극 활용해 고부가·첨단 공정을 미국 현지에 배치함으로써 정책 인센티브를 확보하고, 동시에 미국 시장에 대한 신뢰도를 높여야 한다. 특히 미국 소비자와 정부 조달 시장을 겨냥한 제품은 미국 또는 멕시코 생산 비중을 확대함으로써 관세와 규제 리스크를 구조적으로 줄일 수 있다.

멕시코는 이 전략의 실질적 완충지대다. 저임금 구조와 숙련된 제조 인력, USMCA에 따른 무관세 혜택, 그리고 미국과의 지리적 인접성은 멕시코를 'Made in Mexico = Made for America'라는 새로운 공식의 중심에 놓이게 한다. 한국 기업에게 멕시코는 비용 경쟁력과 시장 접근성을 동시에 확보할 수 있는 최적의 생산 기지다.

인도는 또 다른 축이다. IT·전자제품·스마트폰·배터리 제조를 중심으로 빠르게 부상하는 인도는, 거대한 내수 시장과 수출 기지의 성격을 동시에 갖는다. 중산층의 급속한 확대는 단순한 생산기지를 넘어 소비 시장으로서의 전략적 가치를 높이고 있으며, 한국 기업은 인도를 '중국 대체지'가 아니라 차세대 성장 축으로 바라봐야 한다.

이와 같은 프렌드쇼어링 포트폴리오를 구축한 기업은 중국 리스크를 회피하면서도 미국 시장 접근성을 극대화할 수 있다. 동시에 관세와 규제의 충격을 흡수할 수 있는 구조적 완충 장치를 확보하게 되며, 결과적으로 수출 기반 제조 경쟁력을 새로운 질서 위에서 재확립할 수 있다. 프렌드쇼어링은 선택지가 아니라, 2030년을 향한 글로벌 제조의 기본 설계도다.

미국 내 제조 거점 확보: AI·배터리·반도체 중심의 전략적 현지화

미국의 제조 주권 강화는 한국 기업에게 단기적으로는 부담이지만, 중장기적으로는 놓쳐서는 안될 전략적 기회다. 특히 AI 서버, 반도체, 전기차 배터리, 에너지 저장장치와 같은 분야는 미국 정부가 산업 안보 차원에서 직접 보조금과 세제 혜택을 제공하는 핵심 영역이다. 이들 산업은 더 이상 글로벌 분업의 대상이 아니라, 미국이 반드시 자국 내에 확보하려는 전략 자산으로 간주되고 있다.

한국 기업은 이 흐름에 방어적으로 대응하기보다, 미국 산업정책의 내부 파트너로 진입하는 전략적 현지화를 선택해야 한다. 반도체 분야에서는 CHIPS Act를 활용해 첨단 공정보다 상대적으로 투자 효율이 높은 패키징, 후공정, 일부 파운드리 영역에 진입함으로써 정책 지원과 기술 축적을 동시에 도모할 수 있다. 배터리 산업 역시 IRA를 기반으로 셀과 팩 생산 라인을 미국 현지에 구축함으로써 세액공제와 시장 접근성을 동시에 확보하는 전략이 필요하다.

또한 AI 데이터센터의 폭발적 증설은 전력 인프라, 냉각 시스템, 고성능 부품과 소재에 대한 수요를 급격히 끌어올리고 있다. 한국 기업은 단순 완제품 공급을 넘어, AI 데이터센터 생태계 전반을 구성하는 핵심 부품·소재 공급자로 포지셔닝해야 한다. 이 과정에서 테슬라, GM, 포드, 엔비디아와 같은 글로벌 빅테크 및 제조 기업과의 전략적 파트너십, 혹은 공동 투자는 미국 시장 진입의 가장 현실적인 경로가 된다.

이러한 미국 내 제조 거점 확보 전략은 단순한 생산 이전이 아니다. 이는 미국 정부의 보조금과 세액공제를 직접 확보하고, 글로벌 빅테크 기업과 장기 공급 계약을 체결할 수 있는 구조적 기반을 마련하는 선택이다. 더 나아가, 미국 내 고부가가치 제조 영역에서 주도권을 확보할 수 있는 가능성까지 열어준다. 2030년을 향한 글로벌 제조 경쟁에서, 미국 현지화는 비용이 아니라 생존과 도약을 위한 투자가 되고 있다.

중국 중심 성장 모델에서 글로벌 매출 포트폴리오로의 전환

중국 경제의 장기 둔화, 부동산 위기, 소비 심리 위축, 그리고 예측하기 어려운 정책 환경은 더 이상 일시적 변수가 아니라 구조적 리스크로 자리잡고 있다. 과거와 같이 '중국 시장의 성장 = 기업 성장'이라는 공식은 더 이상 유효하지 않다. 이제 한국 기업에게 중국은 성장의 엔진이 아니라, 리스크 관리가 필요한 하나의 시장이 되었다.

따라서 한국 기업은 중국 내수 의존도를 단계적으로 낮추고, ASEAN·인도·중동·미국·유럽을 축으로 한 다각화된 매출 구조로 전환해야 한다. 특히 중저가 소비재, 스마트폰, 가전 등 가격 경쟁이 치열하고 정책 변수에 민감한 영역에서는 중국 비중을 점진적으로 축소하는 것이 불가피하다. 대신 인도, 베트남, 인도네시아, UAE 등 인구 성장과 중산층 확대가 동시에 진행되는 신흥시장에서는 마케팅과 생산을 동시에 확장하는 전략이 필요하다.

이 과정에서 중요한 전환점은 '중국 고객 중심'에서 '글로벌 고객 중심'으로의 시선 이동이다. 중국을 기준으로 설계된 제품·가격·유통 구조를 글로벌 표준에 맞게 재설계함으로써, 특정 국가 리스크에 종속되지 않는 판매 구조를 만들어야 한다. 동시에 중국 시장 자체를 포기하는 것이 아니라, 대중 시장은 축소하되 프리미엄·고급 소비층에 집중하는 양극화 전략을 통해 수익성을 유지하는 접근이 필요하다.

이러한 판매 구조 재편은 중국 경기 침체와 정책 리스크로부터 기업의 안정성을 높이고, 시장 포트폴리오의 분산을 통해 기업 가치를 보다 견고하게 만든다. 더 나아가, 고성장 신흥시장에서의 매출 기반을 선점함으로써 향후 10년간 지속 가능한 성장 동력을 확보할 수 있다. 결국 중국 내수 의존도 축소는 후퇴가 아니라, 글로벌 시장을 향한 재배치 전략이다.

결론: 한국 기업 도약의 조건, 5대 전략의 동시 실행

앞으로 한국 기업이 선택해야 할 길은 단일한 해법이 아니라, 서로 맞물린 다섯 가지 구조적 전환의 동시 실행이다. 이 전환은 선택의 문제가 아니라 생존과 도약을 가르는 기준이 된다.

첫째, 생산은 한 곳에 집중하지 말고 이중·병렬 구조로 재설계해야 한다. 둘째, 공급망은 경험이 아니라 AI 기반의 실시간 감지 체계로 관리해야 한다. 셋째, 생산과 조달의 지역은 비용이 아니라 동맹과 신뢰를 중심으로 재편해야 한다. 넷째, 미국 시장에는 수출이 아니라 현지 생산과 파트너십으로 전략적으로 진입해야 한다. 다섯째, 중국은 성장의 엔진이 아닌 리스크 관리 대상 시장으로 균형 있게 운영해야 한다.

이 다섯 가지 축을 동시에 실행하는 기업만이 2026~2035년 글로벌 제조 질서 재편의 시대에 생존을 넘어 주도권을 확보할 수 있다.

DRIVE

D ecoupling
R egulation
Hybrid I ntelligence
V itality
E cology

PART 2

Regulation

스테이블코인 법제화와 화폐 흐름의 재설계

"화폐의 신뢰는
이제 중앙은행이 아니라
알고리즘이 만든다."

글로벌 공급망이 물리적으로 분리되고(Decoupling), 산업의 경계가 재정의되는 시점에서 이제 세계 경제의 전장은 '화폐와 결제의 질서'로 옮겨가고 있다. '화폐와 결제의 질서 재편'이 중첩되어 불연속적 변화를 만들고 있다.

21세기 초반의 기술 혁신이 산업의 형태를 바꿨다면, 2020년대 중반의 규제 혁신(Regulation)은 화폐의 본질과 신뢰의 구조 자체를 바꾸고 있다. 그 중심에 바로 '스테이블코인(Stablecoin)'이 있다. 스테이블코인은 '디지털 화폐의 제도권 진입'이라는, 금융사(史)에서 달러의 금태환 폐지 이후 가장 근본적인 변화이자, '신뢰의 알고리즘화(Algorithmization of Trust)'라는 거대한 전환의 출발점이다.

2024년 미국 의회를 통과한 지니어스법은 스테이블코인을 공식 화폐로 인정한 최초의 법으로, 금융·결제·유통의 경계를 동시에 허물었다. 이 법은 암호화폐를 투기적 자산이 아닌 '제도화된 결제 수단'으로 끌어올리며, "누가 화폐를 만들고, 누가 신뢰를 설계하는가"라는 근본적인 질문을 다시 생각해보게 만들었다.

스테이블코인은 이제 실험적 기술이 아니라 제도권 경제의 새로운 기반 인프라(Trust Infrastructure)로 자리잡게 될 것이다. 금융기관과 중앙은행뿐 아니라 소비자와 기업, 그리고 모든 거래 행위를 다시 연결하는 디지털 신뢰의 언어가 될 것이다.

■ 금태환이란 무엇인가?

1971년 8월 15일, 리처드 닉슨 미국 대통령은 달러의 금태환을 전격 중단했다. 이는 단순한 통화정책 변경이 아니라, 인류 화폐 시스템의 운영 원리를 근본적으로 바꾼 사건이었다.

금태환(金兌換)이란, 발행된 화폐가 일정량의 금으로 언제든 교환될 수 있다는 약속을 의미한다. 즉, 화폐의 가치는 국가가 아니라 금이라는 실물 자산에 의해 보증되었다. 이 체제 아래에서 화폐는 다음과 같은 제약을 가졌다.

- 금 보유량 이상으로 화폐를 발행할 수 없고
- 통화 공급은 금 채굴 속도에 종속되며
- 전쟁·위기 시 대규모 재정 지출이 어렵다

"금이라는 족쇄를 끊지 않으면 미국 경제는 성장할 수 없다"는 닉슨의 논리는 '달러가 글로벌 기축통화'가 되는 데 결정적 역할을 한 화폐 개혁이었다. 금태환 폐지가 20세기 산업 확장의 토대를 만들었다면, 스테이블코인은 21세기 디지털 산업 질서를 떠받치는 화폐 개혁 3.0의 출발점이다.

Part 2에서는 '규제(Regulation)가 더 이상 시장을 제약하는 장치가 아니라, 산업 혁신을 촉발하는 촉매로 작동하는 시대를 해석한다.

1. 스테이블코인 등장의 배경과 작동 메커니즘
2. 미국의 스테이블코인 허용 법안과 산업 영향
3. 7가지 예견: 법제화된 스테이블코인이 바꿀 화폐의 역사
4. 유통산업의 대전환: 고객 경험이 화폐가 되는 시대

미래 실험실 스타벅스가 스테이블코인으로 창출하는 유래가 없는 서비스는 무엇인가?

스테이블코인 등장의 배경과 작동 메커니즘

1

암호화폐는 왜 등장했고 왜 신뢰가능한가?

'국가의 신뢰'에서 '코드의 신뢰'로 이동한 화폐의 혁명

화폐는 언제나 '신뢰의 기술'이었다. 고대 금속화폐는 금에 대한 신뢰, 현대의 법정화폐는 국가와 중앙은행에 대한 신뢰를 기반으로 작동해 왔다. 그러나 2008년 글로벌 금융위기는 이 오래된 신뢰 구조가 얼마나 취약한지를 여실히 드러냈다. 정부는 부채를 확대했고 은행은 파산 위기에 몰렸으며, 중앙은행에 대한 신뢰는 더 이상 절대적인 기반이 될 수 없게 되었다.

흔들리는 신뢰 구조의 틈에서 등장한 것이 바로 암호화폐다. 그 기원은 1980년대 암호학자 데이비드 차움이 제시한 '익명성 + 탈중앙 거

'블록체인' 기술의 적용 원리

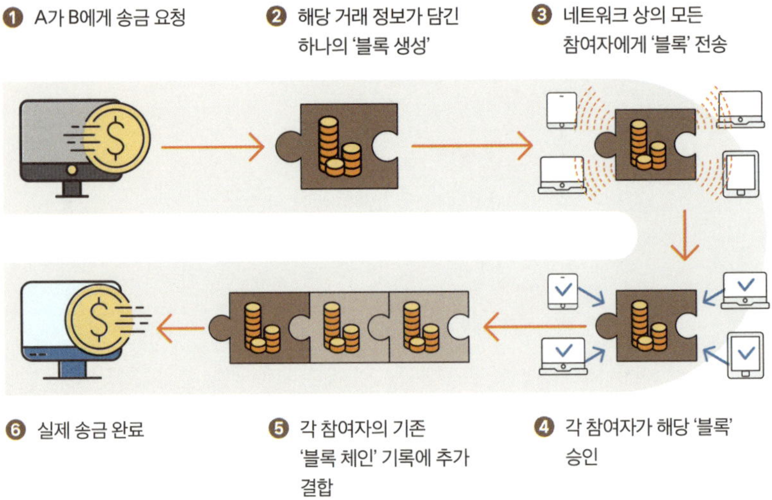

(출처: BNK금융경영연구소)

래'를 결합한 디지털 화폐 eCash 개념이었다. 그는 "개인은 금융기관의 검열 없이 자신의 거래를 스스로 통제할 수 있어야 한다"고 주장했다. 특히 인터넷 결제가 확산하며 지불 기록이 모두 추적되는 환경을 맞아 그의 문제의식은 더욱 설득력을 얻었다. 하지만 당시 기술과 제도는 이를 실현하기엔 부족했다.

이 미완의 아이디어를 현실로 만든 사람이 사토시 나카모토이다. 그는 2008년 10월, 리먼 브라더스 사태로 세계 금융이 흔들리던 그해 '비트코인: P2P 전자 화폐 시스템(Bitcoin: A Peer-to-Peer Electronic Cash System)'이라는 논문을 발표했다. 비트코인은 '은행 없는 은행 시스템'으로, 중앙기관 없이 모든 참여자가 거래 내역을 검증·공유하는 분산원장(Distributed Ledger) 구조로 설계되었다.

이 시스템의 핵심은 블록체인이다. 각 거래는 암호화되어 블록에 기록되고 시간 순으로 연결되어, 누구도 과거 기록을 임의로 바꿀 수 없다. 여기서 신뢰의 주체는 더 이상 중앙은행이나 금융기관이 아니라, 알고리즘과 참여자들이 구성한 네트워크 자체가 되었다.

'국가의 신뢰에서 코드의 신뢰로 이동한 순간'이다. 오랫동안 화폐는 '편의성의 발전' 방향으로 진화해왔다. 금에서 지폐로, 카드에서 모바일 결제로 이어진 변화는 모두 사용의 편의성을 높이는 방향이었다. 그러나 암호화폐의 등장은 단순한 편의 향상이 아니라, 화폐를 지탱하는 신뢰 구조 그 자체를 다시 설계한 사건이었다. 중앙은행이 발행하는 돈이 '누군가를 믿어야 하는 화폐(Trust-based Money)'라면, 비트코인은 '누구도 믿지 않아도 되는 화폐(Trustless Money)'이다.

그렇다면 어떻게 '신뢰 없는 화폐'가 가능한가? 그 배경에는 세 가지 핵심 요소가 있다.

- 암호화 알고리즘이 인간의 개입 없이 거래를 자동으로 검증한다.
- 탈중앙 네트워크가 모든 거래 기록을 공유해 투명성을 보장한다.
- 경제적 인센티브(채굴 보상 구조)가 시스템을 지속적으로 유지시키는 동기를 제공한다.

기술적 보안성, 구조적 투명성, 경제적 지속가능성이 결합하여 새로운 신뢰 기반을 만든 셈이다. 암호화폐의 탄생은 단순한 기술 혁신이 아니라 금융 권력의 구조를 전면적으로 뒤흔든 신뢰혁명(Trust Revolution)

이다. 사토시 나카모토의 코드는 인류가 국가·은행·기업 같은 제도에 의존해왔던 신뢰를 수학·암호·네트워크의 합의로 옮겨 놓았다.

바로 이 새로운 신뢰 구조 위에서, 스테이블코인이라는 제도권 디지털 화폐의 시대가 시작될 기반이 마련되었다.

스테이블코인은 왜 출현하게 되었는가?

'혁신의 통화'에서 '신뢰의 통화'로 진화하다

비트코인은 중앙은행이 없는 화폐로서 세상을 놀라게 했다. 그것은 인류가 처음으로 '국가의 허가 없이' 거래할 수 있게 만든 화폐였다. 그러나 그 혁명은 곧 한계를 드러냈다.

첫째, 가격의 불안정성이다. 비트코인은 화폐라기보다 '투자자산'으로 변질되었다. 하루에도 수십 퍼센트씩 오르내리는 가격은 거래의 수단이 아니라 투기의 대상이 되었다. 화폐의 본질이 '가치의 안정(Store of Value)'인데 비트코인은 그것을 충족시키지 못했다.

비트코인 5천개로 피자 한판을 샀다고?

2010년 5월 22일, 미국 플로리다의 프로그래머 라스즐로 하녜크즈(Laszlo Hanyecz)는 온라인 포럼에 글을 올렸다.

"누군가 피자 두 판을 배달해준다면, 10,000 비트코인을 주겠다."

그날 저녁, 그는 실제로 피자 두 판(30달러)을 받았고, 대가로 10,000 BTC를 지불했다.

당시 비트코인 1개의 가치는 0.3센트(약 3.8원)에 불과했지만, 2025년 9월 1일 기준 1BTC = 약 108,854.60달러(약 1억 5천만 원). 즉, 그는 피자 두 판으로 지금 돈 1조 5,000억 원짜리 식사를 한 셈이다. 오늘날 전 세계 암호화폐 커뮤니티는 이 날을 '비트코인 피자데이(Bitcoin Pizza Day)' 로 기념한다.

이 믿지 못할 사건의 교훈:

비트코인은 세계 최초의 '탈중앙화 화폐'였지만, 그 가격은 신뢰의 속도를 따라가지 못했다. 이 극단적 변동성이 바로 '스테이블코인'이 등장한 이유이다.

둘째, 신뢰의 불균형 문제이다. 비트코인의 철학은 '누구도 믿지 않아도 되는 시스템'이었지만, 현실의 경제는 여전히 '누군가를 믿어야 작동하는 세계'였다. 기업은 거래의 확실성을, 소비자는 가격의 예측 가능성을, 국가는 금융 안정성을 필요로 했다. 비트코인의 완전한 탈중앙화 구조는 이상적이었지만, 제도권 경제가 요구하는 안정성과는 거리가 있었다.

이 틈을 메운 것이 바로 스테이블코인(Stablecoin)이다. 스테이블코인은 암호화폐가 가진 블록체인·분산원장 기술을 유지하면서, 법정화폐나 안전자산에 가치를 고정(Peg)하여 가격 변동성을 최소화한 디지털 화폐다. 비트코인의 '탈중앙 신뢰'에 법정화폐의 '가치 안정성'을 결합한 하이브리드 통화라 할 수 있다.

스테이블코인은 디지털 자산의 기술적 기반 위에 현실 금융의 신뢰 구조를 얹은 새로운 금융 실험이자, 암호화폐와 제도권 금융 사이의 공백을 메우는 실용적 대안이었다.

스테이블코인은 세 가지 요구를 동시에 충족한 디지털 화폐다.

- 블록체인이 가진 투명성과 보안성을 유지하고
- 법정화폐가 제공하는 가치 안정성을 확보하며
- 글로벌 결제망과 즉시 연결될 수 있는 확장성을 갖추었다

스테이블코인은 비트코인의 이상을 현실로 옮겨 놓은 '신뢰의 다리(Bridge of Trust)'라 할 수 있다. 암호화폐 생태계와 제도권 금융을 이어주고, 기술이 제공하는 자유와 규제가 보장하는 안전 사이에 새로운 균형점을 마련한 것이다.

이러한 특징 덕분에 스테이블코인은 등장 후 단 5년만에 전 세계 결제 인프라의 핵심축으로 자리잡았다. 테더(USDT)와 서클(USDC)은 디지털 자산의 대표를 넘어 글로벌 송금, 무역 결제, 탈중앙화 금융(DeFi)에서 사실상의 '디지털 달러'로 기능하고 있다.

비트코인이 '국가 없는 화폐'였다면, 스테이블코인은 '국가와 공존하는 화폐'다. 비트코인이 중앙은행의 권위에 도전했다면, 스테이블코인은 그 신뢰 구조를 디지털 형태로 흡수했다. 이 새로운 화폐가 금융·결제·유통 산업 전체의 질서를 다시 쓰는 변화의 중심에 서 있다.

스테이블코인의 종류와 작동 원리

디지털 화폐의 신뢰는 무엇으로 보증되는가?

스테이블코인은 이름 그대로 '가격이 안정된 암호화폐'다. 비트코인이 신뢰를 기술로 증명했다면, 스테이블코인은 신뢰를 구조로 설계한 화폐다. 그 핵심은 '1코인 = 1달러'라는 가치 연동(Pegging) 구조다. 발행 주체는 코인 1개를 찍어낼 때마다 그와 동일한 가치를 지닌 자산을 어딘가에 예치해야 한다. 이 자산이 바로 '준비금(Reserve)'이며, 신뢰의 기초다.

스테이블코인은 이러한 담보 구조에 따라 크게 네 가지 형태로 진화해왔다.

종류(위험도 기반)	신뢰 구조	주요 리스크	안정성 등급
법정화폐 담보형	실물화폐 예치, 규제기관 감독	감사 투명성, 발행사의 상환능력	★★★ (가장 안정적)
암호·실물자산 담보형	탈중앙형, 가치 변동성 내재	담보가격 하락, 청산 리스크	★★☆ (중간 안정성)
무담보 알고리즘형	수학적 공급조절, 심리 기반	가격 붕괴·디페깅(De-pegging)· 코인런	★☆☆ (가장 불안정)

스테이블코인의 종류

법정화폐 담보형(Fiat-Collateralized)

가장 널리 쓰이는 형태로, 달러·유로·엔화 같은 법정화폐를 1:1로 예치하고 동일한 수량의 코인을 발행한다. 테더(USDT), 서클(USDC), 페이팔USD(PYUSD)가 대표적이다. 이 방식의 강점은 단순성과 높은 신뢰성이다. 이용자는 1USDC를 언제든 1달러로 상환받을 수 있다는 상환 가능성이 신뢰의 핵심이다. 다만 준비금이 실제로 존재하는지, 공시·감사가 투명한지 확실히 증명되지 않으면 신뢰는 쉽게 흔들릴 수 있다.

암호화폐 담보형(Crypto-Collateralized)

법정화폐 대신 비트코인(BTC)이나 이더리움(ETH) 같은 암호화폐 자산을 담보로 예치해 발행하는 방식이다. 대표적으로 메이커다오(MakerDAO)의 DAI가 있다. 암호화폐는 변동성이 크기 때문에 보통 150% 이상의 과잉 담보를 요구한다. 예를 들어 150달러 상당의 ETH를 맡겨야 100달러의 DAI를 발행할 수 있다. 탈중앙화라는 장점이 있지만, 가격 급락 시 담보 가치가 빠르게 하락하며 강제 청산 위험이 생기는 것이 약점이다.

실물자산 담보형(Commodity-Backed)

금·은·부동산 등 실물자산을 담보로 삼는 방식이다. 예컨대 Pax Gold(PAXG)는 런던 금 1온스와 1:1로 연동되며, 실제 금으로 상환도 가능하다.

이 유형은 '디지털 금(Gold 2.0)'으로 불리며 자산 보존 수단으로 주목받고 있다. 그러나 실물자산은 평가·보관이 복잡하고 유동성이 낮으며, 국가별 규제 환경에 따라 상환 신뢰가 흔들릴 수 있다.

무담보 알고리즘형(Algorithmic)

담보 없이 알고리즘으로 토큰 공급을 조절해 1달러 가치를 유지하는 형태다. 자동으로 토큰을 발행·소각해 시장 균형을 맞추는 구조다. 하지만 신뢰 기반이 실물이 아니라 '시장 심리'와 '수학적 모델'에 의존하기 때문에 극단적 변동에 매우 취약하다. 2022년 테라-루나 붕괴는 "담보 없는 알고리즘 화폐는 위기 시 지속될 수 없다"는 사실을 명확히 보여준 사례다.(해당 사례는 뒤에서 별도 박스로 설명한다)

꼭 알아 두어야 할 스테이블코인 위험도 관련 용어 3가지

- 디페깅(De-Pegging): 1달러에 고정되어야 할 코인 가치가 이탈하는 현상. 담보 불충분 또는 신뢰 붕괴 시 투자자들의 대량 환매(코인런)가 발생한다.
- 투명성(Transparency): 준비금 구성과 회계 감사 여부가 불분명하면 시장은 즉시 신뢰를 거둬들인다. 테더(USDT)는 이 문제로 오랫동안 논란의 중심에 있었다.
- 상환 능력(Cashability): 발행사가 언제든 1코인을 1달러로 교환할 수 있어야 한다. 이 능력이 흔들리면 '디지털 뱅크런'은 순식간에 현실이 된다.

가능성을 보여준 스테이블코인의 5년

불안정 속 신뢰 실험기 (2019~2024년의 스테이블코인 5년사)

"디지털 화폐가 과연 신뢰를 구현할 수 있는가?" 2019년부터 2024년까지의 5년은 인류의 첫 번째 대규모 실험의 시기였다. 비트코인의 극단적 가격 변동을 보완하기 위해 등장한 이 새로운 화폐는, 처음에는 누구도 화폐로서 주목하지 않았다.

2019~2020: '페이스북 리브라(Libra)'의 충격

2019년, 페이스북(현 메타)이 발표한 글로벌 스테이블코인 리브라(Libra)는 세계 각국 중앙은행과 정부에 강한 충격을 주었다. 어느날 갑자기 '민간이 발행하는 달러 대체 통화'가 현실에 등장한 것이다. 비록 정치적 반발로 프로젝트는 디엠(Diem)이라는 이름으로 축소 후 폐기되었지만, 이 사건은 정부가 "디지털 화폐 시대를 막을 수 없다"는 사실을 깨닫게 만든 분수령이었다. 이후 각국은 CBDC(중앙은행 디지털화폐) 연구에 속도를 내기 시작했다.

2020~2022: '시장 실험'과 '위기 테스트'의 시기

리브라 사태 이후 민간 주도의 스테이블코인이 빠르게 확산됐다. 테더(USDT) 와 서클(USDC), 바이낸스 USD(BUSD)가 시장의 주류로 자리잡으면서 결제와 송금, 거래의 표준 단위로 사용되기 시작했다. 그러나 2022년 5월, 테라·루나(Terra-Luna)의 붕괴는 '안정된 암호화폐'라는 개념 자체를 근본적으로 흔들었다. 무담보 알고리즘형 스테이블코인은 수학으로 신뢰를 설계했지만, 시장은 공포로 그것을 무너뜨렸다. 테라(UST)의 1달러 페깅 붕괴는 단 72시간만에 400억 달러의 가치를 증발시켰고, 이 사건은 '디지털 뱅크런'의 실체를 전 세계에 보여주었다.

알고리즘 코인 사망 선고의 날, 테라-루나의 디지털 코인런

UST(테라)는 '1코인 = 1달러'를 유지하기 위해 루나(LUNA)라는 토큰을 자동으로 발행·소각하는 알고리즘형 스테이블코인이었다. 즉 UST 가격이 1달러 아래로 떨어지면 루나를 새로 찍어내 팔아 그 차이를 메우고, 반대로 UST가 1달러를 넘으면 루나를 소각해 공급을 줄이는 구조였다. 겉보기엔 완벽했다. '담보 없는 디지털 중앙은행', '코드로 신뢰를 만든 화폐'라 불리며 2022년 초에는 시가총액 400억 달러, 세계 3위 스테이블코인으로 성장했다.

그러나 문제는 '신뢰의 담보'가 없었다는 것. 시장이 불안해지자 투자자들은 "UST가 1달러로 교환될까?" 의심하기 시작했고, 단 몇 시간 만에 대규모 환매(코인런)가 발생했다. 루나는 끝없이 발행되며 가치가 폭락했고, 1달러로 고정돼야 할 UST는 단 0.1달러까지 떨어졌다.

결과적으로 집단 광기의 신드롬 뒤에 감춰져 있었던 '신뢰'라는 디지털 기둥이 무너지자 400억 달러가 72시간 만에 사라졌다. 이 사건은 블록체인 세계의 '디지털 리먼 브라더스 사태'로 기록되었고, 전 세계 규제 당국이 스테이블코인 법제화 논의를 서두르는 직접적 계기가 되었다.

📌 **교훈:**

알고리즘은 돈을 만들 수 있지만, 신뢰를 만들 수는 없었다. 결국 화폐를 지탱하는 것은 수학이 아니라 신뢰였다.

2022~2024: 규제의 문틈 사이를 통과한 생존자들

루나 사태 이후, 세계는 스테이블코인을 단순한 '기술'이 아니라 잠재적 '통화 리스크'로 보기 시작했다. 이에 따라 각국은 발행 기준을 강화하며 감독에 나섰다. 미국은 Stablecoin TRUST Act 초안을 통해 100% 준비금·월별 감사·상환 보장을 의무화했고, EU는 MiCA 법안으로 스테이블코인을 전자화폐(E-Money)로 규정하며 유로 기반 코인의 발행과 감독 체계를 마련했다. 한국도 2023년 디지털자산 기본법 초안에서 예치금 보전과 발행사 등록을 필수 요건으로 제시했다.

규제가 촘촘해지자 시장은 오히려 더 투명하고 견고한 구조로 재편되었다. 테더(USDT)는 실물자산 준비금을 강화하고 매달 감사보고서를 공개했으며, 서클(USDC)은 미국 국채·현금·단기 예금으로 100% 담보하여 신뢰도를 높였다. 2023년에는 페이팔이라는 전통 금융기관이 PYUSD를 발행하며 이 흐름에 합류했다.

이 시점부터 스테이블코인은 단순한 암호화폐가 아니라 디지털 달러 인프라(Digital Dollar Infrastructure)로 진화하기 시작했다. B2B 결제, 리워드 포인트, 국제 송금, 그리고 AI 에이전트가 수행하는 자동결제까지, 스테이블코인은 새로운 금융·유통 생태계의 핵심 기반으로 자리 잡고 있다.

2024년, 규제의 문턱을 넘다

2024년 7월, 미국 의회는 지니어스법(GENIUS Act: Guaranteed Electronic Network for Integrated Universal Settlement Act)을 통과시키며 스테이블코인을 제도권 통화 체계에 공식 편입했다. 이 법은 스테이블코인을 단순한 디지털 자산이 아니라, '신뢰 가능한 결제 수단(Legal Settlement Instrument)'으로 규정했다. 이는 화폐 역사에서 1971년 닉슨이 달러의 금태환을 중단한 이후, 가장 근본적인 전환으로 평가된다. 요약하면, 2019~2024년의 스테이블코인 5년사는 실패와 혁신이 교차한 '불안정 속 신뢰 실험기'였다.

이제 실험의 단계는 끝났다. 우리의 다음 질문은 명확하다. 공인된 디지털 화폐가 산업과 경제를 어떻게 다시 설계할 것인가? 그 서막을 연 사건이 바로 미국의 지니어스법이다. 루나 사태가 불러온 공포는 강력한 규제를 만들었고, 규제는 다시 신뢰를 세웠다. 그리고 그 신뢰를 기반으로 새로운 '디지털 달러 질서'가 형성되기 시작하고 있다.

미국의 스테이블코인 허용 법안과 산업 영향

"화폐의 중심이 중앙은행에서 시장으로 이동하다"

2

2025년 여름, 미국 의회는 역사적인 법안을 통과시켰다. 이름은 지니어스법으로 인류 역사에서 처음으로 민간이 발행한 디지털 화폐를 법정 결제수단으로 인정한 법이었다.

이 법이 의미하는 바는 단순한 결제 방식의 변화가 아니다. 화폐가 작동하는 구조, 그리고 "신뢰의 주체가 누구인가"라는 화폐의 근본 개념을 다시 정의한 사건이다. 디지털 화폐의 두 가지 흐름이 있다. 그중 CBDC(Central Bank Digital Currency)는 중앙은행이 발행·통제하는 국가 주도의 디지털 화폐다. 반면 스테이블코인은 민간 기업이 블록체인 기술을 기반으로 발행하고, 시장 참여자의 신뢰로 유지되는 탈중앙화 디지털 화폐다.

미국은 정부 중심의 CBDC가 아니라 시장 중심의 스테이블코인 제

2025. 7. 18. 스테이블코인을 법제화한 지니어스법에 서명한 트럼프(출처: 백악관)

도화를 선택했다. 결정의 배경에는 도널드 트럼프의 확고한 정치 철학이 있다. 그는 중앙은행이 국민의 지갑을 통제하는 CBDC를 '디지털 감시국가의 시작'이라 경고하며, 민간이 주도하는 화폐를 자유시장과 금융 주권의 상징으로 보았다. 트럼프에게 스테이블코인은 반(反)관료주의·친시장주의·반(反)통제 금융관을 상징하는 도구이다.

법안 통과 이후 스테이블코인은 금융의 주변부 영역에서 제도권의 중심으로 이동했다. 더 이상 암호화폐의 한 종류가 아니라, 미국이 디지털 시대에도 달러 패권을 유지하기 위한 전략적 무기, 즉 '디지털 달러 헤게모니(Digital Dollar Hegemony)'의 핵심 인프라로 부상하고 있다.

이 장에서는 다음 5가지 주제를 살펴본다.

- CBDC와 스테이블코인은 어떻게 다른가?

- 트럼프는 왜 CBDC를 거부하고 민간형 암호화폐를 택했는가?
- 법제화의 가능성을 증명한 스테이블코인의 경제적 영향
- 암호화폐의 역사를 바꾼 지니어스법의 내용과 의미
- 전 세계 산업과 시장에 미칠 연쇄적 파급효과

CBDC와 스테이블코인은 어떻게 다른가?

CBDC는 한 국가의 중앙은행이 직접 발행하는 디지털 통화다. CBDC는 중앙은행의 부채이며, 실물 지폐나 동전과 마찬가지로 주권화폐로 인정된다. 이 화폐는 정부가 보증하는 만큼 신뢰도가 절대적이지만, 대부분의 경우 블록체인이나 분산원장 기술을 사용하지 않는 폐쇄형 시스템으로 운영된다. 즉 암호화폐의 본질인 익명성을 보장해 주지 않기 때문에, 암호화폐로 분류되지 않고 자유시장주의자들로부터 배척을 받는다.

'제어 가능한 익명성의 유혹', 중국 디지털 위안화(e-CNY)의 실체

세계에서 가장 빠르게 중앙은행 디지털 화폐(CBDC)를 상용화한 국가는 중국이다. 중국 인민은행은 2020년대 초 디지털 위안화(e-CNY)를 도입하며 "달러 중심 결제 질서를 흔들고, 위안을 글로벌 통화로 확대한다"는 목표를 내세웠다. e-CNY는 법정화폐와 동일한 효력을 갖고, 알리페이·위챗페이 같은 플랫폼에서 일반 결제처럼

사용된다.

그러나 e-CNY의 핵심 구조는 '제어 가능한 익명성(Controllable Anonymity)'이다. 평상시에는 익명처럼 보이지만, 세금 회피·정치적 발언·국외 송금 등 확인이 필요하다고 국가가 판단하면 모든 거래 기록을 실시간으로 추적할 수 있는 구조다. 즉 중국 정부가 말하는 익명성은 실제로는 감시 가능한 익명성이다.

이 때문에 암호화폐 커뮤니티는 e-CNY를 진정한 암호화폐로 보지 않는다. 탈중앙화와 신뢰의 분산이라는 블록체인의 핵심 가치와 정면으로 충돌하기 때문이다. 중국 정부는 '국가 안보와 금융 안정성'을 주장하지만 자유시장주의 시각에서는 전형적인 '디지털 감시 화폐(Digital Surveillance Money)'로 평가한다.

바로 이 지점이 트럼프가 CBDC를 강하게 비판하는 배경이다. 그는 "정부가 국민의 지갑을 통제하는 순간, 자유는 사라진다"고 경고하며, CBDC를 미국식 자유주의와 정면으로 충돌하는 제도라고 본다.

CBDC의 핵심은 '통제 가능한 디지털 화폐'라는 점이다. 거래 내역은 중앙 데이터베이스에 저장되고, 정부와 중앙은행이 모든 송금과 결제를 실시간으로 추적·관리할 수 있다. 따라서 통화 정책의 효율성을 높이고 불법자금을 차단하는 장점이 있지만, 동시에 국가가 개인의 경제활동을 감시할 수 있는 구조가 된다.

반면 스테이블코인은 민간 기업이 발행하는 시장 기반의 디지털 화폐다. 법정화폐나 실물자산(달러·금 등)을 담보로 하며, 블록체인 네트워크 위에서 누구나 검증 가능한 탈중앙형 신뢰 시스템으로 작동한다. 스테이블코인은 정부의 통제가 아닌 시장 참여자들의 신뢰와 담보자산의 투명성으로 유지되며, 글로벌 결제와 투자, 디지털 서비스에서 폭넓게 활용되고 있다.

구분	CBDC	스테이블코인
발행 주체	중앙은행(정부)	민간 기업 또는 블록체인 네트워크
신뢰 기반	정부의 신용(법적 강제력)	담보자산과 시장의 합의
기술 구조	폐쇄형 중앙 데이터베이스	개방형 블록체인·스마트컨트랙트
통제 수준	높음 - 중앙은행의 전면 통제	낮음 - 분산 네트워크 기반
주요 목적	금융 안정·통화정책 도구	결제 혁신·글로벌 거래·유통
대표 사례	e-CNY(중국), Digital Euro(유럽)	USDT, USDC, PYUSD

CBDC vs 스테이블코인, 핵심 차이 한눈에 보기

왜 트럼프는 CBDC를 반대하고 민간형 암호화폐를 선택했는가?

트럼프는 CBDC를 '국민의 자유를 위협하는 가장 위험한 도구'라 선언하며, 정부가 개인의 자산 흐름을 실시간 통제할 수 있는 CBDC를 '디지털 빅 브라더'로 규정했다. 그의 반(反)CBDC 입장은 단순한 정치적 수사가 아니라, 자유시장주의와 반관료주의 철학에 기반한다. 그는 중앙 통제형 디지털 화폐 대신, 민간의 자율적 신뢰로 작동하는 암호화폐와 스테이블코인을 진정한 '자유 화폐(Freedom Money)'의 상징으로 본다.

중국은 2020년대 초 세계 최초의 CBDC인 e-CNY을 상용화하며 위안을 글로벌 결제통화로 만들려는 전략을 노골화했고, 이를 계기로 전 세계 120여 개국이 CBDC 실험에 돌입했다. 유럽·영국·일본·한국 등도 각각 디지털 통화 준비에 착수했다.

그러나 미국의 시각에서 CBDC 확산은 기술 경쟁이 아니라 '달러 패권'에 대한 직접적 위협이다. 각국이 자체 CBDC 결제망을 구축하면 SWIFT 중심의 달러 결제 의존도와 미국 국채 수요가 감소해 미국의 금융수지와 재정 안정이 흔들릴 수 있다. 글로벌 무역의 30%가 CBDC로 전환될 경우 미국의 연간 시뇨리지 손실은 1조 달러를 넘을 수 있다는 분석도 있다.

이 때문에 트럼프는 CBDC 보급을 '달러 체제의 자살행위'로 규정하고, 미국의 디지털 금융은 정부가 아니라 민간의 혁신이 주도해야 한다는 입장을 강화했다. 그의 논리는 단순하다. "중앙은행이 디지털 달러를 통제하는 순간, 그것은 화폐가 아니라 감시 도구가 된다." 그에게 비트코인과 스테이블코인은 정부의 손길이 닿지 않는 자유경제의 실험실이다.

이 입장은 시장에도 즉각적인 반향을 일으켰다. 페이팔, JP모건, 블랙록 등 주요 금융기관이 스테이블코인 발행과 규제 논의에 적극 참여하기 시작했고, 정치·행정·산업의 공통 연구가 본격화되었다.

시진핑은 통제 가능한 화폐로 패권을 확장하려 하고, 트럼프는 자유화폐로 미국의 패권을 지키려 한다. 이 대립은 기술 논쟁을 넘어 자유 대 통제의 이념전쟁으로 전개되고 있다.

법제화의 가능성을 증명한 스테이블코인의 경제적 영향

스테이블코인은 2019년 등장 이후 단 한 번도 제도권의 보호를 받지 못한 채 성장했다. 불안정한 암호화폐 시장 한복판에서, 그 누구의 보증도 없이 스스로 신뢰를 증명한 유일한 디지털 화폐로 자리잡았다. 규제가 멈춘 자리에서 시장이 자생적으로 만든 질서, 그것이 바로 법제화를 논의할 충분한 근거가 된 '스테이블코인 5년의 성장'이다.

규제 공백 속에서 태어난 '신뢰의 화폐'

스테이블코인은 법적 보호와 중앙은행 보증이 없는 상태에서 등장했지만, 지난 5년간 시장은 새로운 화폐를 적극 수용했다. 2024년 스테이블코인 시가총액은 1,600억 달러로, 2019년 대비 16배 성장했다. 테더(USDT)와 서클(USDC)은 각각 1,100억 달러, 300억 달러 규모로 사실상 '비공식 디지털 달러 시스템'으로 기능하고 있다. 이 성장의 동력은 투기가 아니라 실제 결제·송금 수요가 만든 '신뢰 기반의 사용성'이었다. 변동성이 큰 비트코인이 가치 저장 수단이었다면, 스테이블코인은 '디지털 신용'의 새로운 표준이 되었다.

수치가 증명한 변화: 시장을 움직인 것은 신뢰였다

스테이블코인의 일일 거래량은 2019년 수십억 달러에서 2024년 1,000억 달러 이상으로 확대되었다. 대부분의 거래는 투기성 거래가 아니라 실질적 결제·자산 이전이었다. 아직 글로벌 자금 이동의 1% 미만이지만, 이 작은 파이가 만든 구조적 충격이 규제 논의를 촉발했다.

'규제 없이도 스스로 신뢰를 구축'하여 제도화를 요구하는 단계에 도달한 것이다.

경제적 실효성: 규제를 뛰어넘은 효율의 증명

스테이블코인이 제도권 화폐 논의의 중심에 오른 것은 거래량의 성장보다는 경제적 효율성 때문이다. 국제결제은행(BIS)은 2024년 보고서에서 "스테이블코인은 기존 금융 시스템의 시간·비용·포용성 한계를 실질적으로 보완한 최초의 사례"라고 평가했다. 규제가 없어서 위험한 것이 아니라, 규제의 공백 속에서 오히려 시장이 신뢰·효율·투명성을 스스로 만들어냈다는 평가이다.

암호화폐의 역사를 바꾼 지니어스법의 내용과 의미

2025년 7월 18일, 트럼프 대통령은 백악관에서 역사적 서명식을 열었다. 그가 서명한 지니어스법은 미국 금융 시스템의 철학을 다시 쓰는 법이었다. 이 법안은 '스테이블코인은 국가 경쟁력'이라는 초당적 합의를 끌어내 308대 122(민주당 102명 찬성)라는 압도적 표차로 하원을 통과했다. 이러한 거의 초당적인 찬성은 미국이 스테이블코인을 국가 금융패권의 전략적 인프라로 보고 있음을 보여주는 신호이다.

지니어스법의 5가지 특징

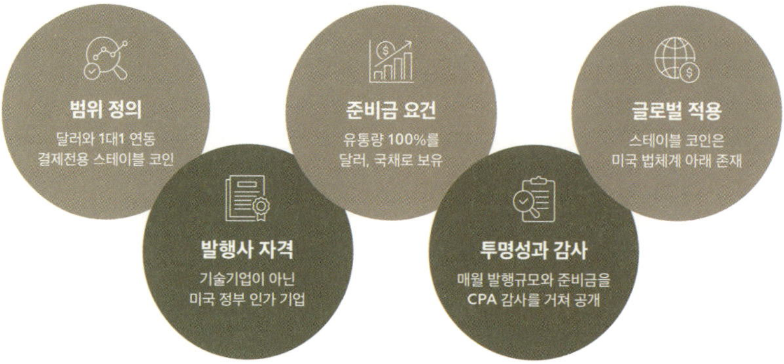

법안의 핵심: '지불결제 스테이블코인'의 정의

지니어스법은 광범위한 '스테이블코인'이 아니라, 결제 전용 스테이블 코인(Payment Stablecoin)만을 법정 인정의 대상으로 삼았다. 스테이블코인이 법적 허용의 대상이 되기 위해서는 다음 조건을 충족해야 한다.

- 결제·정산을 위해 설계된 화폐일 것
- 발행사가 고정 가치로 상환할 법적 의무를 질 것
- 가치 안정성을 명시적으로 약속할 것

가격 변동성이 큰 암호화폐는 제외하고, 실제 결제 기능이 있는 달러 기반 디지털 화폐만 제도권에 포함하는 내용이다. 또한 이 스테이블코인은 증권도 상품도 아닌 '화폐(Money)'로 규정하고, SEC(미국 증권거래위원회)나 CFTC(미국 상품선물거래위원회)가 아닌 은행 중심 감독체계에 귀속하도록 했다. 이는 스테이블코인을 금융 상품이 아닌 공식 결제수단으로 인정한 최초의 법률이다.

발행사 자격: 기술 기업이 아닌 '규제받는 금융기관'으로

지니어스법은 스테이블코인 발행 주체를 세 가지로 제한한다.

- 예금보험기관(IDI) 인가 은행 또는 그 자회사
- 연방 인가 비은행 발행사
- 주(州) 정부 인가 발행사

아무 기업이나 코인을 발행하던 시대는 끝났다. 스테이블코인은 금융기관의 책임 아래 운용되는 공식 통화가 되었으며, 발행사는 자본·회계·리스크 관리 요건을 준수해야 한다.

준비금 요건: '1달러 = 1코인'을 설계로 강제하다

지니어스법의 핵심 철학은 단순하다. "1달러는 언제나 1달러여야 한다."

이를 위해 발행사는 유통량의 100%에 해당하는 준비금을 반드시 보유해야 하며, 이 자산은 어떠한 형태의 대출·투자·파생상품 운용에도 사용할 수 없다. 준비금으로 인정되는 자산은 다음으로 한정된다.

- 미국 통화
- 예금보험기관에 예치된 현금

- 만기 90일 이내 미국 국채
- 국채 담보 환매조건부채권(Repo)

또한 발행사가 파산하더라도 스테이블코인 보유자의 권리가 절대 우선으로 보호된다. 이는 사실상 기존 금융사보다 더 강력한 소비자 보호 구조를 갖춘 셈이다.

지니어스법은 스테이블코인 발행사에게 1:1 준비금 보유 의무를 부과한다. 그렇다면 발행사는 어떻게 수익을 창출할까?

1) 준비금 운용 수익이 가장 큰 수익원

사용자가 코인을 발행하면, 그와 동일한 금액의 달러가 은행 예치금이나 단기 미국 국채 형태로 보관된다. 이 준비금에서 발생하는 이자 수익이 발행사의 핵심 수익모델이다. 예: USDC 발행사 서클은 준비금을 단기 국채로 운용해 '연 4~5%'의 수익을 창출하며, 이자만으로 연 수십억 달러의 매출을 기대한다.

2) 발행·상환 수수료

사용자가 스테이블코인을 발행하거나 환전할 때 부과되는 고정 수수료다. 테더(USDT)는 대규모 발행·상환 과정에서 이 수수료만으로도 상당한 수익을 확보한다.

3) 결제 네트워크 수수료

스테이블코인이 사용되는 블록체인 결제망에서 거래가 발생할 때마다 수수료가 붙는다. 특히 B2B 결제, 무역금융 등 고부가가치 영역에서는 단순 송금 수수료 이상의 추가 수익을 얻을 수 있다.

4) 파트너십·화이트 라벨 발행

기업들이 규제 문제로 자체 코인을 직접 발행하기 어려울 때, 발행사가 대신 만들어주는 모델이다. 예를 들어 스타벅스가 보상·결제용 스타벅스 전용 코인을 도입하려 한다면, 발행사가 브랜드 맞춤형 코인을 제작하고 인프라를 제공하며 수익을 나눈다.

5) 기술·부가 서비스 수익

발행사는 기업이나 개발자에게 API(Application Programming Interfac), 디지털 지갑, 결제 게이트웨이 같은 기술 서비스를 제공하고 사용료를 받는다. 디파이 연계 금융 서비스도 이 영역에 포함된다.

결국 스테이블코인 발행사는 단순한 코인 발행자가 아니라, '금융 인프라 제공자 + 기술 플랫폼 사업자'로 기능하며, 다층적 수익구조를 통해 안정적 수익을 확보할 수 있다.

투명성과 감사: "블록체인의 신뢰를 제도의 언어로 번역하다"

지니어스법은 스테이블코인의 신뢰를 기술이 아닌 제도적 통제로 보완했다. 모든 발행사는 매월 발행 규모와 준비금 구성을 웹사이트에 공개해야 하며, 이 자료는 반드시 공인회계법인의 감사를 거쳐야 한다. CEO와 CFO는 보고서의 정확성에 대해 법적 책임을 지고 서명해야 한다. 결국 지니어스법은 블록체인의 기술적 신뢰를 법적 신뢰로 확장한 첫 사례가 되었다.

글로벌 적용 범위: "디지털 달러의 국경을 확장하다"

지니어스법은 미국 기업뿐 아니라 해외 발행사에도 동일하게 적용된다. 해외 기업이 미국 내 개인이나 기관에 스테이블코인을 판매하려면 미국 통화감독청(OCC)에 등록해야 하고, 미국 재무부가 요구하는 규제 기준을 충족해야 한다. 또한 준비금의 상당 부분을 미국 내 금융기관에 보관해야 한다. 이는 "스테이블코인은 미국 법 체계 아래 존재한다"는 원칙을 선언한 것이다. 결과적으로 지니어스법은 미국이 스테이블코인을 통해 디지털 달러 헤게모니를 세계로 확장하는 법적 근거가 되었다.

본 법안이 발효되는 시점은 언제인가?

지니어스법의 발효 시점은 법안 제정 후 18개월 경과 또는 규제 당국이 관련 최종 규정을 발표한 후 120일 경과 시점이라고 규정되어 있다. 2025년 7월 18일 법안 서명 기준으로 보면, 대략 2026년 1월경부터 2027년 초 사이에 본격적으로 시행될 것으로 판단된다. 필자는 법안이 서명된 지 1주년이 되는 2026년 8~9월에 시행될 것으로 예상한다.

따라서 2026년 초부터 미국정부의 승인을 받는 스테이블 코인 발행사들의 향방이 매우 중요할 수밖에 없다. 특히 그들의 비즈니스 모델의 방향이 중요하고, 주식 투자자들에게는 그 회사들의 주가가 관심사가 될 것이다.

한국의 은행이 원화 기반 스테이블코인을 발행하면, 그걸로 미국과 무역 결제가 가능할까?

결론은 NO이다.

1) 왜 한국산(KRW) 스테이블코인은 미국 무역 결제에 바로 쓸 수 없을까?

스테이블코인의 세계에서는 '통화 신뢰성'과 '규제 인정(Reciprocity)'이 가장 중요하다. 미국이 공식적으로 인정하는 스테이블코인은 다음 기준을 충족한 경우뿐이다:

- USD 기반일 것
- 미국 규제를 따르는 발행사(Circle, Paxos 등)가 발행할 것
- 미국의 KYC(고객확인제도)·AML(자금세탁방지)·준비금 규정에 맞을 것

따라서, 한국 은행이 만들 원화 기반 스테이블코인은 미국 기준에서 보면 '미국 금융 규제 밖에 있는 지역 토큰'일 뿐이다.

그 결과 미국 은행·기업은 결제 수단으로 인정할 수 없고, 한국의 원화 스테이블코인을 미국 기업이 받더라도 결국, 다시 USDC 등 달러 스테이블코인으로 바꿔야 결제 인프라에서 사용할 수 있다.

2) 그렇다면 한국 기업이 스테이블코인을 이용해 미국과 무역하려면?

방법은 두 가지뿐이다.

<직접 사용하는 모델>

한국 기업이 미국에서 인정된 USD 스테이블코인(USDC, PYUSD 등)을 직접 보유하고 결제에 사용하는 방식이다. 하지만 이는 미국 계좌, 미국 스테이블코인 라이선스가 있어야 가능하다. 즉 아무 기업이나 쉽게 할 수 있는 방식은 아니다.

<간접·브릿지 모델>

한국 기업은 KRW 스테이블코인을 사용하고, 미국 기업은 USDC를 받는 방식이다. 이러한 방법이 성립하려면 KRW를 USDC로 즉시 전환해주는 시스템이 필요하고,

연계 관리기관이 필요하고, 서로 다른 양국의 제도에서 모두 인정되어야 하는데, 이론적으로는 매우 빠르고 효율적이지만 아직 양국 모두 인프라가 충분히 갖춰져 있지 않다는 한계가 있다.

3) '직접 결제'는 어렵고, '전환용 브릿지'로 쓰일 가능성이 높다

KRW 스테이블코인은 한국 국내 결제·정산 인프라로서는 충분히 가치가 있다. 그러나 미국 무역 결제의 '직접 화폐'가 되기에는 규제 상호 인정이 부족하다.

따라서 현실적으로는 KRW 스테이블코인 → USD 스테이블코인으로 바꿔주는 교환 플랫폼에서 브릿지 역할을 하게 될 가능성이 크다.

지니어스법의 제정은 기술이 법을 설득한 첫 번째 사건이다. 스테이블코인은 지난 5년간 규제의 사각지대에서 속도, 비용 효율, 투명성을 입증해냈다. 이제 미국은 그 실험을 제도의 언어로 완성했다. 트럼프 행정부는 이를 '디지털 달러 헌장(Digital Dollar Charter)'이라 부르며, 미국 금융의 핵심 경쟁력이 될 것이라 강조했다.

전 세계 산업과 시장에 미칠 연쇄적 파급 효과

"화폐가 바뀌면, 산업의 질서가 다시 그려진다"

지니어스법의 제정으로 스테이블코인은 '가상의 화폐'에서 벗어나 산업 운영 시스템 전반을 연결하는 경제의 신경망으로 자리잡게 되었다. 금융·제조·물류·유통·서비스의 모든 가치사슬이 실시간 결제·정산 구조로 통합되면서, 기업의 자금 흐름과 산업별 운영 체계는 전례 없는 속도로 재편되고 있다.

이 변화가 산업 질서를 어떻게 바꾸고 있는지 살펴보자. 먼저, 스테이블코인이 금융 인프라의 패러다임을 어떻게 뒤바꾸는지 살펴보고, 이어 실물경제에서 자동결제 구조가 어떤 생산성 혁신을 촉발하는지 분석한다. 다음으로 글로벌 무역과 달러 패권이 디지털 결제 네트워크 속에서 어떻게 재정렬되고 있는지 검토하고, 마지막으로 이 모든 흐름이 수렴해 도래하는 '지불결제 경제'의 시대를 전망한다.

화폐 질서의 재편이 산업 질서를 바꾼다

산업의 역사는 화폐의 진화와 함께 발전해왔다. 금속화폐는 교환 속도를 높였고, 신용화폐는 거래 범위를 넓혔다. 이제 디지털화폐, 특히 스테이블코인이 경제의 작동 방식을 실시간으로 재구성하는 인프라로 자리잡고 있다. 과거 화폐가 가치의 저장 수단이었다면, 스테이블코인은 가치의 흐름을 조율하는 운영체계가 되고 있다.

이 변화는 단순한 결제 기술의 개선을 넘어 산업의 조직 원리 자체를 바꾼다. 산업 경쟁력은 더 이상 생산 효율이 아니라 가치가 얼마나 빠르고 투명하게 이동·정산되는가에 달려 있다. 자동차 한 대가 완성되기까지 수백 개의 협력사와 금융·물류·보험이 얽히며, 그 연결 마디마다 결제가 이루어진다. 기존 글로벌 금융 시스템은 느리고 비싸며 불투명해, 결제 지연과 환율 변동이 곧 산업의 비효율로 이어졌다. 이것이 바로 '화폐의 마찰(Financial Friction)'이다. '화폐의 마찰'이란 돈이 이동하는 과정에서 발생하는 시간 지연, 수수료, 환율 리스크, 신뢰 검증 비용을 의미하는 경제학적 개념이다. 이 마찰은 금융의 문제가 아니라 산업의 생산성을 직접 저해하는 구조적 비용으로 작용해 왔다.

스테이블코인은 바로 이 마찰을 제거함으로써, 화폐를 단순한 결제 수단이 아닌 산업 운영의 실시간 인프라로 전환시킬 수 있다. 1달러가 블록체인 위에서 1초 만에 이동하고, 모든 기록이 투명하게 남는 순간 화폐는 단순한 결제 수단이 아니라 산업 운영의 실시간 데이터 흐름이 된다. 기업은 이 결제 네트워크 위에서 생산·물류·재무를 통합하며 '지불 기반 산업 운영체계'를 구축하게 된다.

결과적으로 화폐 질서의 변화는 산업 질서의 변화로 이어진다. 과거 경쟁력이 규모의 경제에서 나왔다면, 이제는 결제의 속도·정확성·투명성이 새로운 생산성의 기준이 된다. "누가 더 빨리 생산하는가"의 경쟁에서 "누가 더 효율적으로 지불하고 정산하는가"의 경쟁으로 바뀌고 있다. 화폐는 경제의 산출물이 아니라, 모든 산업 활동을 지탱하는 '실시간 운영체계'가 된다. 이렇게 되면 화폐의 디지털화가 산업의 디지털화를 완성하게 된다. 화폐 질서의 재편이 단순한 금융 정책의 문제가 아니라, 모든 산업이 직면한 구조적 변화의 출발점이 될 것이다.

금융산업에 미치는 구조적 충격, '은행은 결제 네트워크로 재편된다'

스테이블코인의 법제화는 금융산업에 '제4차 구조적 충격'을 일으키고 있다. 첫 번째 충격이 인터넷 뱅킹의 등장이고, 두 번째가 핀테크 혁신이었으며, 세 번째가 암호화폐의 실험이었다면, 네 번째 충격은 '화폐의 합법적 디지털화'이다. 이 변화는 단순한 서비스의 혁신이 아니라, 금융 인프라의 작동 원리 자체를 다시 설계하는 일이다.

1) 은행의 역할이 '저장'에서 '결제'로 이동한다

은행의 전통적 기능은 예금·대출을 통한 자본의 저장과 재분배였다. 그러나 법제화된 스테이블코인으로 금융의 중심 기능이 '즉시 결제와 가치 이전'으로 옮겨간다. 기업이 공급망 파트너에게 스테이블코인으로 대금을 지불하면 3초 이내 정산이 이루어져 중개은행이 불필요해지고, 계좌 체계 우회가 가능하다. 이는 은행이 더 이상 결제의 필수 인프라가 아니게 되고 선택적 서비스로 밀려난다는 의미다.

앞으로 은행의 경쟁력은 자본의 규모가 아니라 결제 네트워크 참여도, 신뢰를 유지하는 노드(Node)로서의 기능, 지불 데이터 운영 능력에서 나온다.

2) 결제 네트워크의 지각 변동, 비자와 마스터카드의 구조적 도전

비자, 마스터카드, SWIFT는 전 세계 결제의 90% 이상을 처리하며 수수료 기반의 네트워크로 성장해 왔다. 그러나 지니어스법은 지불결제 스테이블코인을 공식 결제 수단으로 인정하며, 이 독점적 구조에 근본적인 균열을 만들어냈다.

이미 변화는 현실이 되고 있다. JP모건은 자체 발행한 JPM 코인을 통해 하루 1,000억 달러가 넘는 기관 간 결제를 처리하고 있으며, 이는 기존 은행 간 결제망을 거치지 않는 새로운 결제 모델의 가능성을 보여준다. 페이팔 역시 PYUSD를 앞세워 글로벌 전자상거래 결제 시장에 진입하며, 카드 네트워크를 우회하는 디지털 결제 경로를 확장하고 있다.

이제 결제 네트워크의 경쟁 상대는 더 이상 은행이나 카드사가 아니다. 거래를 검증하고 신뢰를 유지하는 주체는 점점 소프트웨어와 알고리즘으로 구성된 '신뢰 운영체계'로 이동하게 된다. 결제의 표준은 달러 중심의 네트워크에서, 프로그램 가능한 코드 기반의 결제 인프라로 전환되고 있다.

3) 자본 유동성의 패러다임 변화, '돈은 잠들지 않는다'

기존 금융 시스템은 T+2(거래 2일 후) 정산, 업무 시간, 마감 시간이라는 '대기'를 전제로 작동해 왔다. 이 과정에서 자본은 항상 정산을 기다리는 상태에 머물렀고, 이 지연 구간 자체가 금융기관의 중요한 수익원이 되었다.

스테이블코인은 이 구조를 근본적으로 뒤집는다. 결제는 24시간 실시간으로 이루어지고, 거래와 동시에 회계 처리가 진행되며, 정산이 끝난 자금은 즉시 다음 거래에 재투입될 수 있다.

그 결과 자본은 더 이상 멈추지 않는다. 자본의 회전율은 비약적으로 높아지고, 경제 전체는 '항상 흐르는 화폐(Always-On Money)' 체제로 전환된다. 이는 단순한 속도의 개선이 아니라, 산업 전반의 운전자본 효율을 구조적으로 끌어올리는 변화다.

4) 리스크 관리와 회계의 자동화, '신뢰의 코드화'

스테이블코인의 모든 거래는 블록체인에 영구 기록된다. 이는 단순한 투명성을 넘어 '신뢰의 자동화(Trust Automation)'를 가능하게 한다.

거래의 리스크를 실시간으로 감지하고, 준수해야 할 규제를 자동 반영할 수 있으며, 거래 순간에 회계 감사와 데이터 확보가 가능해지고,

불법 거래를 즉시 차단할 수 있다. 이제까지의 사후적인 금융 감독이 실시간으로 동기화해서 이루어진다. AI·스마트컨트랙트 기반 금융은 '사람이 아닌 코드가 신뢰를 유지하는 시스템'을 만든다.

금융의 재정의, '네트워크로서의 은행'

이 모든 변화는 금융이 더 이상 '산업'이 아니라 '네트워크'가 될 것임을 의미한다. 과거 금융은 실물경제의 중개자였지만, 이제는 실물경제의 가치 흐름 자체가 금융 네트워크 위에서 직접 연결된다. 스테이블코인은 자본의 흐름을 산업의 신경망으로 통합하며, 금융의 중심을 알고리즘과 네트워크로 이동시킬 것이다.

금융은 더 이상 돈을 저장·이동시키는 시스템이 아니라 데이터 기반의 신뢰 인프라로 재정의된다. 지니어스법 이후 스테이블코인이 만들어내는 변화의 본질은 바로 '금융 인프라의 대전환'이다

전체 산업 가치사슬에 미치는 파급 효과, 실물 경제의 자동결제화

"화폐가 움직이는 속도가 산업의 속도가 된다."

금융 인프라의 변화는 금융의 울타리 안에 머무르지 않는다. 결제와 정산의 실시간화는 이제 산업의 가치사슬 전체를 관통하며, 생산·물류·판매·회계의 모든 과정이 하나의 '지불 네트워크' 위에서 재조직되는 시대가 열리고 있다.

스테이블코인은 실물 경제의 혈류를 바꾸게 된다. 과거 산업의 가치 흐름이 물류와 재고 중심이었다면, 이제 그 중심이 결제의 흐름으로 이동하게 된다. 상품이 출하되는 순간, 그 대금이 자동으로 정산되고, 계

약 조건이 충족되면 시스템이 알아서 결제 명령을 실행한다. 화폐의 이동이 계약의 이행과 동시에 일어나는 구조, 이것이 '자동결제화'의 본질이다.

"스테이블코인은 산업의 자동결제 시스템이다. 제품이 이동하는 순간, 돈이 따라 움직이고, 돈이 움직이는 속도가 산업의 속도가 된다."

1) B2B 공급망의 실시간 정산: '대금이 멈추지 않는 생산라인'

스테이블코인이 가장 먼저 산업을 바꿀 영역은 B2B 공급망이다. 기존의 제조 가치사슬은 대금 결제 지연이 일상적이었다. 원자재를 납품한 협력업체는 30~90일 후에야 대금을 수령했고, 그 사이의 자금 공백이 중소기업의 유동성 위기로 이어지기도 했다.

스테이블코인 기반 결제는 이 흐름을 근본적으로 바꿀 것이다. 제품 출하가 블록체인 상에서 '검수 완료'로 확인되는 즉시, 스마트컨트랙트가 자동으로 대금 결제를 실행하게 된다. 납품부터 정산까지의 주기가 일(日) 단위에서 초(秒) 단위로 단축될 것이다. 대금이 즉시 정산되면 협력사는 운전자본을 확보하고, 대기업은 공급망 안정성을 강화하고 재고 회전율을 높일 수 있다. 결제의 실시간화가 곧 공급망의 복원력을 강화하는 셈이다.

글로벌 물류기업 DHL은 2024년 시범사업에서 스테이블코인 결제를 통해 결제·청구·검수 절차를 자동화한 결과, 거래당 처리 비용을 72% 절감하고, 정산 속도는 90% 단축할 수 있었다고 발표했다.

2) 중소기업의 금융 접근성 확대: '신용 대신 데이터로 평가받는 시대'

스테이블코인은 중소기업의 생태계에도 결정적인 변화를 가져올 것이다. 과거 중소기업은 낮은 신용등급과 담보 부족으로 자금 조달이 어려웠다. 그러나 스테이블코인 기반의 거래 시스템에서는 모든 거래 이력이 블록체인에 투명하게 기록되므로, 기업의 실제 거래 데이터 자체가 신용자산으로 평가된다. 신용을 '평가'하던 시대에서, 신뢰를 '측정'하는 시대로의 전환이다. 핀테크 기업들은 이를 기반으로 새로운 형태의 공급망 금융 서비스를 창출하고, 중소기업은 과거보다 훨씬 낮은 비용으로 자금을 조달할 수 있게 될 것이다.

3) 산업 생태계 전체의 생산성 재정의

스테이블코인은 효율의 개념을 바꿀 것이다. 과거의 효율은 생산 단가와 인력 생산성으로 측정되었다. 앞으로 산업의 효율은 지불과 정산의 속도, 거래의 투명성, 데이터의 활용성으로 평가된다.

이 변화는 산업 간 경계도 허물 것이다. 제조기업이 금융 플랫폼이 되고, 물류기업이 결제 네트워크를 운영하며, 유통기업이 스스로 금융 서비스를 제공할 수 있다. (유통기업의 금융서비스화는 이 장의 뒷부분 '5. 미래실험실: 스타벅스 편에서 확인하기 바란다) 화폐의 흐름이 산업의 흐름과 완전히 겹쳐지면서, '산업 = 결제 네트워크'라는 새로운 등식이 성립하게 된다.

글로벌 무역 질서와 달러 헤게모니의 재편,
"이제 패권 전쟁은 무기가 아니라, 결제 네트워크에서 결정된다"

"미국은 또 한 번 화폐의 규칙을 바꾼 것인가?" 2025년 7월 18일 지니어스법이 발효된 순간, 전 세계에 던져진 새로운 질문이다. 답은 "그렇다"이다. 지니어스법은 미국이 디지털 달러 블록을 구축하기 위한 전략적 인프라 법안이다. 이 법의 제정은 스테이블코인을 달러 체제의 일부로 공식 편입시킴으로써, 미국 달러의 지배력에 '디지털 날개'를 달아준 사건이었다.

1) 디지털 달러 블록의 형성: '결제망을 통한 패권의 확장'

스테이블코인은 이제 미국의 글로벌 금융 패권 장악을 위한 새로운 무기가 되었다. 이제까지 미국의 영향력이 군사력과 제조기술에서 나왔다면, 이제는 '디지털 결제 인프라'에서 나오는 새로운 형태의 경제 패권으로 진화할 것이다. 지니어스법 시행으로 미국이 발행 승인한 스테이블코인은 법적으로 '달러와 동일한 가치'로 인정되며, 전 세계 금융기관·핀테크·기업들이 이를 활용해 거래를 처리하게 될 것이다. 그 결과 달러의 물리적 지배력은 줄었지만, 네트워크 지배력은 폭발적으로 확장된다.

중국이 디지털 위안(e-CNY)을 앞세워 '폐쇄형 결제권'을 구축하고 있다면, 미국은 스테이블코인을 통해 개방형 달러 네트워크(Open Dollar Network)를 형성했다. 이 개방형 결제망은 미국의 국경을 넘어 유럽·중남미·동남아 등으로 확산되며 '디지털 달러 동맹'을 만들어가게 될 것이다.

2) 글로벌 무역 정산 구조의 재편: 'SWIFT 이후의 시대'

현재 글로벌 무역의 80% 이상은 여전히 SWIFT를 통해 정산되고 있다. 하지만 이 구조는 느리고, 정치적으로 민감하다. 한 국가가 제재를 받으면 즉시 금융망에서 퇴출되고, 이로 인한 불확실성은 신흥국과 중견국의 거래비용을 크게 높여왔다.

법제화된 스테이블코인은 이 불확실성을 근본적으로 바꿀 수 있다. 국가 간 거래에서 중개은행을 거치지 않고, 양자 간 혹은 네트워크 간 직접 정산할 수 있게 되면서 무역 거래의 투명성과 속도가 획기적으로 개선된다. 이미 2024년 기준, 국가 간 B2B 결제의 20% 이상이 스테이블코인을 통해 처리되고 있을 만큼 스테이블코인은 SWIFT를 대체하는 실시간 글로벌 정산 인프라로 성장하고 있었다.

SWIFT에 대해 알아보자

SWIFT(Society for Worldwide Interbank Financial Telecommunication)는 전 세계 은행들이 사용하는 국제 금융 메시지 네트워크이다. 국가 간 무역 대금이나 외환 거래에서 "누가 누구에게 얼마를 보낸다"는 지시를 표준화된 메시지로 전달하는 역할을 한다.

중요한 점은 SWIFT가 돈을 직접 이동시키는 시스템이 아니라, 은행 간 결제를 지시하는 '중앙 허브'라는 점이다. 실제 자금 이동은 각국의 은행 계좌와 중개은행을 거쳐 이루어지며, 이 과정에는 보통 수일이 소요되고 수수료도 발생한다.

SWIFT는 효율적인 글로벌 표준이었지만, 동시에 정치적으로 매우 민감한 인프라이기도 하다. 미국과 EU의 제재 결정에 따라 특정 국가나 은행은 SWIFT에서 배제될 수 있으며, 이는 곧 국제 무역과 금융 활동에서의 사실상 '퇴출'을 의미한다. 러시아, 이란 사례는 SWIFT가 단순한 금융 기술이 아니라 외교·안보 수단으로 작동하고 있음을 보여준다.

바로 이 지점에서 스테이블코인이 주목받는다. 블록체인 기반 스테이블코인은 중개 은행과 중앙 허브를 거치지 않고 거래 당사자 간 직접 정산을 가능하게 한다. 정산 속도는 분 단위에서 초 단위로 단축되고, 정치적 제재 리스크와 거래 불확실성도 크게 줄어든다.

따라서 'SWIFT 이후의 시대'란 기존 금융 질서의 붕괴를 의미하는 것이 아니라, 중앙 허브 중심의 정산 구조에서 네트워크 기반의 실시간 정산 구조로 이동하는 전환기를 의미한다.

달러 헤게모니의 디지털 전환, '기축통화 2.0 시대의 개막'

달러는 지난 80년간 국제 무역의 언어였다. 그러나 그 힘은 종이 거래 명세서와 은행 간 신용에 기반해 있었다. 법제화된 스테이블코인의 등장으로 달러는 이제 데이터 네트워크로 구현된 실시간 화폐로 재탄생했다.

이 새로운 형태의 달러는 '신뢰의 속도'를 무기로 하는 패권 체제를 구축한다. 국가 간 결제뿐 아니라, 기업·소비자·AI 에이전트 간 거래까지 모두 디지털 달러 네트워크 위에서 이루어지면서, 미국은 결제 데이터와 자금 흐름의 주도권을 동시에 쥐게 된다.

즉, 기축통화의 본질이 '보유'에서 '사용'으로 바뀌는 순간, 달러는 더 이상 중앙은행의 통화가 아니라 글로벌 인터넷의 화폐가 되는 것이다.

7가지 예견: 법제화된 스테이블코인이 바꿀 화폐의 역사

3

2030년까지 10조 달러로 시장이 폭발할 것

규제를 명확히 하고 불확실성을 제거한 법제화는 스테이블코인을 글로벌 금융 시스템의 새로운 기본 단위로 승인하는 촉매제가 되었다. 2025년 약 1조 6천억 달러였던 스테이블코인 시장은 2030년이면 10조 달러를 넘어설 것으로 예상된다. 단순히 양적으로만 성장하는 것이 아니라, 결제·투자·무역·AI 경제 등 모든 금융 흐름이 스테이블코인으로 재편되는 구조적 변화가 반영된 수치다.

현재 글로벌 결제 시장은 연간 약 240조 달러 규모다. 이 중 4~5%만 스테이블코인 기반 인프라로 이동해도 10조 달러 시장이 자연스럽게 형성된다. 10조 달러는 비자·마스터카드·SWIFT가 처리하는 전체 연간 거래의 절반을 넘어서는 규모다. 스테이블코인은 이미 '카드 네트워크'나 '은행 네트워크'가 담당하던 화폐 이동의 고속도로를 대체하는 수준의 인프라로 부상하고 있다. 결제, 리워드, 국경 간 무역, 스마트 컨트랙트 기반 자동 정산, 그리고 AI 에이전트 간 거래가 스테이블코인의 핵심 사용처가 되면서 화폐의 중심축이 중앙은행에서 분산된 시장 네트워크로 이동하고 있다.

2030년이 되면, 화폐의 가치는 더 이상 금리나 환율 같은 전통적 지표로만 판단되지 않을 것이다. "얼마나 넓고 깊은 네트워크에서 신뢰받고 사용되는가"가 화폐의 경쟁력을 결정하는 지표가 될 것이다. 정부의 신용을 기반으로 한 화폐의 시대가 가고 네트워크 신뢰를 기반으로 한 화폐의 시대가 오고 있다.

향후 자금의 흐름은 효율성과 수수료 절감이라는 명확한 경제적 이점에 의해 움직일 것이다. 이를 향한 새로운 금융 비즈니스 모델의 각축전이 시작되었다. 은행·카드사 중심의 질서는 빠르게 후퇴하고, '프로토콜 금융', 'AI 기반 자동금융', '스마트컨트랙트 정산'이 새로운 금융의 표준으로 자리잡게 될 것이다.

B2B 결제의 파괴 및 진화가 가장 먼저 시작될 것

스테이블코인은 소비자 결제보다 먼저 기업 간 거래(B2B) 영역에서 변화를 촉발하고 있다. B2B 결제는 송장 발행, 검수, 승인, 회계 처리, 월말 정산 등 복잡한 절차와 높은 비용 구조를 가지고 있다. 또한 최소

3~7일의 정산 지연이 발생하며, 글로벌 거래의 경우 중개은행을 경유하느라 수수료와 시간이 크게 늘어난다. 스테이블코인은 이 비효율의 고리를 단숨에 끊어낸다. '검수 확인 → 자동 정산 → 즉시 송금'이 스마트컨트랙트로 연결되어 실행되면서, 결제 자체가 기업 운영의 '백그라운드 프로세스'로 사라지기 때문이다.

현재 글로벌 기업 결제 중 스테이블코인 기반 정산 비중은 약 2% 수준이지만, 2030년에는 30% 이상으로 확대될 전망이다. 이 변화는 단순한 '수수료 절감'을 넘어서 산업 경쟁력의 핵심 요소인 자본 회전 속도(Cash Flow Velocity)를 완전히 재정의하는 사건이다.

상품이 출발하는 순간, 결제가 자동 실행되고, 자금은 실시간으로 순환한다. 기업은 더 이상 월말 마감을 기다리지 않는다. 정산 지연이 사라진 공급망, 즉 '돈이 멈추지 않는 가치사슬'이 2030년 이후 제조업·무역업의 새로운 경쟁력이 된다.

과거 B2B 비즈니스의 경쟁력은 가격, 납기, 품질이라는 세 가지 요소로 정의되었다. 그러나 스테이블코인이 본격 확산되는 2030년 이후, 경쟁의 기준은 근본적으로 바뀐다.

첫째, 정산 속도가 새로운 경쟁력이 된다. 거래가 실시간으로 정산되는 기업은 이틀이나 일주일이 걸리는 기업보다 더 빠르게 고객을 확보하고, 더 많은 거래 기회를 선점한다. 결제 지연은 더 이상 관행이 아니라 경쟁력의 손실이 된다.

둘째, 유동성 구조가 기업의 체질을 결정한다. 돈이 얼마나 빨리 흐르느냐가 곧 경영 효율을 좌우한다. 실시간 정산은 재고 부담을 줄이고, 묶여 있던 자금을 즉시 다음 투자와 생산으로 전환하게 만든다. 자본의 회전 속도가 기업의 생산성을 직접적으로 끌어올린다.

셋째, 투명성이 기본 조건이 된다. 스마트컨트랙트 기반의 자동 검증 구조에서는 거래 조건과 이행 여부가 실시간으로 확인된다. 이로 인해 공급망에서 발생하던 부패, 지연, 이중 청구와 같은 문제가 구조적으로 사라진다.

넷째, 비용 구조가 재편된다. 카드 수수료, 중개은행 수수료, 환전 비용이 근원적으로 제거되면서 그 절감 효과는 최종 가격 경쟁력으로 직결된다. 결제 비용이 낮은 기업이 시장에서 살아남는다.

이처럼 스테이블코인은 단순한 결제 수단을 넘어, B2B 공급망 전반의 속도·비용·신뢰 구조를 다시 설계하는 산업 혁신 플랫폼으로 진화하고 있다.

삼성전자는 연간 얼마나 결제 수수료를 절약할 수 있을까?

삼성전자의 실제 글로벌 결제 거래 규모(미국·유럽 등)에 대한 공개된 공식 통계는 없지만, 스테이블코인 도입 효과를 분석한 국내 보도와 관련 자료를 바탕으로 현실에 근접한 추정 효과를 이해하기 쉽게 풀어 정리하면 다음과 같다. (참고로 삼성전자는 2024년에 연간 매출 약 300.9조 원(약 220.8 억 달러)을 기록했으며, 미국과 유럽 지역 매출 비중이 전체의 상당 부분을 차지한다는 삼성전자의 공식 자료가 있다)

삼성전자는 해외 법인과 본사 간 국제 송금과 결제가 매우 빈번하다. 한 분석에 따르면 삼성전자가 계열사·법인 간 국제 송금 규모를 연간 약 50만 건, 약 800억 달러 수준으로 가정했을 때, 스테이블코인으로 대체하면 기존 환전 비용과 중개은행 수수료를 포함한 전체 비용을 연간 최대 약 1억 4백만 달러(약 1400억 원 수준)까지 절감할 수 있다고 한다.

이는 단순히 수수료 차이로 절감되는 금액이 아니라 기업 금융 운영 전반의 비효율을 제거하는 효과를 포함한 추정치다. 결제 방식이 바뀌면 다음과 같은 구조적 이익이 뒤따른다.

- 실시간 정산으로 자금을 즉시 활용할 수 있어 운전자본 효율이 높아진다.
- 중개은행과 환전 절차 제거로 투명성이 높아지고 숨겨진 비용이 사라진다.
- 환율 변동 리스크가 축소돼 재무 계획의 예측 가능성이 커진다.
- 회계·재무 자동화를 통해 내부 운영 비용도 감소한다.

이처럼 스테이블코인을 결제 엔진으로 활용하면, 삼성전자처럼 거대한 글로벌 결제 네트워크를 가진 기업은 단순 비용 절감 이상의 구조적 경쟁력 향상을 누릴 수 있다. 전통적 결제 비용이 줄어들 뿐 아니라, 자금 흐름이 실시간 데이터로 전환되어 기업 운영의 민첩성과 재무 안정성이 함께 강화되는 효과를 기대할 수 있다.

신용카드 산업 종말의 증거들이 나타날 것

스테이블코인은 신용카드 산업의 기반을 이루던 중개 구조를 대체하고 있다. 과거의 카드 결제는 발급사–가맹점사–카드 네트워크–중개은행을 거치는 복잡한 구조 위에서 작동했다. 이 구조는 2~3%에 이르는 높은 수수료, 1~2일의 정산 지연, 국경 간 결제 시의 추가 비용을 유발했다. 스테이블코인은 소비자와 판매자를 직접 연결하며 이러한 장애물을 하나씩 제거하고 있다. 결제는 실시간으로 되고, 수수료는 제로에 가깝다. 신용과 보증, 편의성을 제공하던 카드 네트워크의 본질적 기능은 블록체인 프로토콜로 자연스럽게 흡수되고 있다. 이로 인해 신용카드는 점차 과거의 기술로 밀려나고, 결제 생태계에서 '불필요한 중개자'가 되어가고 있다.

현재 글로벌 신용카드 네트워크는 연간 약 4,000억 달러의 수수료를 받는 구조로 유지되고 있다. 그러나 2030년까지 이 중 절반 이상이 스테이블코인 기반 결제로 대체될 것으로 전망된다. 구독경제, 온라인 커머스, 글로벌 플랫폼 비즈니스는 가장 빠르게 스테이블코인 결제로 이동할 것이다.

흥미롭게도 기존의 신용카드 회사들조차 변화에 적응하기 위해 움직이고 있다. 비자와 마스터카드는 이미 2023년부터 USDC 기반 블록체인 정산 실험을 시작했다. (혁신을 주도하기 위한 시도가 아니라, 기존 네트워크가 붕괴되는 속도를 늦추기 위한 생존 전략에 가깝다) 정산 속도는 2일에서 몇 초로 단축되고, 국경 없는 결제가 표준 기능이 된다.

결국 법제화된 스테이블코인은 신용카드 산업의 핵심 가치인 신용 제공, 결제 보장, 글로벌 정산을 기술로 대체하며, 기존 산업의 수익 모델 붕괴를 빠르게 가속화시킬 것이다. 2030년 이후 결제 시장의 중심은 플라스틱 카드가 아니라 디지털 네트워크의 신뢰도가 될 것이다. 신용카드 산업의 종말은 갑작스러운 붕괴가 아니라, 기술적 우월성과 비용 혁신에 의해 조용히 그러나 빠르게 진행되는 구조적 진화다.

불안정한 신흥 국가와 해외 노동자들이 선도적으로 수용할 것

스테이블코인은 글로벌 금융 시스템에서 가장 먼저 금융 소외 계층에게 강력한 대안으로 자리잡을 것이다. 특히 통화가 불안정한 신흥국, 높은 인플레이션을 겪는 국가, 그리고 해외 송금에 의존하는 노동자들 사이에서 스테이블코인의 확산 속도는 선진국보다 훨씬 빠르게 진행될 것이다.

2025년 기준, 전 세계 해외 송금의 약 8%가 이미 스테이블코인 형태로 이뤄지고 있으며, 2030년에는 이 비중이 40%를 넘어설 것으로 전망된다. 특히 아르헨티나, 터키, 나이지리아는 IMF 자료 기준으로 비공식 달러 사용 비중이 이미 전체 거래의 30~40% 수준에 이르렀다. 국가가 발행한 공식 통화보다 시장이 선택한 디지털 달러가 더 신뢰받는 현실이다.

해외 노동자들에게 스테이블코인은 경제적 게임 체인저이다. 기존 은행 송금은 5~10%의 높은 수수료, 며칠에 걸친 지연, 불안정한 환율로 인해 큰 손실을 초래했다. 그러나 스테이블코인 송금은 거의 즉시, 거의 무료, 국경 제한 없이 이루어진다. 기업이 해외 근로자에게 스테이블코인으로 급여를 지급하면, 노동자는 은행을 거치지 않고도 즉시 자금을 수령하여 본국으로 송금할 수 있다. 이는 우수한 해외 인력을 확보하려는 기업에게도 강력한 채용 경쟁력이 된다.

신흥국 정부도 이러한 흐름을 막기 어렵다. 국민의 실질 구매력을 유지하기 위해서는 불안정한 자국 통화보다 안정적인 디지털 달러 기반 스테이블코인을 묵인하거나 부분적으로 허용할 수밖에 없다. 결국 스테이블코인은 개발도상국에서 비공식적인 기축통화의 대체재로 확산될 가능성이 크다.

이러한 변화는 스테이블코인이 '금융 포용'의 핵심 도구가 됨을 의미한다. 은행 계좌가 없어도, 신분증이 없어도, 심지어 국가의 경제 시스템이 불안정해도 누구나 접근할 수 있는 디지털 네트워크 기반의 화폐가 탄생한 것이다. 2030년이 되면 신흥국과 해외 노동자들은 스테이블코인을 가장 먼저, 그리고 가장 적극적으로 수용한 집단으로 기록될 것이다. 그들에게 스테이블코인은 생존과 생활의 안정을 위한 통화 선택권을 주기 때문이다.

분산 금융의 통합과 상호운용성의 기준이 될 것

스테이블코인의 법제화는 글로벌 금융 인프라를 하나의 언어로 통합하는 표준화의 출발점이다. 과거 인터넷이 다양한 프로토콜 경쟁을 겪다가 결국 TCP/IP라는 단일 표준으로 통합되었듯이, 2030년의 금융 시스템은 '스테이블 프로토콜(Stable Protocol)'이라는 공통 언어 위에서 작동하게 될 것이다. 이 과정에서 스테이블코인은 각 블록체인 네트워크를 연결하는 결제 단위이자 상호운용성의 기본 프레임으로 작동한다. 현재의 금융 시스템은 네트워크가 분절되어 있고, 국가·은행·결제망마다 규칙이 다르며, 자금 이체도 각기 다른 처리 시간을 갖는다. 그러나 스테이블코인은 이 복잡한 금융 네트워크를 하나의 실시간 결제 환경으로 묶어내는 '디지털 범용화폐(Universal Money)'가 될 것이다.

법제화된 스테이블코인이 만들어내는 글로벌 토큰화 금융의 핵심 변화는 다음과 같다.

DeFi · CeFi · 전통 금융이 하나의 통합 금융 구조로 이어질 것이다

현재 분산금융(DeFi), 중앙화금융(CeFi), 그리고 전통 금융은 서로 다른 언어와 자산 구조, 결제 규칙을 가진 채 분절적으로 작동하고 있다. 각 영역은 독립적인 섬처럼 존재하며, 자산과 가치의 이동에는 언제나 변환 비용과 마찰이 따랐다.

스테이블코인은 이 분절된 금융 세계를 연결하는 공통의 결제 단위이자 가치 저장 단위로 기능하기 시작했다. 분산금융에서는 스테이블코인을 기준 자산으로 대출, 스테이킹, 유동성 공급이 이루어지고, 중앙화 거래소에서는 입출금과 거래의 기준 통화로 활용된다. 전통 금융기관 역시 스테이블코인을 차세대 정산 엔진으로 채택하며, 기존 계좌기반 금융과 블록체인 금융을 연결하는 접점으로 활용하고 있다.

이 통합 구조를 통해 금융 생태계는 더 이상 폐쇄된 제도들의 집합이 아니라, 인터넷처럼 개방적이고 상호운용 가능하며 확장성이 높은 네트워크로 전환되고 있다. 법제화된 스테이블코인은 바로 그 전환을 가능하게 하는 공통 언어이자 연결 장치가 될 것이다.

블록체인 간 이동이 '지연·수수료·복잡성' 없이 실시간으로 이루어질 것이다

현재 스테이블코인 네트워크는 이더리움, 솔라나, 라이트닝, 아발란체 등 서로 다른 블록체인 위에서 각각 운영되고 있다. 그러나 2030년에 이르면 이러한 분절 구조는 빠르게 해소될 것이다. 스테이블코인을 중심으로 블록체인 간 가치 이동이 표준화되면서, 체인과 체인 사이의 경계는 사실상 의미를 잃게 된다.

이 과정에서 사용자는 더 이상 체인 간 브릿지를 거치거나 복잡한 전환 절차를 인식할 필요가 없어진다. 스테이블코인은 네트워크에 관계없이 거의 즉시 이동하며, 전송 비용은 사실상 무시할 수 있는 수준으로 낮아지고, 처리 속도는 초 단위로 수렴한다. 블록체인 인프라는 사용자 경험의 뒤편으로 사라지고, 기술적 복잡성은 사용자가 전혀 신경쓸 필요가 없게 된다.

그 결과 사용자는 어떤 블록체인을 사용하는지가 아니라, 어떤 서비스에서 어떤 가치를 얻는지만을 기준으로 선택하게 된다. 이는 1990년대 이후 인터넷 이용자가 TCP/IP나 HTTP 같은 전송 프로토콜을 전혀 의식하지 않은 채 웹을 사용해 온 것과 동일한 변화다. 스테이블코인은 블록체인 세계에서 그와 같은 '보이지 않는 공통 계층'으로 자리잡게 될 것이다.

2030년, 토큰화 자산 시장은 16조 달러 규모로 성장하며 스테이블코인이 그 기반 통화가 될 것이다

블랙록, 골드만삭스, JP모건은 이미 "모든 자산은 토큰화된다"는 전망을 공개적으로 밝힌 바 있다. 부동산, 채권, 탄소배출권, 예금, 원자재, 예술품까지 디지털 토큰으로 표현되고, 이 토큰들의 교환·결제·정산에서 스테이블코인이 중심 역할을 하게 된다.

토큰화 자산 시장은 2030년까지 16조 달러 규모로 성장할 것으로 예상되며, 이 거대한 가치의 흐름을 지탱하는 '기준 화폐(Unit of Value)'

가 바로 스테이블코인이 될 것이다. 금본위제에서 신용본위제로 이동한 화폐 제도가 프로토콜 본위제(Protocol-based Money)로 진화해 나가는 것이다.

글로벌 상호운용성 표준이 합의될 경우, 하나의 단일 스테이블코인 생태계가 형성될 것이다

현재 스테이블코인이 직면한 가장 중요한 과제는 상호운용성이다. 서로 다른 국가, 금융 시스템, 블록체인 네트워크가 각자 다른 규칙과 기술로 작동하는 한, 스테이블코인의 잠재력은 제한될 수밖에 없다. 그러나 미국의 지니어스법 이후, 글로벌 금융기관과 빅테크 기업들은 빠르게 하나의 공통 표준을 향해 정렬되고 있다. 이 표준이 합의되는 순간, 스테이블코인은 국경을 넘어 동일한 방식으로 사용될 수 있는 보편적 결제 수단이 된다. 네트워크 간 이동에서 발생하던 비용과 속도의 제약은 사라지고, 전 세계는 하나의 실시간 결제 플랫폼으로 연결된다. 그 결과 국가, 은행, 플랫폼 간 경계는 점차 희미해지고, 금융은 특정 기관의 영역이 아니라 글로벌 네트워크 위에서 작동하는 공공 인프라에 가까워진다.

이는 과거 TCP/IP 프로토콜이 인터넷 통신의 표준으로 자리잡으면서 전 세계 정보 흐름을 하나로 통합한 과정과 유사하다. 앞으로 스테이블코인은 글로벌 금융에서 그와 같은 핵심 프로토콜로 기능하며, 화폐와 결제의 질서를 근본적으로 재편하게 될 것이다.

스테이블코인의 법제화는 분산금융을 제도권으로 끌어들인 사건이 아니라, 역으로 제도권 금융을 분산금융의 표준으로 끌어들인 전환점이다. 2030년, 세계 금융은 더 이상 국가·은행·네트워크로 나뉘지 않는다. 하나의 프로토콜, 하나의 단위, 하나의 실시간 가치흐름이 지배하는 구조로 재편된 금융은 속도·투명성·상호운용성의 원리로 재정의될 것이다.

AI 에이전트가 경제의 핵심 플레이어가 될 것

AI가 인간을 대신해 경제 활동을 수행하는 시대가 열리고 있다. AI 에이전트는 보조 도구를 넘어, 구매·정산·생산·물류·콘텐츠 소비·계약 체결까지 수행하는 경제 주체로 진화하고 있다.

스테이블코인도 이러한 AI 에이전트와 함께 작동하며 그 활용성을 증폭시킬 것이다. AI는 실시간 데이터에 반응하고 즉시 결제하며 업무를 자동화하는 존재이기 때문에, 느리고 파편화된 기존 금융 시스템을 전제로는 움직일 수 없다. AI 경제의 기본 지불 단위는 법정화폐가 아니라 스테이블코인이 된다. 스테이블코인은 지연이 없고, 자동화가 가능하고, 네트워크 간 이동이 자유롭기 때문에 AI 에이전트의 행동 모델과 완벽하게 맞아떨어지는 'AI의 기본 통화(AI-native Currency)'로 자리 잡게 될 것이다.

AI는 경제 주체로 진화하며 구매·계약·협상·정산을 수행할 것이다

과거의 자동화가 반복 업무를 빠르게 처리하는 데 그쳤다면,

2026년 이후의 변화는 전혀 다른 차원으로 확장된다. AI 에이전트 기반의 자율화는 의사결정, 결제, 실행이 하나의 흐름으로 통합되는 구조로 진화하고 있다. 이제 AI는 단순히 지시를 수행하는 도구가 아니라, 상황을 판단하고 행동까지 완결하는 주체가 된다.

AI 에이전트는 재고가 부족해지면 스스로 발주를 결정하고, 가격과 환율 변동을 분석해 가장 유리한 구매 시점을 선택한다. 소프트웨어와 콘텐츠 구독은 자동으로 갱신되며, 장비의 이상 징후가 감지되면 부품을 미리 구매해 고장을 예방한다. 물류 지연이 발생할 경우에는 대체 경로를 탐색하고 계약 조건을 조정하며, 광고와 미디어 구매 역시 성과 데이터를 기반으로 자동 집행된다. 제조 현장에서는 공정 데이터를 실시간으로 분석해 필요한 자재를 즉시 조달하는 방식으로 운영된다.

이 모든 과정에서 중요한 변화는, AI가 더 이상 인간의 '이체 승인'을 기다리지 않는다는 점이다. 스마트컨트랙트에 설정된 조건이 충족되면 계약 체결과 결제가 동시에 실행된다. 이는 AI가 비서나 분석 도구의 수준을 넘어, 기업의 실질적인 구매 관리자이자 운영 책임자로 진화하게 될 것임을 의미한다. 이제 자율화는 효율의 문제가 아니라, 기업 운영 방식 자체를 다시 정의하는 구조적 전환이 될 것이다.

AI 경제는 '실시간 정산'이 표준이 되고, 법정화폐는 뒤처지게 될 것이다

법정화폐의 가장 큰 한계는 정산 속도이다. 기존 금융 시스템은 여전히 시간차 정산과 중개 단계를 전제로 설계되어 있으며, 이 지연은 인간 중심의 경제에서는 감내할 수 있었지만 AI 중심의 경제에서는 치명적인 병목이 된다. AI의 의사결정 모델은 실시간 데이터 흐름을 기반으로 작동하기 때문에, 결제와 정산에 지연이 발생하는 순간 전체 경제 활동의 효율이 급격히 떨어진다.

이 지점에서 스테이블코인은 선택이 아니라 필연이 된다. 스테이블코인은 초당 수천 건의 거래를 처리할 수 있는 처리 능력을 갖추고 있으며, 거래와 동시에 최종 정산이 완료되는 실시간 결제 구조를 제공한다. 또한 결제 조건과 흐름을 코드로 설계할 수 있어 자동화된 의사결정 시스템과 직접 연결될 수 있고, 특정 네트워크에 종속되지 않은 확장성을 바탕으로 다양한 블록체인과 서비스 환경을 넘나들 수 있다.

결국 AI 경제에서 경쟁력을 좌우하는 요소는 속도이며, 그 속도를 실현하는 지급결제 인프라가 바로 스테이블코인이다. AI가 판단하고 실행하는 순간, 지불과 정산이 동시에 이루어지는 구조 속에서 스테이블코인은 AI 경제의 기본 통화이자 실시간 작동하는 지급결제 엔진으로 자리잡게 된다.

2028년 이후 AI 에이전트는 전 세계 B2B 구매의 90%를 중개하게 될 것이다

가트너 그룹은 2025년 10월 보고서에서 B2B 시장의 근본적 전환을 예고했다. 보고서에 따르면 2028년까지 기업 간 구매 활동의 대부분이 인간이 아닌 AI 에이전트에 의해 중개될 것이며, AI 에이전트들끼리 직접 거래하는 이른바 '에이전트 투 에이전트 경제(Agent-to-Agent Economy)'의 규모는 연간 15조 달러를 넘어설 것으로 전망된다.

이는 단순한 자동화의 확장이 아니라, B2B 시장의 운영 논리 자체가 바뀐다는 의미다. 기업은 더 이상 사람이 공급업체를 비교하고 계약을 검토하는 구조가 아니라, AI가 가격·품질·납기·리스크를 실시간으로 분석하고 조건을 협상하며 계약을 체결하고, 공급망 충격에 따라 발주를 즉각 조정하는 운영 체계를 갖추게 된다.

이 과정에서 스테이블코인은 자연스럽게 AI 에이전트의 표준 정산 통화(Settlement Currency)로 자리 잡는다. AI 에이전트는 국가별 은행 계좌의 존재 여부나 영업 시간, 복잡한 환전 수수료 같은 인간 중심의 금융 제약을 고려하지 않는다. AI에게 중요한 것은 단 하나, 코드로 연결할 수 있고 지연 없이 작동하며 언제 어디서나 동일한 가치를 전달할 수 있는 안정적인 결제 수단이다.

결국 AI 에이전트가 기업의 구매와 조달을 주도하는 시대에는, 스테이블코인이 인간을 위한 화폐를 넘어 기계가 선택한 화폐, 즉 AI 경제의 기본 결제 언어로 표준화될 수밖에 없다.

2030년, 스테이블코인은 AI 간 경제의 공식 언어가 될 것이다

AI 간 경제(Agent-to-Agent Economy)는 사람이 개입하지 않아도 AI가 상황을 인지하고, 판단하며, 거래를 실행하는 구조를 의미한다. 예를 들어, 설비 관리 AI가 장비의 진동과 온도 변화를 감지해 고장 가능성을 예측하면, 별도의 승인 과정 없이 수리 부품을 자동으로 주문하고 결제를 완료한다. 물류 예측 AI는 기상 데이터를 분석해 폭우나 항로 차질을 감지하는 즉시 대체 운송 경로를 탐색하고 새로운 운송 계약을 체결한다. 광고 운영 AI는 실시간 클릭률과 전환 데이터를 바탕으로 예산을 즉각 재배분하고, 새로운 미디어 슬롯을 확보하며 비용을 자동 정산한다. 생산 관리 AI는 원자재 가격 변동을 감지하는 순간 공급업체를 교체하고, 조건에 맞는 계약과 결제를 동시에 실행한다.

이 과정에서 중요한 점은 모든 경제적 신호가 인간의 판단이나 승인 단계를 거치지 않고, AI에서 AI로 직접 이동한다는 사실이다. 거래의 시작과 실행, 그리고 정산까지가 하나의 자동화된 흐름으로 연결되며, 각 거래의 결제 수단으로는 스테이블코인이 사용된다.

2030년에 이르면 스테이블코인은 단순한 디지털 결제 수단을 넘어, AI 경제가 공통으로 사용하는 경제 언어(Shared economic Language)이자 조건에 따라 스스로 작동하는 통제 가능한 디지털 머니(Programmable Money)로 자리잡게 된다. 이는 화폐가 인간의 손을 떠나, 알고리즘과 알고리즘 사이에서 경제를 움직이는 핵심 인프라로 진화함을 의미한다.

은행의 수익을 창출하는 방법이 파괴될 것이다

스테이블코인의 확산은 은행산업의 전통적 수익모델을 근본적으로 흔드는 변화이다. 수십 년간 은행은 예금-대출 마진, 송금 수수료, 카드 네트워크 수익을 통해 안정적인 이익 기반을 구축해왔다. 그러나 스테이블코인은 이 세 가지 축을 동시에 붕괴시키는 디지털 화폐 혁명이다.

법제화된 스테이블코인이 본격적으로 확산되는 순간, 은행은 더 이상 자본력과 지점 수가 아니라 네트워크 신뢰도(Network Trust Index), 즉 얼마나 빠르게·투명하게·저비용으로 결제망을 운영하는지가 핵심 경쟁력이 된다. 새로운 금융 질서에서 은행은 금융의 중심이 아니라 데이

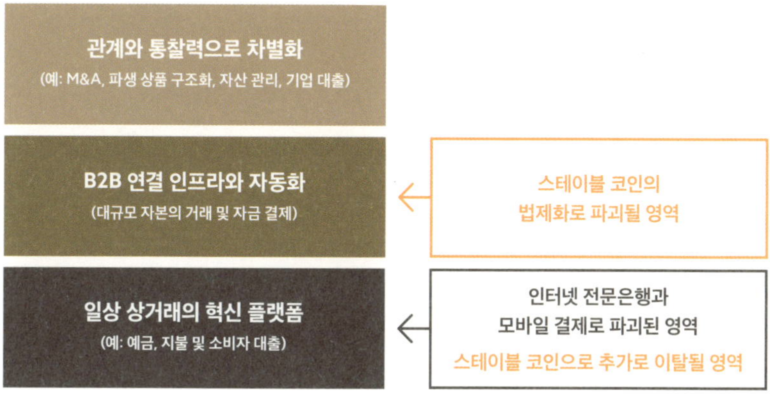

스테이블코인이 은행의 전통적 수익모델을 근본에서 바꾼다

터 네트워크의 변두리로 밀려날 위험에 직면해 있다.

예금 기반 수익모델의 붕괴, '네가 나에게 맡긴 돈'의 의미가 사라진다

기존 은행의 핵심 수익 구조는 단순하다. 고객으로부터 0~2%의 금리로 예금을 받아 3~8%의 금리로 대출하는 데서 생기는 금리 차이, 즉 순이자 마진(NIM)이 은행의 주요 수익원이었다. 그러나 스테이블코인 시대에는 두 가지 변화가 동시에 일어난다.

첫째, 예금이 은행이 아닌 디지털 지갑으로 이동한다. 스테이블코인 지갑은 국경이 없고, 지연이 없고, 24시간 운영된다. 고객이 굳이 은행 예금에 머무를 이유가 사라진다.

둘째, 예금의 대안으로 '토큰화 자산 수익 상품'이 등장한다. 대표적 예로 USDC·USDT 기반 머니마켓 토큰, 온체인 국채 상품(On-chain T-bills), 스테이블코인 스테이킹 이자 등이 있다. 이 상품들은 2~5%의 실질금리를 제공한다. 결국 은행 예금은 저축 기능을 잃고 입출금 지갑 기능만 남게 된다. 이는 예금 기반 금융 시스템을 사실상 무력화시키는 변화로 이어진다.

일본이 '첫 번째 은행 붕괴 실험실'이 될 것이다

일본은 약 17조 달러에 달하는 세계 최대 규모의 가계 금융자산 보유국이다. 그러나 이 자산의 구조를 들여다보면 절반 이상인 52%가 현금과 예금에 묶여 있으며, 일본은 20년 넘게 사실상 제로금리 환경을 유지해 왔다. 2024년 이후 금리 인상이 시작되었지만, 평균 예금 금리는 여전히 0.2% 수준에 불과하다. 이는 일본 가계 자산의 절반이 사실상 '수익 없는 자산'으로 정체되어 있으며, 각종 수수료까지 감안하면 실질가치는 오히려 감소하고 있다는 뜻이다.

이런 상황에서 스테이블코인 기반의 이자 상품이 합법적으로 등장한다면 금융 지형은 급격히 흔들릴 수밖에 없다. 디지털 자산 플랫폼을 통한 스테이블코인 예치 상품은 연 3~5% 수준의 수익을 제공할 수 있고, 온체인 구조로 설계된 단기 미국 국채 연계 상품은 4~5%의 안정적인 수익을 기대할 수 있다. 여기에 글로벌 스테이블코인 스테이킹 상품까지 결합될 경우, 수익률은 연 2~6% 범위로 확대된다.

이들 상품은 모두 일본의 전통 예금 상품 대비 최소 10배 이상의 수익률을 준다. 규제 리스크만 해소된다면, 일본 가계 자금이 기존 은행 예금에서 디지털 화폐 기반 상품으로 이동하는 것은 선택이 아니라 구조적 필연에 가깝다. 이 때문에 일본은 스테이블코인 확산이 기존 은행산업의 수익 모델을 근본적으로 흔드는 첫 번째 국가가 될 가능성이 높다. 이는 단순한 금융 상품의 변화가 아니라, 장기 저금리 체제에 익숙해진 국가에서 은행 중심 금융 구조가 해체되는 출발점이 될 수 있다. 이것이 스테이블 코인의 영향력 확대와 새로운 비즈니스를 고려하는 사람들이 일본을 주목해야 하는 이유이다.

은행은 '중개기관'에서 '네트워크 운영자'로 강제 전환된다

스테이블코인이 본격 도입되면 은행의 역할은 근본적으로 달라진다. 과거 은행이 예금을 받아 대출로 중개하는 '자본의 중개자'였다면, 앞으로의 은행은 화폐 그 자체보다 신뢰 인프라를 운영하는 기관으로 재정의된다. 은행은 고객의 디지털 지갑과 신원(KYC)을 관리하고, 블록체인 기반 결제망의 안정적 운영을 책임지며, 스마트컨트랙트의 유효성과 거래 조건을 검증하는 역할을 맡게 된다. 더 나아가 토큰화된 자산의 보관과 정산, 디지털 ID와 데이터의 신뢰성을 인증하는 핵심 기관으로 기능하게 된다.

이 변화와 함께 은행의 경쟁력 기준도 크게 달라진다. 더 이상 예금 규모나 대출 잔액이 핵심 지표가 아니라, 얼마나 정확하고 신뢰할 수 있는 데이터 인증과 거래 검증 능력을 갖추었는지가 은행의 가치를 결정하게 된다. 문제는 이 전환이 은행에게 새로운 기회이자 동시에 위험이라는 점이다. 스스로 신뢰 프로토콜을 설계하고 운영하지 못할 경우, 은행은 플랫폼과 블록체인 네트워크가 설계한 규칙 위에서 단순 실행만 담당하는 존재, 즉 프로토콜 경제(Protocol Economy)의 하청업체로 전락할 가능성도 배제할 수 없다.

2030년이 되면 은행은 자연스럽게 두 부류로 갈리게 될 것이다. 스테이블코인 발행과 유통에 참여하는 은행은 생존할 것이고, 그렇지 않은 은행은 점진적으로 소멸의 길로 들어설 것이다. 스테이블코인을 직접 발행하거나 온체인 결제 플랫폼을 구축해 운영하며, 토큰화된 국채와 자산 서비스를 제공하고, 기업 결제와 무역금융의 디지털화를 주도하는 은행은 새로운 수익원을 확보하게 된다. 이러한 은행들은 더 이상 전통적인 금융기관이 아니라, 디지털 화폐 시대의 핵심 인프라 사업자로 자리잡게 된다.

반면 기존의 모델에 머무르는 은행은 예금이 빠져나가고 결제 수익이 감소하며, 송금 관련 사업도 붕괴하는 흐름을 피할 수 없다. 수익성은 계속 악화하고, 결국 디지털 금융 자산을 안전하게 보관하고 관리해주는 대형 커스터디(Custody) 업체나 플랫폼 기업의 하청기관으로 전락할 가능성이 높아진다.

스테이블코인이 활성화되면 비트코인 가격은 어떻게 될까?

스테이블코인 법제화 이후 비트코인의 위상과 가치에 대해서는 학문적·산업적으로 세 가지 상반된 시나리오가 존재한다.

1) 가격 폭락 시나리오: 스테이블코인이 비트코인을 대체한다

- 본원적 가치 차이: 비트코인은 본질적으로 변동성이 크고, 실물경제에서 교환수단으로 쓰기에 불안정한 반면 스테이블코인은 달러·엔·유로 등 법정화폐에 고정되어 있어 실질적 거래에 유리.
- 규제 정당성: 스테이블코인이 미국 의회와 규제기관의 제도권 승인 후, 합법적 디지털 달러 지위를 확보하면 비트코인은 비제도권 위험 자산으로 낙인 찍힐 가능성.

- 자금 이동: 기관투자자·기업들은 변동성이 적고 규제에 의해 보호되는 스테이블코인을 선호 → 비트코인에서 대규모 자금 이탈.
- 예측 결과: 스테이블코인이 결제·무역·송금에서 표준화되면서 비트코인의 디지털 금 역할조차 흔들릴 수 있음.

2) 독립적 가치 유지 시나리오: 디지털 금으로 남는다

- 희소성: 비트코인은 2,100만 개로 발행량이 제한되어 있어 '디지털 금'이라는 가치 저장 수단으로 기능. 스테이블코인은 법정화폐와 연동되어 무한 발행 가능 → 희소성 프리미엄은 비트코인만 가짐.
- 탈중앙성: 스테이블코인은 중앙 발행기관(예: 서클, 페이팔, 은행 컨소시엄 등)이 존재. 반면 비트코인은 네트워크가 완전히 분산화 → 검열 저항성이 독립적 가치 유지 요인.
- 자산 분류 차별화: 스테이블코인은 거래와 결제의 수단, 비트코인은 가치 저장 및 헤지 수단으로 투자자 포트폴리오에서 별도 포지션을 차지.
- 예측 결과: 금과 달러가 공존하듯, 스테이블코인과 비트코인이 병존하며 비트코인은 독립적 지위 유지

3) 상호보완적 동반성장 시나리오

- 금과 달러의 관계와 유사: 달러(법정화폐)는 국제 결제·거래를 담당하고, 금은 인플레이션·위기 대비 헤지 수단으로 함께 성장하듯 스테이블코인은 결제, 비트코인은 투자/안전자산 역할.
- 생태계 확장성: 스테이블코인의 대규모 도입으로 블록체인 결제·디파이 생태계가 커지면, 동시에 비트코인 접근성·거래량도 증가.
- 기관투자자의 전략: 헤지펀드·연기금 등은 '안정형(스테이블코인) + 대체투자형(비트코인)' 포트폴리오를 구성해 리스크 분산.
- 예측 결과: 두 자산은 협력적 경쟁(Coopetition) 구조로, 서로 다른 기능을 수행하면서 시장 전체가 성장.

유통산업의 대전환:
고객 경험이 화폐가 되는 시대

4

미래의 소비자는 결제를 인식하지 않는다. 소비의 경험 자체가 결제가 되고, 브랜드와의 상호작용이 화폐의 역할을 대체한다. 스테이블코인은 매장 안의 결제 단말기, 앱의 리워드 포인트, 물류창고의 송장 번호, 그리고 고객의 행동 데이터까지 하나의 신뢰 네트워크로 묶어내며 유통산업을 재설계하도록 강제할 것이다.

유통산업은 오랫동안 지불 중심의 산업이었다. 고객이 상품을 선택하고, 결제 단계에 도달했을 때 비로소 거래가 완성되는 구조였다. 그러나 스테이블코인이 결제의 기반이 되는 순간, 소비는 지불을 통해 끝나는 것이 아니라 경험을 통해 지속되는 흐름으로 바뀌게 된다. 고객과 브랜드의 상호작용은 더 이상 구매 행위라는 단일 이벤트로 끝나지 않는다. 고객이 상품을 발견하고, 탐색하고, 비교하고, 리뷰를 남기고, 친구에게 공유하는 모든 과정이 경제적 가치로 전환되는 참여형 유통경제가 형성된다.

이 변화의 중심에는 스테이블코인 기반의 신뢰형 결제 인프라가 존재한다. 스테이블코인은 가치 변동성이 없고, 수수료가 낮으며, 결제 속도가 빠르기 때문에 고객 경험에 끊이지 않는 흐름을 제공한다. 과거에는 결제가 구매의 마지막 장벽이었다. 하지만 스테이블코인 생태계에서는 결제가 눈에 보이지 않는다. 소비자는 상품을 고르는 순간 이미 지불이 끝나고, 그 순간의 경험 자체가 결제의 증거가 된다. 화폐는 사라지고 신뢰가 남는다.

이러한 구조가 만들어지면 브랜드는 고객과의 관계를 더 이상 포인트로 설계하지 않는다. 기존 포인트 시스템은 폐쇄적이고 단일 기업 중심이었다. 그러나 토큰은 브랜드 간 이동이 가능하고, 고객의 참여 행동 전체를 가치로 환산한다. 상품 구매뿐 아니라 리뷰 작성, SNS 공유, 추천 활동, 커뮤니티 참여 등 모든 활동이 경제적 행위가 되어 하나의 통합된 토큰 가치로 기록된다. 고객은 단순 소비자가 아니라, 브랜드 경제 시스템의 한 구성원이 되는 것, 이것이 바로 '고객 경험이 곧 화폐가 되는 시대'이다. 경험은 더 이상 부가적인 요소가 아니라, 거래를 완성시키고 경제적 보상을 이끌어내는 핵심 자원이 된다. 브랜드는 더 많은 UX(User Experience)와 CX(Customer Experience) 실험을 통해 고객의 참여를 높이려 하고, 고객은 자신의 경험 데이터를 화폐처럼 활용하며 경제적 이득을 얻는다. 상호작용이 곧 소비이고, 참여가 곧 보상이 되는 구조로 유통산업은 이동하게 된다.

UX와 CX, 무엇이 어떻게 다른가?

UX(User Experience)는 고객이 상품이나 서비스와 직접 상호작용하는 순간의 경험을 의미한다. 앱 화면이 직관적인지, 결제가 편리한지, 버튼 하나를 누르는 과정이 불편하지 않은지가 UX의 영역이다. 즉, '사용하는 순간의 경험 품질'에 초점이 맞춰져 있다.

CX(Customer Experience)는 고객이 브랜드를 처음 인식하는 순간부터 구매 이후까지 겪는 모든 경험의 총합이다. 광고를 보고 느낀 인상, 매장에서의 응대, 배송 과정, 사용 후 만족도, AS 경험, 커뮤니티 참여까지 모두 포함된다. 즉, '고객 여정 전체의 경험 흐름'이 CX다.

정리하면,

- UX는 점(Point) 이고,
- CX는 그 점들이 이어진 선(Line) 이다.

스테이블코인 기반 유통 구조에서는 이 선 전체가 경제적 가치로 전환된다. 결제는 UX의 끝이 아니라, CX 전체를 연결하는 보이지 않는 인프라가 된다.

스테이블코인은 결제를 단순한 금전 이동이 아닌 관계의 회계 시스템으로 바꾼다. 고객과 브랜드가 교환하는 것은 '돈'이 아니라 '신뢰 데이터'이고, 이 데이터는 블록체인 상에 투명하게 기록되어 즉시 보상으로 연결된다. 결제는 UX의 마지막 단계가 아니라 CX 전체를 지탱하는 운영 프로토콜이 된다. 결국 유통산업은 판매 중심에서 참여 중심으로, 거래 중심에서 경험 중심으로 전환된다.

경험이 결제하고, 관계가 가치가 되고, 신뢰가 화폐가 된다. 이것이 스테이블코인이 열어놓은 유통산업의 새로운 질서이다.

결제의 진화, '지불'이 아니라 '경험'이 된다

우리가 물건을 살 때마다 카드나 휴대폰을 꺼내는 너무도 익숙한 일이 사라진다. 머지않아 '결제 행위'에 대한 인식 자체가 사라지게 된다. 스테이블코인은 결제를 화면 속에서 지우고, 소비의 흐름을 끊김 없이 이어지도록 만들어 마찰 제로(Zero Friction)를 구현한다. 과거의 결제는 구매 행위의 끝에 위치한 절차였지만, 새로운 상거래 생태계에서는 그 순서가 완전히 뒤바뀐다. 소비자가 상품을 선택하는 순간 이미 '지불'은 완료되고, 그 순간 형성된 신뢰와 경험 데이터가 곧 결제의 증거가 된다. 결제는 더 이상 금전의 이동이 아니라, 브랜드와 고객이 신뢰 데이터를 주고받는 디지털 프로토콜이 된다. 스테이블코인 기반 결제에서는 매장 방문, 앱 사용, 후기 작성, 상품 공유, 추천 활동 등 고객의 모든 접점이 서로 연결되며 하나의 경제 행위로 통합된다. 결제가 행동 데이터를 기반으로 작동하는 순간, 유통 산업은 단순한 '판매 시스템'을 넘어 고객 경험 전체를 경제로 전환하는 새로운 단계로 진입하게 된다.

마찰 제로(Zero Friction)란 무엇인가?

유통에서 마찰 제로는 고객이 물건을 사려는 의도부터 구매를 완료해 만족을 얻기까지 겪는 모든 불편함이나 지연을 없애는 운영 방식을 말한다. 목표는 쇼핑을 아주 쉽고 빠르게, 거의 애쓰지 않아도 되는 수준으로 만드는 것이다.
스테이블코인은 가격 안정성, 빠른 처리 속도, 낮은 거래 비용이라는 특성을 활용하여 금융 및 소매 거래에서 '마찰 제로'를 만든다.

1) 효율적인 거래 처리 및 비용 절감

- 즉각적인 결제: 스테이블코인은 블록체인 기술을 기반으로 거의 즉각적인 결제를 가능하게 한다. 이는 판매자의 현금 흐름을 개선하고 공급업체 지불 등을 가속화한다.
- 낮은 수수료: 기존 신용카드 결제 시스템은 높은 결제 처리 수수료를 부과한다. 스테이블코인은 여러 중개자를 거칠 필요가 없으므로 거래 비용을 크게 절감할 수 있다.
- 국경 없는 거래: 은행 시스템을 거치지 않고 국경 간 즉시 자금을 보낼 수 있어, 해외 송금 시 발생하던 복잡한 절차, 높은 환전 수수료, 긴 대기 시간 등의 마찰을 없앤다.

2) 간편한 접근성 및 통합된 경험

- 디지털 지갑 간 원활한 이체: 스테이블코인은 디지털 지갑을 통해 쉽게 이체할 수 있어, 복잡한 기존 금융 시스템의 번거로움을 줄여준다.
- 글로벌 시장 확장: 소매업체는 스테이블코인 결제를 통해 환전 비용을 절감하고 즉시 정산할 수 있으며, 기존 은행 시스템의 제약 없이 새로운 글로벌 시장으로 쉽게 확장할 수 있다.

결론적으로 스테이블코인은 안정성과 블록체인의 효율성을 결합하여 결제 과정의 지연, 비용, 복잡성을 제거함으로써 금융 거래의 마찰 제로를 달성하는 핵심 도구가 된다.

브랜드는 고객에게 단순히 상품을 판매하는 것이 아니라, 구매 과정 전체를 하나의 참여 경험으로 설계한다. 결제는 배경으로 사라지고, 경험만이 전면에 남는다. 상품을 선택하는 그 순간 결제는 이미 끝나 있으며, AI 에이전트가 이를 자동으로 처리하고 스테이블코인이 거래의 신뢰를 보증한다. 결제의 주체는 사람이 아니라 시스템과 신뢰 알고리즘으로 이동하게 된다.

이 새로운 환경에서 브랜드는 더 이상 단순한 판매자가 아니라 고유한 화폐를 발행하는 하나의 경제 주체로 변모한다. 스타벅스의 리워드 포인트, 네이버페이의 포인트 생태계, 그리고 아마존·월마트·알리바바가 실험 중인 스테이블코인 기반 결제 구조는 브랜드 자체가 하나의 경제 시스템이 되어가는 흐름을 명확히 보여준다. 유통 산업의 경쟁 축도 바뀐다. 이제 '누가 더 좋은 제품을 파는가'가 아니라, '누가 더 매끄럽고 신뢰 가능한 결제 경험을 설계하는가'에서 승부가 결정된다.

소비자의 정체성 역시 달라진다. 소비자는 더 이상 화폐를 사용하는 존재가 아니라, 자신의 경험 데이터를 화폐로 전환하는 존재로 진화한다. 구매, 후기 작성, 공유, 추천 등 모든 참여 행위가 경제적 가치로 환산되는 새로운 소비자 역할이 형성되는 것이다.

관계의 진화, 리워드가 아닌 토큰으로 연결된다

리워드 포인트는 오랫동안 브랜드와 고객을 잇는 가장 강력한 연결고리였다. 포인트를 적립하고, 쿠폰을 모으고, 일정 기간 내에 사용하는 것으로 충성도를 측정하는 방식은 20년 넘게 유통 산업의 기본 공식으로 자리해왔다. 그러나 기존 포인트는 특정 브랜드 안에서만 유효하거나, 특정 국가에서만 사용할 수 있는 제한적 체계를 벗어나지 못했다. 예컨대 한국에서 적립한 던킨도너츠 포인트를 미국에서 사용할 수 없는 것이 그 전형적 예다.

하지만 블록체인 기반으로 발행되는 토큰은 브랜드 간 이동이 가능하며, 하나의 생태계에 갇히지 않는다. 스타벅스의 리워드를 항공 마일리지로 전환하고, 네이버페이 포인트를 편의점 결제 토큰으로 실시간 교환하는 시대가 열린다. 충성도는 이제 한 기업에 종속되지 않고, 네트워크 전체에서 순환하는 '관계의 화폐'로 전환된다.

토큰화된 리워드는 '사용 가능한 포인트'를 넘어 '거래 가능한 자산'이 된다. 고객은 브랜드가 제공한 보상을 보유하거나 교환하며, 자신의 참여와 경험 데이터를 경제적 가치로 변환할 수 있다. 결국 브랜드와 고객의 관계는 일방적 보상의 구조에서 벗어나, 함께 가치를 만들어내는 '공동 투자 관계'로 진화하게 된다.

관계의 화폐, 신뢰의 프로토콜

기존의 리워드 포인트는 구매에 따라 적립되고 일정 시간이 지나면 사라지는 숫자에 불과했다. 고객의 행동은 브랜드에 귀속되었고, 그 보상 역시 브랜드가 설계한 폐쇄적인 시스템 안에서만 소비될 수 있었다. 리워드는 충성도를 관리하기 위한 마케팅 도구였지, 고객의 가치를 인정하는 경제 장치는 아니었다.

그러나 토큰화된 리워드는 출발점부터 철학이 다르다. 이 시스템의 핵심은 신뢰를 수치화하고, 그 신뢰를 가치로 전환하는 것이다. 고객이 남긴 리뷰, SNS에서의 공유, 친구 추천, 앱 사용 기록, 매장 방문과 같은 모든 행동은 더 이상 부수적인 데이터가 아니다. 각각의 참여는 하나의 경제적 행위로 인식되며, 블록체인 위에 투명하게 기록된다. 이 기록은 브랜드 생태계가 고객의 신뢰를 평가하는 공식적인 지표가 되고, 그 신뢰의 수준에 따라 보상 토큰이 즉시 지급된다.

이 구조에서 고객은 더 이상 브랜드가 요구하는 행동을 수행하는 수동적 소비자가 아니다. 고객은 브랜드 생태계에 기여하고, 그 기여에 비례한 보상을 받는 공동 설계자가 된다. 브랜드의 성장은 곧 고객의 참여와 직결되고, 고객은 자신이 만들어낸 신뢰만큼의 가치를 함께 축적한다. 기존 리워드가 '회사에서 고객으로' 일방적으로 흘러가는 구조였다면, 토큰 기반의 참여형 경제는 고객과 브랜드, 그리고 시장이 서로 가치를 주고받는 순환 구조로 전환된다.

이 과정에서 신뢰는 추상적인 감정이 아니라 교환 가능한 자산이 된다. 고객은 참여를 통해 토큰을 획득하고, 브랜드는 그 참여가 축적한 신뢰를 바탕으로 시장 경쟁력을 강화하며, 시장은 그 토큰의 가치를 실시간으로 평가하고 교환한다. 결국 토큰은 단순한 보상 수단이 아니라, 브랜드와 고객이 함께 쌓아온 신뢰의 흐름을 기록하는 디지털 회계 장부, 즉 '신뢰의 원장(Ledger of Trust)'으로 기능하게 된다.

기존의 마일리지 포인트가 언젠가 소멸될 운명의 숫자였다면, 토큰은 처음부터 전혀 다른 속성으로 설계된다. 토큰은 하나의 브랜드 안에 갇혀 있지 않고, 다른 브랜드나 서비스와 자유롭게 교환될 수 있으며, 필요에 따라 현금이나 다양한 디지털 자산으로 전환될 수 있다. 유효기간이 지나면 사라지는 구조가 아니라, 시간이 축적될수록 고객의 활동 이력과 신뢰가 함께 쌓이며 오히려 가치가 강화되는 자산에 가깝다. 더 나아가 토큰은 브랜드 내부를 넘어 외부 시장에서도 거래될 수 있어, 고객의 참여가 폐쇄된 보상 체계가 아니라 열린 경제 활동으로 확장된다. 결국 토큰은 소비의 흔적이 아니라, 고객이 만들어낸 신뢰와 관계가 응축된 지속가능한 가치 저장 수단으로 기능한다.

브랜드 연합체의 시대, 충성도 동맹(Loyalty Alliance)

스테이블코인은 이제 수많은 브랜드가 쓰는 서로 다른 리워드 시스템을 하나로 연결하는 공통 언어, 즉 표준 통화 역할을 한다. 브랜드마다 따로 존재하던 포인트·리워드의 장벽이 사라지고, 유통산업은 점차 '브랜드 단위 경제권(Brand Economy)'으로 재편된다.

글로벌 기업들은 이미 실험을 시작했다. 스타벅스는 2022년 웹3 기반 리워드 플랫폼 Odyssey를 출시해 기존 포인트를 NFT '스탬프' 형태로 바꾸었다. 고객은 커피를 마시거나 미션을 수행하면 NFT 스탬프를 받고, 이를 다시 판매하거나 교환할 수 있다. 또한 쇼피파이(Shopify)는 솔라나를 결제 시스템에 통합해 USDC 스테이블코인 결제를 지원하며, 전 세계 중소상공인이 수수료 없이 실시간으로 결제·리워드를 교환할 수 있는 환경을 제공하고 있다.

이렇게 리워드·결제·정산이 하나의 프로토콜로 연결되는 구조가 바로 충성도 동맹(Loyalty Alliance)의 핵심이다. 각 브랜드가 자체 토큰을 발행하더라도 스테이블코인을 매개로 상호운용성과 교환가치를 확보해서 모든 산업이 서로 가치를 교환하는 초(超)산업적 네트워크(Value Exchange Network)로 확장될 것이다. 앞으로는 스타벅스 토큰이 콘텐츠 플랫폼의 포인트로 바뀌고, 패션 브랜드의 쿠폰이 전자상거래 플랫폼의 결제 수단이 되는 시대가 열릴 것이다. 그 모든 교환의 중심에 스테이블코인이 있다.

운영의 진화: 공급망이 결제망이 된다

유통의 진짜 승부는 보이지 않는 공급망 안에서 벌어진다. 스테이블코인은 공급망의 모든 움직임을 결제 가능한 데이터 흐름으로 바꾸게 될 것이다.

정산이 아니라, 실시간 결제의 시대

기존의 공급망은 느리고 복잡했다. 제품이 생산되어 물류창고를 거쳐 매장에 도착하기까지 수십 단계의 거래가 발생했지만, 대금 결제는 평균 30~90일 뒤에야 완료되었다. 계약, 운송, 검수, 회계, 송장 — 이 모든 절차가 결국 신뢰의 부재를 메우기 위한 장벽이었다. 스테이블코인이 결제의 언어로 들어오면서 이 장벽이 무너지게 된다. 상품이 출하되는 순간, 그 거래 내역은 블록체인 상에 즉시 기록되고, 검수 확인과 동시에 스마트컨트랙트가 자동으로 결제를 실행한다. 모든 거래는 실시간으로 종결되고, 모든 자금은 네트워크 위에서 바로 순환한다. "과거의 공급망은 신뢰를 증명하기 위해 멈췄고, 미래의 공급망은 신뢰를 증명하지 않아도 움직인다."

결제가 데이터 흐름이 되는 순간

결제의 디지털화는 공급망 전체를 하나의 운영 시스템으로 바꿔놓는다. 예를 들어, 월마트가 사용하고 있는 IBM의 Food Trust 프로젝트는 농장에서 소비자 식탁까지의 식품 이력을 블록체인으로 추적하는 시스템이다. 여기에 스테이블코인이 결합하면, 농산물이 물류창고에 도착하는 즉시 대금이 자동이체되고, 운송 회사와 생산자가 동시에 정산을 완료한다. 결제는 회계의 마감이 아니라 운영의 일부가 된다. 해운산업에서도 같은 변화가 나타난다. 머스크(Maersk)의 TradeLens 프로젝트는 글로벌 선적 서류, 보험, 세관 절차를 블록체인으로 자동화했다. 여기에 스테이블코인 결제가 통합되면, 컨테이너가 항구에 도착하는 순간 선적 운임과 보험금이 자동 정산된다. 거래의 속도는 며칠에서 몇 초로 단축되고, 유동성은 멈추지 않고 순환한다.

AI 에이전트와 결제의 융합, 예측형 공급망의 등장

스테이블코인이 단순한 '지불 수단'을 넘어 공급망 운영의 핵심 데이터로 자리잡으면, AI 에이전트는 이 데이터를 실시간으로 분석해 기업의 운전자본을 자동으로 조정하게 된다. 기존 공급망은 "재고가 부족해지면 발주하고, 송장이 오면 결제하고, 월말에 정산하는" 과거형 구조였다. 그러나 AI와 스테이블코인이 결합한 미래 공급망은 재고·판매·수요 예측·결제 데이터를 AI가 실시간으로 분석하며, 결제 타이밍과 금액까지 자동으로 설계한다.

예를 들어, 아마존의 물류 AI 에이전트를 생각해 보자. AI는 수백만 개 SKU(Stock Keeping Unit)의 재고 수준, 하루 수요 변화, 지역별 판매 속도, 거래 내역, 과거 결제 패턴을 동시에 읽어낸다. 이 데이터는 스테이블코인 결제 인프라와 연결되어, 어떤 공급업체에 언제 얼마를 지불해야 최적의 현금 흐름이 유지되는지 자동으로 계산한다. 어떤 날은 판매 속도가 빨라 리드타임을 줄이기 위해 공급업체에 즉시 결제를 실행하고, 어떤 날은 재고가 충분하다고 판단해 결제 시점을 늦춰 현금을 아끼는 식의 결정을 AI가 스스로 수행한다.

과거 공급망이 '사후 정산' 중심이었다면, 미래 공급망은 '사전 예측·선제 대응' 중심이 된다. 이 변화의 핵심은 다음과 같다.

- 결제가 재고 운영의 일부가 된다. AI는 재고 위험이 커질 것 같은 시점에는 자동으로 결제를 실행하여 공급을 확보하고, 반대로 판매가 둔화될 때는 결제 주기를 조정해 현금 보유량을 늘린다.
- 자금이 묶이지 않는 공급망, 즉 무(無)정산 공급망(Zero Settlement Chain)이 가능해진다. 결제는 '마감 업무'가 아니라, 실시간 운영의 일부가 되기 때문에 자금이 회계 시스템에 묶여 있는 시간이 거의 사라진다.
- 공급업체와의 관계도 바뀐다. 과거에는 납품업체가 대금을 받기 위해 수주 또는 수개월을 기다려야 했지만, AI 기반 스테이블코인 결제에서는 검수 완료와 동시에 즉시 지불된다.
- 신뢰 절차 없이 움직이는 공급망 블록체인 기반 데이터가 결제의 근거가 되기 때문에, 결제 지연의 원인이었던 신뢰 검증·문서 확인·송장 발행 등의 과정이 사라진다.

AI 에이전트는 스테이블코인을 통해 '운영상 최적화 + 자동 결제 + 실시간 자금 순환'이라는 새로운 공급망 모델을 창조하게 된다. 이 모델에서는 사람이 결제 시점을 고민하지 않아도 되고, 회계팀이 자금 배분을 조정할 필요도 없다. 모든 결정은 AI가 예측하고 실행하며, 기업은 멈추지 않는 유동성 흐름 속에서 운영 효율을 극대화한다.

금융이 산업의 내부로 들어온다

스테이블코인이 결제의 기본 인프라가 되는 순간, 금융은 더 이상 산업 밖에서 '서비스로 제공되는 기능'이 아니다. 모든 생산·물류·유통 과정 속에 금융이 자연스럽게 녹아 들며 산업 내부의 운영 시스템(Operating Layer)이 된다. 스테이블코인 기반 구조에서는 은행의 역할이 완전히 달라진다. 은행은 자금을 들고 기다리는 존재가 아니라, 실시간 결제 네트워크를 운영하는 기술 인프라 사업자가 된다.

이 변화는 공급망 전 과정에서 명확하게 나타난다. 생산 공장에서 원자재가 투입되는 순간, 그 조달 거래는 블록체인에 기록된다. 물류센터로 이동하면 운송 내역이 자동으로 스마트컨트랙트에 반영되고, 검수 확인과 함께 공급업체에 대금이 즉시 스테이블코인으로 지급된다. 이 모든 과정은 사람이 일일이 송장을 발행하거나 월말에 회계 마감을 기다릴 필요 없이 자동으로 실행된다. 기업 간 거래(B2B), 중소 납품업체 대금 지급, 프리랜서 계약비 지불 등 산업을 움직이는 모든 지불이 블록체인에서 실시간으로 이루어진다. 그 결과 결제는 더 이상 '금융기관의 절차'가 아니라 산업 운영의 일부가 된다.

이 변화의 본질은 매우 단순하지만 혁명적이다. 스테이블코인 기반 결제 구조에서는 공급망(Supply Chain)이 사실상 결제망(Payment Network)으로 변환된다. 과거에는 물류의 흐름과 자금의 흐름이 따로 움직였다. 상품은 움직이지만 자금은 며칠, 혹은 몇 주 뒤에야 이동했다. 이 시간차 때문에 기업은 운전자본 부담을 안고, 납품업체는 현금 흐름 문제로 어려움을 겪었다.

그러나 스테이블코인을 사용하면 상황이 정반대로 바뀐다.

- 상품의 이동 기록 자체가 결제의 근거가 된다. 별도의 청구서·검수 서류·정산 문서가 필요 없다.
- 출고·운송·검수·입고의 모든 단계가 결제 트리거(Trigger)가 된다. 공급망에서 이벤트가 발생하면 결제가 자동으로 실행된다.
- 모든 거래가 실시간으로 종결된다. 체불, 결제 지연, 회계 마감 불일치 같은 산업의 고질적 리스크가 사라진다.
- 자금 흐름과 상품 흐름이 완벽하게 일치한다. 상품이 움직이는 속도만큼 돈도 움직인다.

공급망은 단순히 물건을 이동시키는 경로가 아니라 돈이 흐르는 네트워크로 재정의된다. 생산-물류-유통이 하나의 단일 운영 계층으로 통합되며, 금융은 산업의 내부에서 작동하는 '내장형 기능(Embedded Finance)'으로 자리잡는다.

결국, 스테이블코인은 유통 산업, 공급망, 제조 산업 전체의 신경망이 된다. 자금이 멈추지 않는 공급망은 기업 성장 속도를 획기적으로 높이며, 산업 전체의 효율성을 극대화한다.

이미 시작된 아마존과 월마트의 스테이블코인 전쟁

"결제의 주도권을 잡는 자가 유통의 패권을 지배한다"

이제 '결제 네트워크를 누가 장악하느냐' 가 승부를 결정한다. 세계 최대의 두 유통 제국, 아마존(Amazon)과 월마트(Walmart)는 이미 그 전쟁의 한가운데에서 새로운 화폐를 만들고 있다.

아마존의 프로젝트: 결제 네트워크의 재정의

아마존은 오랫동안 자체 결제 생태계를 꿈꿔왔다. 2024년 공개된 내부 프로젝트 코드명 'Catalyst(촉매)'는 이커머스, AWS, 프라임, 그리고 제3자 셀러 결제 시스템을 스테이블코인 기반 통합 네트워크로 연결하려는 야심찬 실험이다.

최근 아마존은 이미 페이팔의 PYUSD(PayPal USD)와 USDC를 테스트 네트워크에 연동하며 디지털 달러 결제를 자사 결제망에 통합하는 절차를 시작했다. 그 목적은 명확하다. 중앙은행, 카드사, 결제 게이트웨이 없이도 자급자족 가능한 금융 인프라를 구축하는 것이다.

아마존은 수억 명의 고객과 셀러, 수천만 건의 거래를 자체 블록체인 상에서 정산하려는 시도를 하고 있다. 이것은 단순한 결제 효율화가 아니다. 아마존은 스테이블코인을 통해 '자사 생태계 안에서 돈이 돌고 외부로 새지 않는 폐쇄형 경제(Closed-Loop Economy)'를 만들려 한다.

"아마존은 물건을 파는 회사가 아니다. 이제 화폐를 발행하는 유통 제국이다."

월마트의 반격: 블록체인 결제 + 리워드 토큰의 결합

월마트 역시 조용하지만 치밀하게 대응하고 있다. 2019년 월마트는 '스테이블코인 발행 시스템' 관련 특허를 미국 특허청에 출원했다. 내용은 놀라울 만큼 단순하고도 명확했다. '법정화폐에 연동된 디지털 화폐를 통해 고객이 월마트 생태계 내에서 결제, 송금, 리워드 적립을 모두 수행할 수 있는 구조'를 만드는 것이다.

2023년 이후 월마트는 미국 전역의 월마트 페이(Walmart Pay) 시스템을 블록체인 기반 리워드·결제 통합 플랫폼으로 재설계하는 작업에 착수했다. 2024년부터는 리워드 포인트의 토큰화를 테스트하고, 향후 자사 스테이블코인 발행을 위한 내부 프로토타입을 개발 중이다.

월마트의 전략은 아마존과는 다르다. 아마존이 글로벌 폐쇄 생태계를 구축하려는 데 반해, 월마트는, 중소 납품업체·고객·로컬 금융기관이 월마트 스테이블코인을 통해 즉시 정산·지불할 수 있는 소비자-공급자 직결형 결제 네트워크를 설계하고 있다.

페이팔, 쇼피파이, 그리고 새로운 동맹

이 전쟁의 외곽에는 이미 거대한 동맹이 형성되고 있다. 페이팔은 2023년 자체 스테이블코인 PYUSD를 공식 발행했고, 쇼피파이는 2024년 Solana Pay를 통합하여 USDC 결제를 지원하기 시작했다. 이는 '아마존-페이팔 축'과 '월마트-솔라나 축'으로 나뉜 결제 인프라의 양분화를 의미한다.

페이팔은 온라인 글로벌 상거래에서의 신뢰 자산, 솔라나는 초저비용·고속 블록체인 인프라라는 강점을 앞세워, 각각 서로 다른 방식으로 스테이블코인 경제의 지배권을 노리고 있다.

유통 패권의 새로운 정의, 돈이 머무는 곳이 시장이다

이 거대한 흐름의 본질은 단 하나다. 화폐가 머무는 곳이 곧 시장이 된다. 과거에는 고객이 결제하면 자금이 카드사·은행·결제망으로 흘러갔지만, 스테이블코인 시스템에서는 돈이 유통 플랫폼 내부에 머문다. 즉, 결제의 종착지가 곧 플랫폼의 시작점이 되는 것이다. 아마존 코인, 월마트 코인, 페이팔 USD, USDC. 이 네트워크들은 결국 하나의 결론으로 수렴한다. "누가 돈의 흐름을 통제하느냐가 산업의 질서를 결정한다."

미래 실험실

스타벅스가 스테이블코인으로 창출하는 유례가 없는 서비스는 무엇인가?

고객 충성도를 높이고, 회복력을 강화하고, 평판을 확대하는 능력이 세계 최고라고 평가받는 스타벅스는 2023년 11월에 세 가지 우선순위를 가진 Triple Shot Reinvention Strategy를 실시한 바 있다.

(1) 브랜드 향상

(2) 디지털 강화 및 확장

(3) 진정한 글로벌화.

전략 실행 후의 고객 충성도와 구매 빈도의 통계는 놀라울 정도로 강력하다. CEO 락스만 나라시만은 "전 세계에서 가장 충성도 높은 고객이 매장에 더 자주 찾아오는 것을 확인했습니다. 특히 미국에서는 90일 활성 리워드 회원이 전년 대비 13% 증가하여 역대 최고인 3,430만 명으로 새로운 기록을 세웠고, 입찰은 역대 최고인 59%에 도달했습니다"라고 말했다. 모바일 주문 및 결제는 전체 거래의 30%를 차지하고 있고, 고객들은 앱과 기프트 카드에 기록적인 36억 달러를 충전했다. 이 엄청난 무이자 고객 자금 조달은 스타벅스가 수억 달러의 차입 비용을 절감할 수 있게 해주고 있다. 스타벅스는 2030년까지 전 세계적으로 현재 38,000개 매장에서 55,000개 이상으로 확장할 계획이다.

미래 실험실에서는 고객 충성도가 높은 스타벅스가 법제화된 스테이블코인을 활용하여 유례가 없는 서비스를 디자인하여 독자 여러분에게 독특한 비즈니스를 설계하는 데 도움을 주고자 한다. 특히 이번 상상 실험실은 2025년 가을학기에 저자의 강의를 수강한 12명의 KAIST 문술미래전략대학원 학생들의 아이디어와 필자의 생각을 섞어서 버무려 기술하였다. 참여한 KAIST 학생들에게 고마움을 전한다.

참여한 12명의 학생들: 강미연, 권도엽, 김현지, 배송이, 송재언, 신진원, 안호, 오성연, 이다애, 임현지, 최효진, 표광종 (가나다 순)

결제의 진화: 마찰이 사라지고 참여가 시작된다

"1 SBC(Starbucks Blockchain Coin) = 톨 사이즈 아메리카노 1잔"이라는 이다애 학생의 정의는 매우 단순해 보이지만, 그 안에는 화폐와 경제, 그리고 일상의 경험을 새롭게 연결하는 깊은 통찰이 담겨 있다. 만약 커피 가격이 세계 경제를 가장 생활의 감각으로 보여주는 척도가 된다면, 화폐가 작동하는 방식 자체가 달라질 수 있다는 발상이다.

이다애 학생은 스타벅스 스테이블코인을 '맥도날드의 빅맥지수(Big Mac Index)를 대체할 새로운 커피지수(Coffee Index)'라고 설명했다. 빅맥지수가 국가별 구매력과 환율의 현실을 보여주는 지표였다면, 오늘날 사람들에게 가장 직관적인 가격 기준은 햄버거가 아니라 커피 한 잔이다. 세계 어디를 가더라도 스타벅스 커피는 비슷한 맛과 공간, 주문 방식과 서비스 흐름을 제공한다. 이 때문에 커피는 국경을 넘어 공유되는, 가장 표준화된 일상 경험의 단위가 되었다.

이 관점에서 각국의 스타벅스 커피 가격을 비교하면, 환율 숫자보다 훨씬 직관적으로 체감 구매력과 생활 물가를 이해할 수 있다. 실제로 한국에서는 아메리카노 한 잔이 약 5,500원이고, 일본에서는 560엔, 미국에서는 4.95달러 수준이다. 이 가격들을 스타벅스 코인이라는 단일 기준으로 환산해 보면, 국가별 물가 수준과 생활비의 차이가 훨씬 분명하게 드러난다.

이다애 학생의 말처럼, 사람들은 물가를 달러로 체감하지 않는다. 아메리카노 가격으로 체감한다. 환율 변동보다 "커피 값이 올랐는가, 내렸는가"가 일상의 경제를 판단하는 기준이 된다. 이 지점에서 중요한 통찰이 등장한다. 커피 한 잔이 세계인의 공통 언어라면, 스타벅스 코인은 그 공통 언어를 측정하는 새로운 가치 단위가 될 수 있다는 것이다. 즉, 스타벅스의 스테이블코인은 단순한 리워드 포인트를 넘어, 생활 환율(Life Exchange Rate)의 기준으로 기능할 가능성을 지닌다.

이는 화폐의 탈중앙화라기보다, 오히려 생활 경험을 중심으로 한 재중앙화(Re-centralization)에 가깝다. 국가가 아니라 브랜드가, 금리가 아니라 경험이, 환율이 아니라 커피 가격이 경제의 기준이 되는 구조다. 스타벅스 코인은 경제를 전문 용어가 아닌 일상의 언어로 다시 설계하려는 실험이며, 세계인의 감각과 체감을 가장 잘 반영한 새로운 가치 단위로 진화할 잠재력을 보여준다.

관계의 진화: 국경을 넘어 연결되는 리워드, 브랜드 연합체로 확장된다

지금까지 스타벅스의 로열티 프로그램은 철저하게 '국가 단위의 폐쇄 생태계'였다. 한국에서 쌓은 포인트는 오직 한국에서만 사용할 수 있고, 도쿄나 뉴욕, 파리에서는 아무런 가치도 갖지 못했다. 이는 글로벌 소비자에게 가장 큰 불편 중 하나였다. 스타벅스를 세계 어디에서나 동일한 경험으로 즐기지만, 정작 그 경험을 연결해주는 '포인트'는 국경을 넘지 못했던 것이다.

그러나 스테이블코인이 도입되면 이야기가 완전히 달라진다. 스타벅스가 발행하는 스테이블코인 SBC는 전 세계 어디서나 동일한 가치로 사용할 수 있는 국경 없는 리워드를 실현한다.

예를 들어 한국에서 적립한 100 SBC는 베를린의 스타벅스 매장, 시드니 공항의 스타벅스 키오스크, 뉴욕의 스타벅스 리저브 바에서도 동일한 가치로 결제된다. 이것은 스타벅스 고객이 오래 전부터 원해왔던 첫 번째 '글로벌 생활 화폐(Global Lifestyle Currency)'라고 할 수 있다. 출장을 다니는 직장인, 여행객, 유학생, 글로벌 디지털 노마드에게 스타벅스 코인은 사실상 '전 세계 어디서나 통용되는 일상 화폐'가 되는 셈이다.

여기서 더 흥미로운 변화와 진화가 일어난다. 스타벅스는 단순히 커피 회사가 아니라, 지역상권 전체를 하나의 소비 생태계로 묶는 플랫폼으로 진화할 수 있다.

예를 들어, 스타벅스 매장 반경 1km 안의 식당, 서점, 헬스장, 영화관, 공연장, 베이커리 같은 로컬 상점들이 SBC를 공통 결제수단으로 도입한다고 해보자. 이 경우 소비자는 점심을 레스토랑에서 먹고, 커피는 스타벅스에서 마시고, 책은 근처 서점에서 사고, 저녁에는 공연을 보는 하루의 모든 소비를 하나의 화폐(SBC)로 완결할 수 있다.

이 구조를 '커피 기반 생활 클러스터(Coffee-based Lifestyle Cluster)'라고 부를 수 있다. 스타벅스가 지역 화폐의 역할을 하기 시작하는 순간, SBC는 단순한 리워드 포인트가 아니라 지역 경제를 연결하는 생활 인프라가 된다. 스타벅스는 커피를 파는 브랜드에서 도시 생활의 결제 생태계를 설계하는 플랫폼 기업으로 변신할 수 있는 잠재력을 갖게 된다.

운영의 진화: 공급망이 곧 결제망이 된다

스타벅스의 글로벌 운영 체계는 전 세계 수백만 커피 농가와 수천 개의 물류 거점, 수만 개의 매장이 하나의 가치사슬로 연결된 초대형 네트워크다. 그러나 지금까지 이 네트워크는 회계·물류·결제 시스템이 서로 분리된 채 작동해 왔고, 그 결과 수많은 절차와 시간 지연, 불필요한 조정 비용이 발생해 왔다.

스테이블코인이 도입되면 이 구조는 근본적으로 바뀐다. 상품의 이동과 돈의 흐름, 그리고 데이터 기록이 하나의 흐름으로 통합된 단일 결제망, 즉 '데이터 기반 지급결제 체인(Payment Chain)'이 형성되기 때문이다. 이때부터 스타벅스의 운영은 물류가 움직이면, 결제도 동시에 움직이는 구조로 전환된다.

이를 케냐의 커피 농가에서 원두를 수확하는 장면부터 상상해보자. 원두가 물류창고에 도착하는 순간, AI 센서는 원두의 품질과 함수율, 등급을 자동으로 판정한다. 품질이 기준을 충족하는 즉시 스마트 컨트랙트가 발동되고, 농가에는 약정된 대금의 60%가 지체 없이 송금된다. 이후 원두가 선적되어 목적지 물류창고에 도착하고, 운송 과정에 문제가 없다는 것이 확인되면 나머지 40%의 잔금이 자동으로 정산된다. 이 전 과정에서 발생한 품질 데이터, 운송 정보, 지급 내역은 모두 블록체인에 실시간으로 기록되어 누구나 검증할 수 있는 상태로 남는다.

이러한 운영 체계에서는 더 이상 사람이 결제를 승인하거나, 회계 시스템이 월말을 기다려 장부를 정리할 필요가 없다. 원두가 이동하면 지불이 함께 이동하고, AI가 품질을 판정하면 계약이 자동으로 실행되며, 거래가 발생하는 즉시 회계에도 동시에 반영된다. 물류·결제·회계가 하나의 알고리즘으로 통합되는 것이다.

이 구조는 스타벅스만의 미래가 아니다. 글로벌 식품, 패션, 화장품, 제조 산업 전반에서 공급망은 점차 '지불이 포함된 운영 네트워크'로 재편될 것이다. 스테이블코인은 단순한 결제 수단이 아니라, 산업 운영 자체를 재설계하는 핵심 인프라로 자리잡게 된다.

Star Pension Network (강미연 학생)

강미연 학생은 스타벅스를 '생활형 연금기관'으로 상상했다. 매일 커피를 마실 때마다, 구매 금액의 일정 비율이 자동으로 개인 지갑에 적립되고, AI가 이를 글로벌 펀드로 운용한다. 상호 관계가 많아질수록 고객은 단순한 소비자가 아니라 스타벅스 생태계의 투자자가 된다.

하루의 습관이 연금이 되는 경제 — 이것이 Star Pension Network의 핵심 철학이다.

초개인화의 진화: 나만의 '커피 유전자 지도'가 만들어진다

AI가 고객의 기분, 수면 패턴, 일정, 건강 상태를 실시간으로 읽어 그날의 최적 음료를 제안할 수 있다. 아침엔 카페인 20% 감소형 블렌드, 오후엔 집중력 강화형 콜드브루, 밤엔 수면 유도 향 블렌드. 이렇게 형성된 데이터는 고객의 커피 유전자 지도(Coffee Genome)로 축적된다. AI

는 감정의 패턴을 학습해 "오늘은 당신의 마음이 피곤하군요. 디카페인 라떼로 바꿔드릴까요?"라고 제안한다. AI의 제안을 받아들이기로 결정하는 순간, 결제가 완료된다.

Experience Finance: 감정이 리워드가 된다 (권도엽 학생)

권도엽 학생은 스타벅스를 '감정의 리워드 기관'으로 재정의했다. 고객이 하루 동안 쌓은 기억, 대화, 휴식, 만족의 순간이 블록체인 상의 데이터로 기록되고, AI는 이를 분석해 감정 자산화 점수(Emotional Asset Score)를 부여한다. 이 점수가 리워드로 변환되어 다음 커피에 할인 혹은 혜택으로 이어진다. 즉, 행복의 정도가 경제적 가치로 환원되는 구조다. 소비가 금융이 되고, 경험이 자산이 되는 시대. 그는 이렇게 말했다.

"금융은 수익을 쫓는 시스템이 아니라, 관계를 기록하는 언어가 되어야 한다."

이 아이디어는 단순한 리워드 프로그램이 아니라 '감정 데이터 기반 경제(Emotional Data Economy)'의 시작을 예고한다.

새로운 여행객 금융 비즈니스: 여행과 화폐의 통합 플랫폼을 만든다

스타벅스는 85개국, 38,000개 매장의 글로벌 네트워크를 갖고 있다. 이 플랫폼에 스테이블코인을 결합하면 여행 금융의 혁명이 시작된다.

공항에 도착하자마자, 고객의 지갑은 자동으로 현지 통화와 SBC 환율을 계산한다. 커피 한 잔, 택시 요금, 호텔 체크인 모두 SBC로 결제된다. 여행자 보험은 결제와 동시에 작동한다. 비행기가 3시간 이상 지연

되면, AI가 자동으로 보험금을 코인 형태로 환급한다. 여행 중 획득한 리워드는 스타벅스가 여행객의 이름으로 지구를 살리는 ESG 프로젝트에 기부한다. (최효진 학생의 아이디어)

스테이블코인으로 무장된 스타벅스는 더 이상 커피 브랜드가 아니라, '여행의 화폐(The Currency of Experience)'로 자리잡는다. 소비자가 환전을 위해 은행을 찾을 이유가 사라지는 순간, 스타벅스는 여행금융 산업의 새로운 중심이 된다.

최효진 학생은 말했다. "세계 어디서든 커피 한 잔이 나의 신용이 되면, 그것이 진짜 글로벌 금융의 시작 아닐까요?"

Travel-Fi, 즉 '여행과 커피가 통합된 금융'은 국경 없는 화폐의 현실적 첫 장면이 될 수 있다.

"하루의 습관이 연금이 된다" (강미연 학생)

강미연 학생은 스테이블코인을 단순한 결제수단으로 보지 않았다. 그녀는 스타벅스를 생활형 금융기관(Lifestyle Bank)으로 재정의했다.

매일 커피를 마실 때마다 일정 금액이 자동으로 적립되고, AI가 이를 소액 투자 펀드로 운용한다. 고객은 시간이 지날수록 단순한 소비자가 아니라 스타벅스 생태계의 공동 투자자(Co-Investor)가 된다.

이 구조를 그녀는 'Star Pension Network'라 이름 붙였다. 커피 한 잔의 습관이 쌓여 미래의 연금이 되고, 고객은 자신의 소비로 노후를 설계하게 된다.

"커피를 마시는 일은 사라지는 소비가 아니라, 남는 시간의 축적이어야 합니다."

그의 말처럼, 스타벅스의 새로운 자산은 돈이 아니라 시간이다.

PART 3

Intelligence

AI로 증강되는 일터, 하이브리드 인텔리전스

Decoupling
Regulation
Hybrid Intelligence
Vitality
Ecology

"AI는 이제 기업의 또 다른 구성원이다. 지시받는 도구가 아니라, 협력하고 학습하는 동료가 되었다."

2024년은 생성형 AI가 개인의 업무 생산성 향상 잠재력을 입증한 '생성형 AI 1.0 시대'였다. 2025년에 들어서며 글로벌 선도 기업들은 한 단계 더 나아가, AI를 조직의 지식과 프로세스로 미세조정해, 기업 고유의 전문 에이전트로 발전시키기 시작했다. 이 시점은 '생성형 AI 2.0', 즉 조직형 AI의 출발점이라 할 수 있다. AI는 기업 운영 방식을 기능 중심에서 에이전트 중심으로 재편하고 있다.

2026년 이후 AI는 단일 모델을 넘어 협업형 다중 지능(Multi-Agent Collaboration)으로 진화한다. 데이터와 패턴을 학습해 판단을 돕는 디지털 AI, 로봇과 센서를 통해 현실에서 행동하는 피지컬 AI, 언어·이미지·코드를 창조하는 생성형 AI가 서로를 증강하며 인간과 협력하는 구조가 형성된다.

이 세 가지 AI가 인간의 직관과 감성, 상상력과 결합할 때 '하이브리드 인텔리전스', 즉 인간과 AI가 상호 증강하는 지능이 완성된다. 기업은 AI를 활용하는 단계를 넘어 AI와 함께 공진화하는 유기체로 전환된다. 단일 AI가 부서별 효율을 높였다면, 멀티 에이전트는 기업의 가치사슬 전체를 하나의 지능망으로 연결한다. AI들은 데이터를 교환하고 신호를 주고받으며 인간의 의사결정을 보완하는 '지능의 합주'를 만들어낸다.

과거 기업이 분리된 부서의 집합이었다면, 미래 기업은 각 영역에 AI 협력자가 존재하는 유기적 네트워크다. R&D의 AI는 아이디어를 탐색하고, 공장의 AI는 품질을 자율 보정하며, 물류의 AI는 수요를 예측하고, 마케팅의 AI는 고객 맞춤형 스토리를 실시간으로 생성한다. 이 모든 과정은 인간과의 상호작용 속에서 진화한다.

AI는 더 이상 효율의 도구가 아니라 조직의 사고방식과 인간의 역할을 재정의하는 존재다. 이제 기업의 질문은 분명하다. "AI와 어떻게 공존하고 협력할 것인가?" 본 장은 AI와 인간이 함께 가치사슬과 조직의 신경망을 재구성하며, 기업이 하이브리드 인텔리전스 기반의 '지능적 유기체'로 진화하는 과정을 다룬다. AI가 인간과 함께 진화하는 순간, 경영의 구조와 경쟁의 법칙은 완전히 달라진다.

AI 에이전트 패러다임의 도래: 도구에서 동료로 AI의 지위가 바뀌는 순간

1

AI 에이전트는 단순히 지시를 수행하는 시스템이 아니라, 스스로 목표를 이해하고, 상황을 학습하며, 다른 AI 및 인간과 협력하여 결과를 도출하는 자율적 지능체(Autonomous Intelligence)다. AI가 명령받는 손이 아니라, 함께 일하는 두뇌가 된 것이다.

이 변화는 2023년 오픈AI의 GPTs, 앤트로픽의 클로드 AI, 그리고 구글의 제미나이(Gemini Agents)의 등장으로 촉발되었다. 하나의 대화형 모델을 넘어, 복수의 AI가 역할을 나누어 상호작용하는 협업 구조(Multi-Agent Collaboration)가 가능해지면서, AI는 '조직 구성원'의 자리를 차지하기 시작했다.

AI 에이전트, 자동화에서 자율적 협력자로

생성형 AI 3.0의 시대

AI의 진화는 단순한 도구의 고도화가 아니라, 조직 구조 자체의 재편(Reconfiguration)을 의미한다. 이 변화는 단계적으로 진행되고 있으며, 각 단계마다 기업이 일하는 방식과 의사결정 구조를 근본적으로 바꿔 놓고 있다.

AI 1.0 단계는 개인 생산성 향상의 시기였다. 2024년을 전후해 ChatGPT, Copilot, Notion AI와 같은 도구들이 확산되며, AI는 개인의 문서 작성, 요약, 코드 보조, 일정 관리 등을 돕는 '지능형 업무 비서'로 자리잡았다. 이 단계에서 AI는 조직을 바꾸기보다는, 개인의 업무 속도와 효율을 높이는 데 초점이 맞춰져 있었다.

AI 2.0 단계에 들어서면서 변화의 중심은 개인에서 조직으로 이동했다. 2025년을 기점으로 AI는 기업 내부의 데이터, 업무 매뉴얼, 규정과 지식 체계를 학습한 '기업 맞춤형 에이전트'로 진화한다. 모건스탠리의 금융자문 AI나 PwC의 세무 Copilot처럼, 특정 산업과 업무에 특화된 AI가 등장하며, 조직의 암묵지와 노하우를 디지털 에이전트로 구현하기 시작한 것이다. 이 시점부터 AI는 단순 보조 도구를 넘어, 조직의 전문성을 확장하는 역할을 맡게 된다.

AI 3.0 단계는 2026년 이후 본격화될 협업형 멀티 에이전트 생태계다. 이 단계에서는 마케팅, 물류, 연구개발, 재무 등 기능별 AI 에이전트들이 서로 대화하고 협업하며 기업 전체의 의사결정을 지원한다. 각 에이전트는 자신이 담당한 영역의 데이터를 실시간으로 분석하고, 그 결과를 다른 에이전트와 공유함으로써 인간이 처리하기 어려운 복합적 판단을 집단 지능 형태로 보완한다. 조직은 더 이상 사람 중심의 수직 구조가 아니라, 인간과 AI 에이전트가 함께 작동하는 네트워크형 지능 구조로 전환된다.

가트너 그룹은 이러한 변화를 명확히 예고한다. 2024년에는 사실상 0%에 불과했던 AI 에이전트의 업무 참여 비중이, 2028년에는 일상적인 업무와 의사결정의 최소 15%를 담당하게 될 것이라는 전망이다. 이는 AI가 조직의 주변부가 아니라, 핵심 운영 주체로 편입된다는 의미다. 결국 AI의 진화는 기술 트렌드가 아니라, 기업 조직과 경영의 기본 설계를 다시 쓰는 구조적 변화의 신호다.

AI 에이전트: 스스로 판단하고 행동하는 '디지털 직원'

AI 에이전트는 특정 목표를 달성하기 위해 독립적으로 판단하고 행동하는 자율적 시스템이다. 쉽게 말해 기업 내에서 자기가 맡은 미션을 수행하는 '디지털 요원(Digital Agent)'이다. 영화 '미션 임파서블'의 톰 크루즈처럼, 각 요원은 자신에게 주어진 임무를 이해하고, 필요한 정보를 수집하며, 다른 요원(에이전트)들과 협력하여 목표를 완수한다.

AI 에이전트는 목표 인식과 상황 판단, 의사결정 및 실행, 협력과 학습이라는 3단계 엔진으로 작동한다. 이 구조 덕분에 AI는 단순 자동화 도구를 넘어 자율적으로 사고하고 행동하는 존재로 진화한다.

첫 번째는 인지 엔진이다. 인지 엔진은 AI가 목표를 이해하고 현재 상황을 해석하는 역할을 맡는다. 사용자의 지시나 기업의 전략 목표를 읽고, 무엇이 중요한지 판단하며, 주어진 맥락 속에서 문제를 정의한다.

최신 대규모 언어모델들은 이 단계에서 인간의 사고에 가장 가까운 추론과 맥락 이해를 수행한다.

두 번째는 실행 엔진이다. 실행 엔진은 인지 단계에서 내려진 판단을 실제 행동으로 옮긴다. 업무 시스템과 연결되어 데이터를 조회하고, 문서를 생성하며, 발주·예약·알림·보고 같은 작업을 자동으로 수행한다. 이 단계에서 AI는 더 이상 화면 속에 머무르지 않고, 기업의 IT 시스템과 프로세스 안으로 직접 들어가 움직인다.

세 번째는 학습 엔진이다. 학습 엔진은 실행 결과를 다시 분석해 다음 행동을 개선한다. 성공과 실패의 차이를 학습하고, 피드백을 축적해 점점 더 나은 판단을 내리도록 스스로를 조정한다. 이 과정을 반복할수록 AI는 정교해지고, 조직의 업무 방식과 맥락에 점점 더 잘 맞는 동료로 성장한다.

이 세 가지 엔진이 하나로 결합될 때, AI는 사람이 시킨 일을 그대로 수행하는 도구에 머물지 않는다. 목표를 이해하고, 상황을 판단하며, 스스로 실행하고 학습하는 존재로 진화한다. 다시 말해 AI 에이전트는 '자동화된 프로그램'이 아니라, 인간과 함께 일하며 성과를 만들어내는 지능적 동료가 되는 것이다.

예를 들어 기업의 마케팅 에이전트가 "다음 달 신규 고객 확보율을 10% 높이라"는 목표를 부여받았다고 가정해 보자. 이때 AI는 먼저 CRM 데이터를 분석해 가장 전환 가능성이 높은 타깃 고객군을 스스로 정의한다. 이어 콘텐츠 생성 에이전트와 협업해 해당 고객군에 최적화된 광고 문안을 설계하고, 동시에 예산 조정 에이전트와 논의해 채널별·캠페인별 최적의 예산 배분안을 도출한다. 캠페인이 실행되면 그 결과를 즉시 분석해 성과 요인을 학습하고, 다음 캠페인 전략에 자동으로 반영한다.

이 모든 과정은 사람의 승인이나 개입 없이 실시간으로 이어진다. 바로 이 지점이 AI 에이전트 혁신의 본질이다. 단순히 반복 업무를 대신하던 '자동화(Automation)'의 단계를 넘어, 목표를 중심으로 여러 에이전트가 협력하며 스스로 판단하고 실행하는 '자율적 협업(Auto-Cooperation)'의 시대로 진입한 것이다.

AI는 이제 기업의 보고서를 대신 쓰는 것을 넘어 조직의 사고방식을 바꾸고 있다. AI가 일하도록 '조직을 설계하는 기업'이 시장을 선도하게 될 것이다. 기업의 전략, 조직문화, 리더십, 인사제도는 모두 이 새로운 협력의 언어를 받아들이는 방향으로 재편되어야 한다. AI는 단일한 존재가 아니라, 하나의 기업을 구성하는 생태계(Ecosystem)다. 이 생태계를 얼마나 정교하게 설계하느냐가, 미래 기업의 생존을 결정짓는다.

왜 한국인의 생성형 AI 사용 시간이 미국보다 두 배인데 생산성 향상은 50%밖에 안되는가?

2025년 8월, 한국은행은 'AI의 빠른 확산과 생산성 효과' 보고서를 통해 놀라운 사실을 공개했다. 한국 근로자들은 전 세계에서 가장 빠르게 AI를 받아들이고 있으며, 생성형 AI 활용 시간은 미국의 2배 이상이었다.

한국과 미국의 생성형 인공지능(AI) 활용률 비교(단위: %)

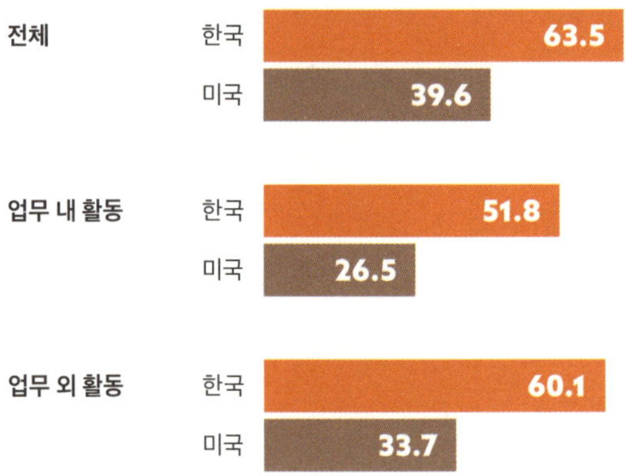

(출처: 한국은행)

그러나 AI 사용량은 세계 1위인데, 생산성 향상 효과는 미국의 절반 수준(50%)에 그쳤다. 이는 활용 방식과 조직 구조의 차이에서 비롯된 현상이다.

글로벌 리더는 '멀티 에이전트 3.0', 한국은 아직 '1.0' 단계

현재 글로벌 선도 기업들은 이미 멀티 에이전트를 도입하는 AI 3.0 단계, 즉 AI가 기업의 가치사슬 전체를 재설계하고 경쟁우위를 창출하는 단계로 진입하고 있다.

예컨대, 마이크로소프트·아마존·P&G·BMW 같은 기업들은 AI를 단순한 도구가 아닌 '전략적 협력자(Strategic Partner)'로서 운용한다. 이들은 AI를 통해 생산·물류·고객 경험·전략 의사결정의 전 과정을 연결하고, 각 부서에 '전문화된 에이전트'를 배치하여 가치사슬 전체의 최

	미국 기업	한국 기업
조직 활용 단계	팀/에이전트	개인 활용
업무 단축시간(주)	3시간 단축	1.5시간 단축
일반업무 생산성 향상	5%	1%
SW 개발 생산성	55%	10%
고숙련 프롬프트 사용	45%	20%
사내 인프라통합	ERP 등 연동	미흡
가이드 라인	워크플로우 개선용	사내 도입용
보안체계	가드레일 시스템	API 의존

한국과 미국의 AI 활용 방법과 생산성 격차(출처: 한국은행)

적화를 실현하고 있다.

반면 한국의 많은 기업들은 여전히 생성형 AI 1.0 수준에 머물러 있다. AI를 조직의 구조적 혁신 도구로 활용하지 못하고 개인 단위의 업무 효율 향상이나 보고서 자동 작성 수준에 머물러 있다. AI의 '활용량'은 많지만, '활용 깊이'가 얕은 것이다.

한국은 기술 수용 속도, 학습 능력, 디지털 적응력 면에서 세계 최고 수준이다. 문제는 조직 차원의 전략적 활용 능력이다. AI를 업무의 보조 수단이 아닌 '업무의 구조'로 통합해야 하는데, 한국의 많은 기업은 여전히 개인 중심(AI 1.0)의 사용에 머물러 있다. AI가 생산성 향상으로 이어지지 않는 이유는 AI가 업무 효율화의 '도구'로만 쓰이고, 경쟁력 향상을 위한 협력 구조(Orchestration)로 연결되지 않았기 때문이다.

경쟁우위 달성을 위한 AI 도입 4단계 전략

한국은행 보고서와 글로벌 AI 선도 기업들의 사례를 종합해 보면, 기업이 AI를 통해 실질적인 경쟁우위를 확보하기 위해서는 명확한 단계적 진화 전략이 필요하다. 이 과정은 단순한 기술 도입의 문제가 아니라, 조직과 전략의 성숙도를 함께 끌어올리는 경로에 가깝다.

첫 번째 단계는 비체계적(Ad-hoc) 단계로, 일부 개인이나 특정 부서가 비공식적으로 AI를 활용하는 초기 실험 단계다. 현재 다수의 한국 중소기업이 여기에 머물러 있으며, AI는 개인 생산성을 높이는 보조 도구로 제한적으로 사용된다.

두 번째 단계는 공식화된(Formalized) 단계다. 기업 차원에서 AI 도입을 공식화하고, 전사적 활용 정책과 가이드라인을 마련한다. 한국의 주요 대기업 상당수가 이 수준에 도달해 있으며, AI는 업무 효율을 높이는 공통 도구로 자리잡기 시작한다.

AI 도입 4단계 전략

세 번째 단계는 전략적(Strategic) 단계로, AI 에이전트가 기업의 전략 목표와 직접 연결된다. AI 활용이 단발성 업무 개선을 넘어, 핵심 프로젝트와 경영 과제에 결합되며 조직의 일부 기능을 실질적으로 대체·보완한다. 글로벌 대기업들이 이 단계에서 경쟁력을 강화하고 있다.

네 번째 단계는 고도화된 혁신(Innovate) 단계다. 이 단계에서 기업은 가치사슬 전체를 AI 중심으로 재설계하고, 기존에 없던 비즈니스 모델을 창출한다. 멀티 에이전트 기반의 협업 구조가 정착되며, AI는 더 이상 도구가 아니라 기업 혁신을 주도하는 핵심 행위자가 된다. 글로벌 선도 기업들은 이미 이 영역으로 진입하고 있다.

현재 한국 기업들의 위치는 대체로 2단계이거나 3단계의 초입이다. 반면 글로벌 선도 기업들은 3단계에서 4단계로 이동하고 있고, 이 격차는 단순한 AI 사용 시간과 빈도의 차이를 넘어서 AI와 인간과의 협업이 만들어내는 질적 생산성 향상과 경쟁우위 차별화의 성과 차이로 이어지고 있다.

지금 한국 기업에 필요한 것은 더 많은 AI 도입이나 빠른 확산이 아니다. 진정으로 중요한 과제는 AI 에이전트를 중심으로 조직 자체를 재설계하는 일이다. AI가 사람을 보조하는 도구에 머무르는 것이 아니라, 사람이 AI와 함께 일하도록 업무와 권한, 의사결정 흐름을 다시 짜야 한다. 부서 단위의 생산성을 높이는 데서 벗어나, 가치사슬 전체가 AI를 매개로 협업하는 구조로 전환해야 한다. 단순히 범용 Copilot을 사용하는 수준을 넘어, 각 기업의 미션과 전략에 특화된 멀티 에이전트 생태계를 구축하는 것이 핵심이다.

한국의 근로자들은 이미 세계 최고 수준의 디지털 학습 능력을 갖추고 있으며, 새로운 기술을 받아들이는 속도 또한 매우 빠르다. 문제는 기술 수용 능력이 아니라 방향 설정이다. 이제 한국 기업과 인재는 AI의 사용자(User)에 머무를 것인지, 아니면 AI를 통해 새로운 산업 질서를 만들어내는 혁신자(Innovator)로 도약할 것인지를 선택해야 하는 시점에 서 있다.

JP모건의 조직 혁신과 에이전트 추진 사례

"늦게 출발했지만 가장 빠르게 진화한 조직"

2023년까지만 해도 JP모건은 생성형 AI 도입에 신중했다. AI의 불확실성과 보안 위험을 이유로, 내부 파일럿조차 제한적으로 운영하던 기업이었다. 그러나 1년 후, JP모건은 완전히 다른 기업이 되어 있었다.

2024년 9월, 이 은행은 전 세계 14만 명의 직원에게 생성형 AI 개인비서(GenAI Assistant)를 일괄 배포하며, 금융권 역사상 가장 큰 규모의 AI 전사 확산을 단행했다. 사장 겸 COO 다니엘 핀토(Daniel Pinto)는 다음과 같이 선언했다.

"생성형 AI는 금융 비즈니스의 전체 워크플로를 재구성할 것이다. 이 기술은 조직의 모든 구성원에게 '생산성의 곱셈 효과'를 가져올 잠재력을 갖고 있다."

이 문장은 AI를 단순한 효율의 도구가 아니라 '조직 역량의 증강 파트너'로 보는 관점을 압축적으로 보여준다.

AI 비서에서 멀티 에이전트 생태계로, 조직 DNA의 전환

JP모건은 생성형 AI를 단순한 생산성 도구가 아니라, 조직의 작동 방식을 바꾸는 핵심 인프라로 정의한 대표적인 사례다. 이들의 접근은 기술 도입이 아니라 조직 재설계에 가깝다.

JP모건의 AI 전환은 단계적으로 추진되었다. 첫 단계는 2024년 1월, 전 관리자급을 대상으로 한 생성형 AI 교육과 실무 워크숍이었다. JP모건은 이 시점에서 AI 활용을 새로운 '직무 스킬'이 아니라, 앞으로 조직 전체가 공유해야 할 문화적 역량으로 규정했다. 관리자가 먼저 AI를 이해하고 받아들이지 않으면, 조직 전반의 전환은 불가능하다는 판단이었다.

두 번째 단계는 기술 인프라의 근본적 전환이었다. 클라우드 이전, 핵심 애플리케이션의 리팩토링, 신규 데이터센터 구축을 통해 AI가 실제 업무에 적용될 수 있는 기반을 먼저 마련했다. 이는 AI를 얹기 위한 준비가 아니라, AI 중심 조직으로 가기 위한 구조 정비였다.

세 번째 단계는 2024년 9월, 전 직원을 대상으로 한 AI 비서의 일괄 배포였다. 이 AI는 단순한 개인 비서를 넘어, 부서별 업무 에이전트와 고객 서비스 에이전트로 확장되었다. 그 결과 AI는 특정 부서의 실험이 아니라, 전사적 협업의 공통 언어로 자리잡기 시작했다. JP모건은 이 일련의 전환을 통해 20억 달러 이상의 생산성 개선 효과를 기대하고 있다.

이러한 변화의 핵심에는 JP모건이 자체 구축한 내부 전용 AI 플랫폼, LLM Suite가 있다. 이 플랫폼은 오픈AI 기술을 기반으로 설계되었지만, 금융기관에 요구되는 보안과 신뢰성을 최우선 가치로 삼았다.

2024년 약 6만 명이 사용하던 이 시스템은 2025년 20만 명 이상으로 확대될 예정이다.

LLM Suite는 문서 요약, 법규 검토, 코드 작성, 콜센터 질의응답, 금융 자문 보조 등 다양한 업무에 활용되고 있다. 기술적으로는 RAG(Retrieval Augmented Generation) 구조와 강력한 가드레일 시스템을 결합해, 잘못된 정보 생성과 보안 사고 가능성을 최소화했다. SSO 기반의 통합 인증과 기업 ID 연동을 통해 접근 권한을 엄격히 관리하고, 민감 데이터 차단과 출력 검수 레이어를 추가해 정보 유출을 원천적으로 통제했다. 또한 모든 주요 의사결정에 사람의 판단을 거치도록 하는 '휴먼 인 더 루프(Human in the Loop)' 절차를 유지함으로써, AI 판단의 신뢰성을 제도적으로 보완했다.

특히 주목할 점은 JP모건의 AI 시스템이 생성하는 모든 답변에 근거 문서와 출처 레퍼런스가 자동으로 포함된다는 점이다. 이는 사내 AI 윤리 기준과 감사 투명성을 동시에 충족시키는 장치로, 금융기관이 직면한 AI 활용의 세 가지 난제—보안, 정확성, 신뢰성—를 기술적으로 해결한 첫 사례로 평가받는다.

그 결과 JP모건은 고객 문서와 정책 조회 속도를 10배 이상 단축했고, 콜센터 응답 정확도는 20% 이상 향상되었으며, 컴플라이언스 위반 건수 역시 획기적으로 감소했다. 이 사례는 AI가 인간의 판단을 대체하는 존재가 아니라, 판단의 신뢰성을 확장하는 협력자로 작동할 수 있음을 보여준다.

JP모건의 실험은 분명한 메시지를 던진다. AI 경쟁력의 핵심은 더 강력한 AI가 아니라, AI가 작동할 수 있도록 조직을 어떻게 설계하느냐에 달려 있다는 것이다.

생성형 AI 가드레일: 안전하고 책임 있는 생성형 AI 활용으로 가는 길

AI 가드레일이란 생성형 AI가 기업 환경에서 안전하고 책임 있게 작동하도록 설계된 '보호 장치'를 말한다. 이는 AI가 윤리·법규·보안 기준을 넘지 않도록 하는 구조적 통제 장치다. 가드레일은 '제한 시스템'이 아니라, AI의 잠재력을 안전하게 발휘하도록 하는 조건이다. 기업은 이를 강화함으로써, AI의 창의적 활용은 유지하면서도 의도치 않은 오류, 개인정보 유출, 규제 위반으로부터 조직을 보호할 수 있다.

예를 들어 인사부서에서 채용 인터뷰를 한 다음 생성형 AI에게 "이번 면접자 답변을 분석해서 적합도를 평가해줘"라고 요청하는 상황을 가정해 보자. 가드레일 적용 전이라면 AI가 성별, 나이, 말투 등 비본질적 요소에 따라 편향된 평가를 내릴 가능성이 있다. 그러나 가드레일 적용 후에는 AI가 '공정성 규정'을 기반으로 평가에 영향을 주면 안되는 항목(성별·나이·억양 등)을 자동으로 배제하고, 오직 역량, 논리, 직무 관련성만 분석하도록 제한된다.

가드레일로 기업은 AI의 편향을 통제하면서도 객관적 평가 효율을 높일 수 있다.

'Quest IndexGPT', 고객 서비스 에이전트의 혁신

2024년 7월, JP모건은 기관 투자자를 위한 GPT-4 기반 AI 투자 플랫폼인 Quest IndexGPT를 공식 출시하며 금융산업에서 AI를 단순 생산성 도구를 넘어 수익 창출 비즈니스 에이전트로 확장한 대표적 사례를 만들었다. 이 플랫폼은 글로벌 시장에서 5,000개가 넘는 지수와 관련 데이터를 분석할 수 있도록 설계된 AI로, 투자 테마와 관련된 핵심 키워드를 자동 생성하고, 뉴스 기사·시장 리포트·공시를 실시간으로 읽어 테마별 투자 인덱스를 구성해 준다. 기존의 지수는 기업 펀더멘털과 과거 실적 중심으로 만들어졌지만, Quest IndexGPT는 AI가 트렌드와 시황을 반영한 키워드를 기반으로 자동으로 투자 항목을 선택함으로써 새로운 투자 테마에 빠르게 대응할 수 있게 한다.

이 플랫폼은 전통적인 인덱스 구축 프로세스에 비해 시간과 비용, 정확도 측면에서 구조적 개선 효과를 창출한다. AI는 인간 애널리스트가 수동으로 뉴스와 리포트를 탐독하던 작업을 자동화해, 테마 인덱스를 빠르게 설계할 수 있도록 돕는다. 이를 통해 JP모건은 인덱스 생성 시간과 운영 비용을 줄이고, 고객이 원하는 테마 전략을 신속하게 제공할 수 있게 되었다. 또한 기관 투자자들은 블룸버그나 Vida 같은 거래 플랫폼을 통해 이 AI 기반 인덱스를 접할 수 있어, 상품 출시까지의 시간 지연을 크게 줄이고 시장 기회를 선점할 수 있다는 평가를 받고 있다.

Quest IndexGPT의 등장은 금융 서비스 분야에서 AI가, 뒤에서 지원하는 툴을 넘어 실제 수익에 기여하는 비즈니스 상품으로서의 가능성을 보여준다. 기존에는 제품 개발과 투자 분석에 많은 시간이 소요되었으나, 생성형 AI를 활용하면 투자 테마를 발굴하고 지수를 설계하는 속도가 크게 개선되며, 이는 곧 JP모건의 전략 인덱스 사업 확대와 시장 점유율 강화로 이어지고 있다는 평가다. 이 사례는 금융 산업뿐 아니라 모든 가치사슬에서 AI가 단순히 데이터를 처리하는 도구를 넘어, 고부가가치 비즈니스 기능을 수행하는 에이전트로 진화하고 있음을 상징한다.

한국 기업을 위한 통찰, AI 전환은 기술 혁신이 아니라 조직 혁신이다

JP모건의 사례는 한국 기업들에게 네 가지 핵심 통찰을 제공한다.

1) AI 도입 속도보다 '조직 흡수력'을 디자인하라.

   한국 기업은 AI를 도입하는 속도는 빠르지만, 조직 차원의 운영체계 설계는 느리다. JP모건은 AI 도입 이전에 '조직문화와 인프라 현대화'를 선행했다.

2) AI를 '직원의 도구'가 아닌 '기업 시스템'으로 정의하라.

   AI 비서를 직원별로 배포했지만, 그 핵심은 개인 단위가 아닌 '전사 연결 구조'였다. 한국 기업도 '부서별 AI' 가 아닌 '조직 전체 AI 플랫폼'으로 전환해야 한다.

3) 신뢰와 정확성의 보안 레벨을 먼저 설계하라.

   JP모건은 'RAG + 가드레일' 조합으로 'AI의 불확실성'을 관리했다. 이는 금융 뿐 아니라 의료, 제조, 공공 부문에서도 적용 가능한 핵심 모델이다.

4) 에이전틱 AI보다 '하이브리드 인텔리전스 전략'을 선택하라.

   JP모건은 AI를 완전히 자율화하지 않았다. 대신 AI 에이전트를 인간 의사결정자의 '보조 두뇌'로 활용하는 하이브리드 인텔리전스 전략을 택했다. 이것은 AI의 정확성과 인간의 판단력을 결합한 '신뢰 기반 협업 모델'이다. 이 접근이 금융같이 규제가 엄격한 산업에서 안정적 성과를 냈다는 점은 한국 기업들에 큰 시사점을 준다.

JP모건의 혁신은 AI의 성능이 아니라 리더십의 결단에서 시작되었다. AI 도입을 미루던 조직이 '하루아침에 세계 최고의 AI 조직'으로 바뀐 것은, 기술 도입을 넘어 조직을 재설계하겠다는 의식의 전환 때문이었다.

"AI를 누가 더 잘 쓰느냐가 아니라, 누가 더 빨리 AI와 함께 일하도록 조직을 재설계하느냐가 경쟁우위를 결정한다."

하이브리드 인텔리전스: 인간과 AI의 협력 구조로 진화하다

2

2026년 이후, 인간의 지능은 더 이상 독립적으로 작동하지 않는다. AI는 도구를 넘어, 인간의 감각·판단·창의력을 증강하고 상호작용하며, 함께 진화하는 지능 파트너로서 자리잡게 될 것이다.

- 인간처럼 생각하고 판단하는 두뇌, 디지털 AI
- 인간처럼 행동하며 육체 능력을 증강하는 몸, 피지컬 AI
- 인간처럼 말하고, 쓰고, 형상화하는 언어 능력과 상상력, 생성형 AI

하이브리드 인텔리전스(Hybrid Intelligence, HI)는 이 세 가지 AI와 인간의 직관·상상·공감이 서로 연결되어 작동하는 '4중 협력 구조'의 지능이다. 조직의 지식이 AI를 성장시키고, AI의 인사이트가 인간의 결정을 풍부하게 만드는 순환이 이루어질 때 기업은 비로소 하나의 '하이브리드 지능 생태계'로 진화한다.

이 장에서는 디지털·피지컬·생성형 AI의 상호작용이 만들어내는 새로운 협력 모델, 오케스트레이션의 원리, 그리고 인간과 AI가 공존하는 시대의 5가지 연결 방식을 탐구할 것이다.

하이브리드 인텔리전스, 인간과 AI의 4중 협력 모델

호모 파베르의 역설: 도구가 인간을 다시 만든다

인간은 도구를 만드는 존재, '호모 파베르(Homo Faber)'로 진화해왔다. 그런데 인간이 만든 도구가 인간을 진화시키는 역설적인 상황을 호모 파베르의 역설이라 부른다.

망치를 만든 인간은 건축 문명을 일구고, 인쇄기를 만든 인간은 지식의 민주화를 이루었다. 그리고 AI를 만든 인간은 '지능의 재구성'이라는 새로운 문명의 전환을 맞이하고 있다. AI는 인간이 만든 도구지만, 이제 인간은 AI의 도움 없이는 복잡한 문제를 해결하거나 의사결정을 내리기 어려운 시대가 되었다. 인간은 AI를 통해 새로운 통찰과 창의성을 얻고, AI는 인간의 판단과 데이터를 통해 더욱 정교하게 진화한다. AI는 인간의 지능과 감각, 직관, 윤리 판단을 확장하며 함께 진화하는 협력적 지능 파트너(Co-evolving Intelligence)로 변모하고 있다. 이 협력의 구조를 하이브리드 인텔리전스라 부른다.

하이브리드 인텔리전스의 본질과 작동 방식

하이브리드 인텔리전스는 인공지능의 계산력과 인간의 통찰력을 결합하여, 더 높은 수준의 의사결정과 창의적 문제 해결을 실현하는 지능 구조다. 핵심은 AI의 데이터 처리 능력과 인간의 창의성·직관·윤리성을 조화시키는 상호 증강(Augmentation)에 있다.

- AI에 의해 증강되는 인간 지능(AI-Augmented Human Intelligence): AI의 연산·예측·통찰 능력이 인간의 사고와 실행을 확장시켜, 인간이 더 창의적이고 전략적인 판단을 내릴 수 있도록 지원한다. (예: AI가 데이터를 분석하고, 인간이 그 위에 스토리와 감정을 입힌다)
- 인간 지능에 의해 증강되는 인공지능(Human Intelligence-Augmented AI): 인간의 피드백과 의사결정 패턴이 AI의 학습 데이터로 환류되어, AI가 더

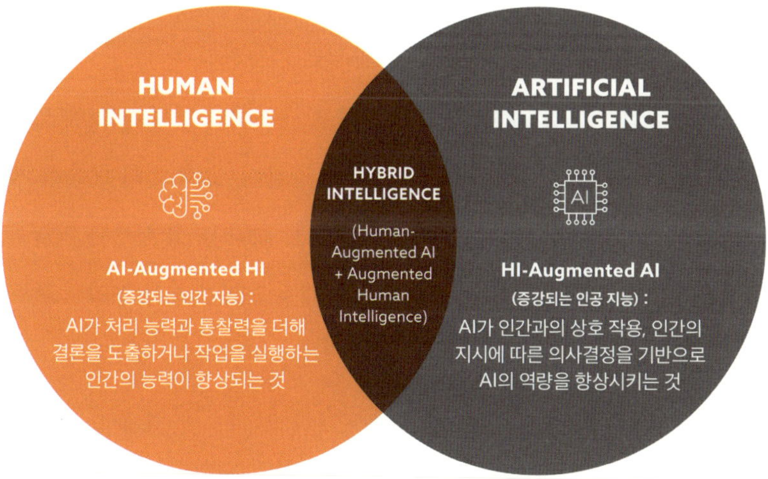

하이브리드 인텔리전스, 인간과 AI의 공진화

정교한 판단과 윤리적 맥락을 이해하도록 만들며, AI 성능이 진화한다.

AI는 인간을 돕고, 인간은 AI를 진화시키는 이 선순환 구조가 하이브리드 인텔리전스의 작동 원리이고, 호모파베르의 역설의 증거이다. 하이브리드 인텔리전스는 인간과 AI가 역할을 나누어 협력하는 네 가지 방식으로 작동한다.

첫째는 협력(Cooperation)이다. 이 구조에서는 AI가 분석과 시뮬레이션을 통해 여러 대안을 제시하고, 인간이 그 결과를 검토해 최종 결정을 내린다. 예컨대 자율주행 시스템이 긴급 상황에서 회피 경로를 계산하면, 인간이 그 판단을 승인하거나 개입하는 방식이다. AI는 판단을 보조하지만, 책임은 인간에게 남는다.

둘째는 증강(Augmentation)이다. AI는 인간을 대체하지 않고, 인간의 인지 능력과 판단력을 확장한다. 의료 영상 분석 AI가 방대한 이미지를 빠르게 분석해 의사의 진단 정확도를 높이듯, 이 단계에서 AI는 인간의 전문성을 강화하는 지능 증폭 장치로 기능한다.

셋째는 위임(Delegation)이다. 반복적이고 규칙적인 업무를 AI에 맡기고, 인간은 전략적 판단과 관계 설계에 집중한다. 고객 문의 대응을 챗봇이 처리하고, 사람은 고객 경험과 서비스 전략을 설계하는 역할을 맡는 구조가 대표적이다. 이는 인간의 시간을 고부가가치 영역으로 이동시키는 전환점이다.

넷째는 보완(Complementation)이다. 인간과 AI가 서로의 한계를 인식하고 이를 메우는 방식이다. AI는 데이터 기반 투자안을 제시하고, 인간은 시장의 정서, 타이밍, 맥락 같은 비정형 변수를 반영해 결정을 조정한다. 이 단계에서는 어느 한쪽이 주도권을 쥐기보다, 역할의 차이가 명확히 분화된다.

이 네 가지 협력 방식은 고정된 단계가 아니라 상호 순환하며 작동한다. 그 결과 인간과 AI는 함께 학습하고 진화하는 공진화적 지능 생태계를 형성하게 된다. 하이브리드 인텔리전스의 본질은 기술이 아니라, 인간과 AI가 어떻게 함께 사고하고 결정하도록 설계되었는가에 있다. 하이브리드 인텔리전스의 등장은 인간의 손에서 시작된 기술이 다시 인간의 사고방식과 조직의 작동 원리를 근본적으로 재편하는 단계에 이르렀음을 의미한다. 이는 도구를 만들던 존재, 즉 호모 파베르(Homo Faber)가 단순히 도구를 사용하는 인간을 넘어, 지능을 설계하고 협업하는 존재로 진화하는 완성 단계라 할 수 있다.

이제 질문은 더 이상 "AI를 얼마나 잘 쓸 수 있는가"가 아니다. "우리는 AI와 함께 사고하고, 함께 판단하며, 함께 성장하는 조직이 될 수 있는가"라는 근본적 질문으로 나아가야 한다. 하이브리드 인텔리전스는 그 질문에 대한 하나의 명확한 대답이다. 인간은 방향과 의미를 제시하고, AI는 속도와 확장을 담당하며, 그 둘이 하나의 지능 생태계로 결합될 때 비로소 미래의 기업과 사회는 지속 가능한 진화를 시작한다. 이것이 AI 시대 경쟁력의 본질이며, 하이브리드 인텔리전스가 지향하는 최종 목적이다.

당신이 꼭 알아야 할 디지털 AI·피지컬 AI·생성형 AI 개념

인공지능은 이제 데이터를 다루는 디지털 AI, 사물을 움직이는 피지컬 AI, 그리고 언어로 소통하고 창의적으로 사고하는 생성형 AI가 서로 연결되며 '지능의 생태계'를 만들고 있다. 이 세 가지 AI는 각각 다른 영역에서 작동하지만, 모두 인간의 지능을 증강하고 확장시키는 공통된 목적을 갖고 있다. 세 가지 AI와 인간의 협업이 자동화를 넘어 '공진화'의 과정이 되려면 '하이브리드 오케스트레이션(Hybrid Ochestration)'이 필요하다. 세 가지 AI와 하이브리드 오케스트레이션의 본질과 실제 산업에서의 변화 사례를 살펴본다.

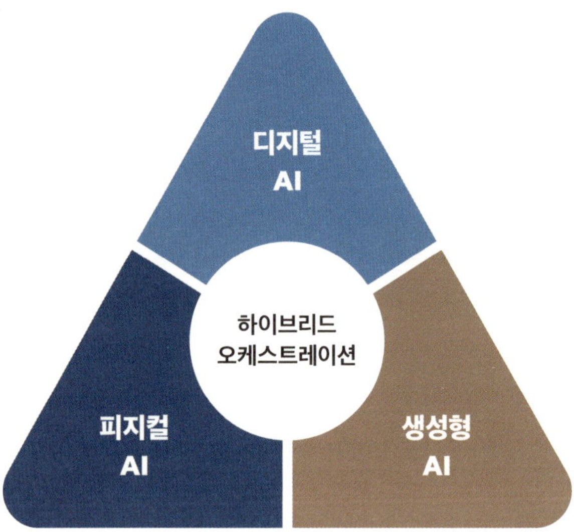

3가지 AI 간의 오케스트레이션

데이터에 지능을 증강하다: 디지털 AI

디지털 AI는 데이터를 통해 인간의 사고를 확장하는 지능 확장자(Intelligence Extender)로서 빅데이터, 알고리즘, 분석 시스템을 활용해 인간이 보지 못한 패턴을 찾아낸다. 디지털 AI는 ERP, CRM, 공급망 관리, 디지털 트윈 등의 시스템 속에서 보이지 않는 두뇌로 작동한다. 데이터를 수집하고, 분석하고, 최적의 의사결정을 제안하는 이 AI는 경영의 '보이지 않는 참모'다.

예를 들어, 아마존은 AI 기반의 수요 예측 시스템을 통해 어떤 상품이 어느 지역에서 언제 팔릴지를 실시간으로 예측한다. 그 결과 불필요한 재고를 줄이고, 물류비를 15% 이상 절감했다. 삼성전자는 반도체 설계 단계에 EDA AI를 적용해 회로 설계 속도를 높이고 불량률을 낮췄다. 과거 사람의 경험에 의존하던 설계와 검증 과정이 이제 데이터 기반으로 최적화된 것이다.

디지털 AI의 가치는 명확하다. 결정의 정확도를 높이고, 속도를 높이며, 인간의 판단력을 보완한다. 즉, 데이터를 '지능화'하여 보이지 않는 곳에서 기업의 성장을 설계하는 지식 파트너다.

사물에 지능을 증강하다: 피지컬 AI

피지컬 AI는 현실 세계에서 직접 행동하는 지능이다. 로봇, 자율주행, 드론, IoT 등과 결합하여 물리적 환경에서 실제로 움직이고, 보고, 판단하고, 대응한다. 이 AI는 디지털 AI가 분석한 정보를 기반으로 현장에서 '실행자(Executor)'로 작동한다.

예를 들어, 두산밥캣은 스탠퍼드 대학과 협력해 AI가 탑재된 건설

장비를 개발하고 있다. 이 장비는 카메라와 센서를 통해 작업 현장의 지형을 인식하고, 자동으로 굴착 경로를 조정한다. 사람이 운전하지 않아도 스스로 효율적이고 안전하게 작업을 수행한다.

HD 현대는 세계 최초로 완전 자율운항 선박을 상용화했다. 디지털 AI가 기상 데이터와 항로 정보를 분석하면, 피지컬 AI가 실제 조타와 회피 행동을 수행한다. 그 결과 해상 충돌 위험이 80% 이상 감소했다.

피지컬 AI는 공장에서 제품을 조립하고, 항만에서 컨테이너를 이동시키며, 도로 위에서는 자율주행차를 움직인다. 즉, 인간이 만들어낸 계산의 결과를 현실로 구현하는 '손발의 지능'이다.

인간에 창조 역량을 증강하다: 생성형 AI

생성형 AI는 인간의 언어를 이해하고, 새로운 콘텐츠와 아이디어를 만들어내는 지능이다. 챗GPT, 제미나이, 클로드같은 시스템이 대표적이다. 이들은 단순히 데이터를 요약하는 것이 아니라, 인간의 의도를 읽고 새로운 의미를 창조한다.

모건스탠리는 전 직원에게 생성형 AI 비서를 도입했다. 직원들은 고객 데이터와 시장 리포트를 AI에게 질문하듯 요청하고, AI는 그 자리에서 개인 맞춤형 분석 리포트를 만들어낸다. 이로써 분석과 문서 작업 시간이 절반 이상 줄었다.

로레알(L'Oréal)은 생성형 AI를 활용해 고객의 피부 톤, 기후, 취향 데이터를 분석하고 개인별 화장품을 추천한다. 이전에는 마케팅 부서가 일일이 세분화해야 했던 고객군을, 이제 AI가 실시간으로 세분화하고 소통한다.

생성형 AI는 인간의 '두 번째 뇌(Second Brain)'로 자리잡고 있다. 즉, 단순한 도구가 아니라, 인간의 생각을 확장시키고 새로운 창의성을 열어주는 '창조적 파트너'다.

세 가지 AI 에이전트와 하이브리드 오케스트레이션

하이브리드 인텔리전스의 인간과 AI들의 협력 무대에서는 서로 다른 역할을 맡은 세 가지 AI 에이전트가 각자 다른 지능을 담당하지만, 분리되어 작동하지 않고 하나의 시스템 안에서 유기적으로 연결된다.

먼저 디지털 에이전트(Digital AI)는 판단과 분석을 담당하는 지능이 된다. 센서에서 수집된 데이터, 기업의 데이터베이스, 시장 정보, 과거 기록을 실시간으로 분석해 "지금 무엇이 일어나고 있는가"와 "다음에 무엇을 선택해야 하는가"를 계산한다. 인간의 두뇌가 논리와 판단을 담당하듯, 디지털 에이전트는 조직의 '사고 엔진' 역할을 한다.

다음은 피지컬 에이전트(Physical AI)다. 이 에이전트는 생각이 아니라 행동을 맡는다. 로봇, 자율주행차, 드론, 자동화 설비처럼 현실 세계에서 실제로 움직이며 실행하는 지능이다. 디지털 에이전트가 내린 판단은 피지컬 에이전트를 통해 공장, 물류 현장, 도시 공간, 작업 현장에서 물리적 결과로 구현된다. 즉, 전략이 현실이 되는 마지막 단계다.

세 번째는 생성형 에이전트(Generative AI)다. 이 에이전트는 언어, 이미지, 코드, 아이디어를 만들어내는 창의적 지능이다. 보고서를 작성하고, 기획안을 제안하며, 광고 문구와 디자인을 만들고, 소프트웨어 코드를 생성한다. 인간의 상상력과 기획력을 대체하기보다는, 그 속도를 높이고 범위를 확장시키는 창의적 파트너에 가깝다.

이 세 가지 에이전트가 따로 움직일 때는 단순한 자동화에 그친다. 그러나 이들이 하나의 흐름으로 연결될 때 전혀 다른 차원의 지능이 탄생한다. 디지털 에이전트가 상황을 분석하고 판단하면, 생성형 에이전트가 그 판단을 언어와 설계로 풀어내고, 피지컬 에이전트가 이를 현실 세계에서 실행한다. 이 전 과정이 실시간으로 순환하며 작동하는 구조가 바로 하이브리드 오케스트레이션(Hybrid Orchestration)이다.

중요한 점은 이 과정에서 인간의 역할이다. 인간은 더 이상 단순한 지휘자나 최종 승인자로만 존재하지 않는다. 인간은 AI와 같은 무대 위에서 함께 연주하는 연주자다. 인간은 맥락과 가치, 윤리와 책임을 제공하고, AI는 속도와 계산, 실행력을 제공한다. 이 협업이 반복될수록 조직은 하나의 '지능 시스템'으로 진화한다. 하이브리드 오케스트레이션이란 결국, 인간과 세 가지 AI 에이전트가 각자의 강점을 살려 동시에 사고하고, 만들고, 움직이는 새로운 협업 질서다. 이것이 AI 시대 조직 경쟁력의 핵심 구조가 된다.

하이브리드 인텔리전스 시대, 인간과 AI의 5가지 연결 방식

클릭과 명령으로 시작된 인간-기계 관계가 이제 언어와 감정, 맥락, 의도까지 읽어내는 지능적 상호작용으로 확장되고 있다. 이 변화의 축을 이루는 다섯 가지 연결 방식은 앞으로의 조직과 사회가 AI와 협력하기 위해 반드시 설계해야 할 기본 기능이다.

감각으로 대화하는 인터페이스의 진화

AI와 인간의 첫 번째 연결은 손끝이었다. 이전에는 클릭과 터치로 명령을 내리고, 키보드로 입력하며 디지털 공간을 조작했다. 지금 우리는 멀티모달(Multi-Modal) 인터페이스의 시대로 이동하고 있다. AI는 인간의 시각, 음성, 제스처, 심지어 감정까지 동시에 인식하며 '감각적 대화'를 시작했다.

예를 들어, 현대자동차의 제스처 기반 차량 제어 시스템은 운전자의 손동작을 인식해 음악을 바꾸거나 공조 장치를 조절한다. 음성 비서는 운전자의 감정 톤을 분석해 부드러운 목소리로 대답한다. 이 과정에서 디지털 AI는 운전 패턴을 학습하고, 피지컬 AI는 실제 제어를 수행하며, 생성형 AI는 자연스런 대화로 피드백을 주고받는다. 이는 기계가 인간의 의도를 '감각적으로 해석하는 새로운 상호작용이다.

멀티모달은 인간의 언어를 넘어 감정과 움직임까지 이해하는 하이브리드 소통의 시작점이다.

AI가 내가 원하는 맥락과 의도를 읽는 시대

이전의 인간-기계 관계는 사용자가 무엇을 찾고 싶은지 검색 단어로 만들어 정확히 입력해야 했다. 그러나 하이브리드 인텔리전스 시대의 AI는 맥락(Context)을 읽는다. 대화의 흐름, 과거의 행동, 위치, 시간, 심지어 감정 상태까지 분석해 인간의 '의도'를 이해하고 상황에 맞게 반응한다.

예를 들어, BMW의 인공지능 비서 'iDrive 9'는 운전자의 주행 습관, 목적지, 날씨 데이터를 종합해 "오늘 교통량이 많습니다. 10분 일찍 출발하시겠습니까?"라고 제안한다. 이는 디지털 AI가 데이터를 분석하고, 피지컬 AI가 차량 시스템을 제어하며, 생성형 AI가 인간 친화적인 언어로 피드백하는 전형적인 맥락 기반 협업이다.

이제 '무엇을 찾을까'의 문제가 아니라 '무엇을 이해했는가'의 문제가 되었다. AI는 더 이상 질문에 답하는 도구가 아니라, 사용자의 상황과 목표를 함께 고려하는 상황 인식형 파트너로 진화하고 있다.

개인화에서 초개인화로: 나를 이해하는 지능의 진화

AI의 개인화는 단순히 취향을 반영하는 수준을 넘어, 인간의 정체성과 맥락까지 읽어내는 초개인화(Hyper-Personalization)로 발전하고 있다. 하이브리드 인텔리전스는 개인의 과거 행동 데이터뿐 아니라, 실시간 생체 신호, 환경, 감정, 사회적 연결망까지 종합 분석해 '현재의 나'를 이해한다.

예를 들어, 나이키(Nike)는 AI를 통해 고객의 걸음 패턴과 체형, 운동 데이터를 실시간으로 분석하고 맞춤형 운동화를 설계한다. 고객이 "조금 더 부드러운 쿠션감을 원한다"고 말하면, 생성형 AI가 디자인을 수정하고, 피지컬 AI 로봇이 즉시 프로토타입을 제작한다. 이제 단순한 '추천'이 아니라, '공감'의 기술로 발전한 것이다. AI는 인간의 신체와 감정, 행동의 맥락을 통합적으로 이해하며 '나보다 나를 더 잘 아는 존재'로 변하고 있다. 초개인화는 인간의 개성을 데이터로 측정하는 것이 아니라, 그 개성을 존중하며 함께 성장시키는 방향으로 진화하고 있다.

보조에서 공동 창작으로: 인간과 AI가 함께 만든다

생성형 AI의 초창기 역할은 단순히 인간의 작업을 '보조'하는 것이었다. 이제 AI는 인간의 창의 과정에 직접 참여하며, '공동창작(Co-creation)'의 파트너로 진화하고 있다. AI가 인간의 상상력을 증폭시키는 지능의 협연(協演)이다.

앞에서 소개한 사례의 로레알은 AI를 활용해 고객 데이터에서 피부톤과 취향을 분석하고, 생성형 AI가 색조 조합을 제안하며, 피지컬 AI가 이를 즉시 생산하는 'AI 공동창작 화장품 공정'을 운영한다. 고객은 'AI가 나를 이해하고 함께 만든 제품'을 경험하게 된다. 이처럼 인간의 상상력과 AI의 계산력이 공명하며, 새로운 가치를 창출하는 협업의 장이 열리고 있다.

자동화에서 자율로: 스스로 판단하고 움직이는 지능

AI의 마지막 단계는 '자율성(Autonomy)'이다. 과거의 자동화(Automation)는 정해진 규칙과 명령을 수행하는 수준이었지만, 하이브리드 인텔리전스는 AI가 스스로 판단하고 행동하는 '자율적 협력자'로 진화한다.

예를 들어, 아마존 물류센터의 자율로봇 시스템은 더 이상 중앙 명령에 의존하지 않는다. 센서(피지컬 AI)가 주변 환경을 감지하고, 디지털 AI가 물류 흐름을 예측하며, 생성형 AI가 관리자에게 자연어로 상황을 보고한다. 이 로봇들은 스스로 최적 동선을 계산하고 협업하며, 전체 효율을 인간보다 빠르게 조정한다.

또한 테슬라의 자율주행 차량은 인간이 목적지를 말하면 도로 상황, 기후, 교통 데이터를 종합해 스스로 판단한다. 이는 인간의 목표를 이해하고 스스로 결정하는 협력적 자율 시스템이다.

하이브리드 인텔리전스의 완성은 바로 이 자율의 단계에 있다. AI는 인간의 명령을 기다리는 존재가 아니라, 인간의 의도를 함께 실현하는 자율적 파트너가 된다.

인간과 AI의 관계가 바뀌면 세상의 질서가 바뀐다

하이브리드 인텔리전스는 인간이 만든 도구가 인간과 함께 사고하는 '지능적 동반자'로 진화하는 과정이다. 클릭과 터치에서 시작된 상호작용은 이제 감각과 맥락, 공감과 자율로 이어지고 있다. AI가 인간을 대체하는 존재가 아니라, 인간의 가능성을 확장하는 또 하나의 '지능적 동료'가 되고 있다.

미래의 기업은 이러한 다섯 가지 연결 방식을 기반으로, 직원과 고객, 그리고 AI가 함께 성장하는 협력적 지능의 생태계를 설계해야 한다.

하이브리드 AI로 재설계되는 가치사슬과 일터의 혁신

3

이제 기업은 AI와 인간이 함께 일하는 새로운 가치사슬을 어떻게 설계할 것인가를 고민해야 한다. 하이브리드 인텔리전스는 기업의 각 기능을 '분절된 업무'로 보지 않고, 연결된 지능 네트워크로 재구성하는 패러다임이다.

R&D, 생산, 물류, 마케팅, 고객 상담 등 기업의 모든 활동이 서로 다른 형태의 AI(디지털 AI, 피지컬 AI, 생성형 AI)와 인간의 협업을 통해 '속도·정확성·창의성'을 동시에 높이는 방향으로 진화하고 있다.

과거의 가치사슬이 '효율 중심의 선형 체계'였다면, 앞으로의 가치사슬은 '협력 중심의 순환 지능 구조'가 된다. 각 단계는 데이터를 생성하고, AI가 이를 분석·예측하며, 인간은 통찰과 의사결정을 더한다. 이 순환을 통해 기업은 '지능의 속도(Intelligence Velocity)'라는 새로운 경쟁우위를 얻게 된다.

하이브리드 인텔리전스는 기업의 가치사슬 활동에 새로운 변화를 만들어 낼 수 있다. 대표적인 4가지 활동에 대해 핵심 이슈와 대표적 성공사례를 알아보자.

- 연구개발 부문의 연구 속도.품질 재정의: 화이자 성공사례
- 생산부문의 선제적 예측과 공진화된 지능: BMW 성공사례
- 물류부문의 디지털 트윈과 증강된 근육: 월마트 성공사례
- 마케팅의 초개인화된 고객경험 창조: 로레알 성공사례

연구 개발: 지식·데이터의 연결로 연구 속도를 재정의하다

R&D의 핵심 이슈와 하이브리드 인텔리전스의 역할

연구개발(R&D)은 언제나 기업 혁신의 출발점이지만, 동시에 가장 느리고 비효율적인 영역이기도 했다. 수많은 데이터가 존재해도, 많은 경우 '연결되지 않은 지식'으로 남아 있었다. 연구자는 새로운 프로젝트를 시작할 때마다 과거의 결과를 다시 찾아야 했고, 조직은 개인의 경험에 의존한 채 의사결정을 내려야 했다. 이것이 전통적인 R&D가 가진 지식의 병목 현상이었다.

하이브리드 인텔리전스의 등장은 이 병목을 근본적으로 해소한다. R&D의 본질은 단순한 데이터 축적이 아니라, 지식의 연결이다. AI가 인간의 사고를 보조하는 수준을 넘어, 지식과 지식을 자동으로 연결하

여 새로운 통찰을 생성하는 구조가 만들어지게 된다.

- 디지털 AI는 방대한 연구 데이터와 특허, 실험 기록, 임상 데이터를 분석해 인간이 미처 보지 못한 상관관계를 찾아낸다. 예를 들어 코로나19 팬데믹 당시, 전 세계 연구기관들이 공유한 유전체 데이터 속에서 AI는 스파이크 단백질(Spike Protein)의 미세한 구조 변화 패턴을 실시간으로 감지해냈다. 인간 연구자가 일일이 관찰하기 어려운 분자 수준의 변이를 AI가 빠르게 탐지함으로써, 새로운 변이주의 전파 속도와 백신 효과 저하 가능성을 예측하는 데 결정적 역할을 했다. 이처럼 AI는 검색을 넘어 지식 탐색자, 즉 데이터를 의미 있는 발견으로 전환하는 협력자가 된다.
- 생성형 AI는 연구자의 질문을 언어로 이해하고, 논문 초안·실험 가설·시뮬레이션 설계안을 자동으로 제안한다. 연구자는 AI가 제시한 수십 가지 조합 중 '왜 이것이 의미가 있는가?'를 판단하는 쪽으로 사고의 초점을 옮긴다. 이것은 인간의 역할이 '정보 탐색자'에서 '의미 해석자'로 진화했음을 뜻한다.
- 피지컬 AI의 역할도 커지고 있다. 로봇 실험실은 반복적 실험을 자동으로 수행하고, 실험 결과를 즉시 데이터베이스와 연결해서 AI 분석 시스템으로 환류한다. 이로써 실험과 분석, 재설계가 실시간으로 이어지는 순환형 연구 생태계가 구축된다. AI는 데이터를 제공하고, 로봇은 실행하며, 인간은 해석한다.

세 가지 AI가 연속적으로 또는 동시에 작동하면서 연구의 시간적 제약이 사라지고, 혁신의 속도는 '연구자의 근무시간'이 아니라 'AI의 연산속도'로 정의된다. 하이브리드 인텔리전스가 만든 새로운 R&D 생태계는 더 이상 '연구자 중심'이 아니라 '네트워크 중심'이다. 각 AI는 독립된 시스템이 아니라 하나의 유기체처럼 상호작용하며, 연구 전 과정이 하나의 지능적 가치사슬로 연결된다. 이 과정에서 인간 연구자는 'AI를 관리하는 관리자'가 아니라, AI와 함께 지식을 설계하고 탐험하는 동료로 변모한다.

과거에는 연구 속도를 높이면 품질이 떨어지고, 품질을 높이면 시간이 늘어났다. 그러나 하이브리드 인텔리전스는 속도와 품질을 동시에 끌어올린다. AI의 예측과 자동화가 반복적 업무를 제거하고, 인간의 창의성과 윤리적 판단이 실험의 방향성을 정교하게 조율하기 때문이다.

결국 R&D의 경쟁력은 얼마나 많은 데이터를 보유했는지가 아니라, 얼마나 빠르게 지식을 연결하고 재활용할 수 있는가로 측정된다. 하이브리드 인텔리전스가 구현하는 R&D의 미래는 '실험의 속도'가 아니라 '지식의 순환 속도'로 평가받는 시대다.

화이자의 R&D 가치사슬 재설계

코로나19 백신으로 엄청난 수익을 올린 화이자의 AI 전환은 디지털·피지컬·생성형 AI가 인간과 결합해 하나의 지능 생태계를 구축한 사례다. 그 결과 신약 개발 기간을 '수년에서 30일'로 단축하며 제약 산업의 가치사슬 구조 자체를 바꾸어 놓았다.

1) 디지털 AI: 데이터 기반의 예측 지능으로 전환하다

화이자는 먼저 '지식의 연결'에서 혁신을 시작했다. 과거에는 수백만 건의 분자·임상 데이터가 부서별로 단절돼 있었지만, AI 기반 예측 머신러닝 허브를 구축해 이를 하나의 지능망으로 통합했다. 디지털 AI가 과거 임상 실패 데이터를 재해석하고, 수천만 개의 분자 구조를 동시에 시뮬레이션하여 '30일 안에 유망 후보물질을 식별'할 수 있게 되었다. 이는 인간이 도달할 수 없는 속도와 패턴 탐색 능력으로, 데이터 중심 연구가 '지식 중심 연구'로 진화한 대표적 사례다.

AI는 또한 제조 데이터를 학습해 공정 이상을 조기 감지하고 최적의 조치를 제안하는 예측형 지능(Predictive Intelligence)으로 확장되었다. 이로써 제조 수율은 10% 향상되고 사이클 타임은 25% 단축되었다. AI가 제조 공정의 동료로 작동하기 시작한 것이다.

2) 피지컬 AI : 로봇, 센서, 자동화 시스템의 자율 협력

화이자의 생산 라인은 '자동화'에서 '자율화'로 진화했다. AI와 센서 네트워크가 결합해 스스로 데이터를 수집하고 이상 징후를 탐지하면 로봇이 즉시 보정 작업을 수행한다. 이 과정에서 인간은 '조작자(Operator)'에서 '지능 설계자(Orchestrator)'로 역할이 변했다. AI가 제안한 개선 방안을 해석하고, 윤리적·경제적 판단을 내리는 것이 인간의 임무가 되었다. 피지컬 AI는 생산라인 전체의 판단 구조를 재구성하는 지능적 파트너로 자리잡았다.

3) 생성형 AI: 연구자의 언어로 사고하는 창의 파트너

화이자는 AWS·앤트로픽 등과 협력하여 생성형 AI를 연구개발 전반에 적용했다. 연구자들이 자연어로 "이 분자의 변이 가능성을 예측해줘"라고 입력하면, AI는 수천 건의 논문과 실험 데이터를 기반으로 새로운 가설, 논문 초안, 시뮬레이션 설계안을 실시간으로 생성한다. 이는 '언어 기반 창의 협업'이다. 생성형 AI는 연구자의 사고 속도를 가속화하고, 반복적 자료 정리·문서화 업무를 제거해 과학자들이 오롯이 창의적 문제 해결에 집중할 수 있도록 돕는다. 특히 화이자는 클로드와 같은 대규모 언어모델(LLM)을 사내 데이터와 결합해 전통적인 키워드 기반 검색 시간을 80% 단축, 연구 효율을 연간 16,000시간 향상시켰다.

이러한 사례는 AI가 인간을 증강(AI-augmented Human)'시키는 대표적 구조로, 하이브리드 인텔리전스의 실질적 형태라 할 수 있다.

4) 하이브리드 오케스트레이션: 인간이 지휘하고 AI가 연주하는 구조

AI가 데이터를 연결하고 실행을 자동화하면, 인간은 지식의 의미를 해석하고 AI의 제안을 비즈니스 가치로 변환하는 '전략적 결합자'가 된다. 화이자의 과학자들은 더 이상 실험 도구를 다루는 사람이 아니라, AI가 제시한 수천 개의 가능성 중 '의미 있는 방향'을 선택하는 사람이다.

이것이 바로 하이브리드 인텔리전스의 본질, 즉 AI가 확장한 인지 영역 속에서 인간이 통찰과 판단을 수행하는 협력 구조이다. 화이자의 조직 운영 방식은 일종의 지능 오케스트라이다. 디지털 AI가 데이터를 탐색하고, 피지컬 AI가 공정을 실행하며, 생성형 AI가 아이디어를 설계하고, 인간이 이를 지휘하고 연결한다. 이 네 구성요소가 실시간으로 피드백을 주고받으며 '지식-실행-학습-혁신'의 순환고리를 완성한다. 이 순환이 빠를수록 기업의 혁신 속도도 빨라진다. 이제 연구의 단위는 '논문'이 아니라 '속도'이며, 혁신의 단위는 '성과지표'가 아니라 '학습의 피드백 루프'가 되었다. 화이자의 하이브리드 인텔리전스는 'AI를 일하는 도구로 쓰는 조직'에서 'AI와 함께 학습하는 유기체'로의 진화를 실현했다.

생산: 공정·설비·로봇이 하나의 지능으로 작동한다

생산·공정의 핵심 이슈와 하이브리드 인텔리전스의 역할

20세기의 공장은 '기계의 집합체'였다. 그러나 21세기 하이브리드 인텔리전스 시대의 공장은 더 이상 '철과 센서로 이루어진 공간'이 아니라 하나의 지능적 생명체로 진화하고 있다. '정해진 절차를 빠르게 반복하는 능력'인 자동화가 아니라 '학습하며 스스로 개선하는 능력'을 의미하는 하이브리드 인텔리전스가 공장을 바꾸고 있다. 기계가 데이터를 이해하고 판단하며, 인간이 이를 조율하고 방향을 제시하는 협력의 구조가 형성되는 것이다.

1) 디지털 AI: 데이터의 언어로 공정을 통찰하다

디지털 AI는 공장의 모든 센서, 로봇, ERP, MES 데이터를 하나의 신경망처럼 연결한다. 이 시스템은 단순히 데이터를 저장하는 것이 아니라, 시간의 흐름 속에서 패턴을 학습하고 예외를 감지한다.

예를 들어 BMW의 딩골핑(Dingolfing) 공장은 AI 기반의 '예측 유지보수' 시스템을 통해 로봇팔의 진동과 미세한 소음 변화를 감지해 고장 10일 전에 문제를 예측한다. 이를 통해 부품 교체 비용을 30% 줄이고, 라인 중단 시간을 40% 감소시켰다. AI가 '경보를 울리는 센서'가 아니라 '공정을 이해하는 두뇌'가 된 것이다.

디지털 AI는 생산 데이터를 실시간으로 분석해 공정의 병목, 품질 편차, 에너지 낭비까지 탐지하고 그 결과를 인간 관리자에게 언어로 제시한다. 인간은 이를 해석하고 결정함으로써 데이터와 판단의 사이클이 마무리되는 '지능 피드백 루프(Intelligent Feedback Loop)'를 완성한다.

2) 피지컬 AI: 로봇과 설비의 행동지능이 깨어나다

피지컬 AI는 기계가 인간의 지시 없이도 상황을 인식하고 스스로 판단·조정하며 다른 장비와 협업하는 '자율적 실행 지능'이다. 이는 자동화(Automation)의 확장이 아니라, 산업 현장의 자율신경계(Autonomic Nervous System)를 만드는 과정이다. 오늘날 피지컬 AI는 제조, 물류, 에너지, 항공 등 다양한 산업에서 보이지 않는 두뇌로 기능하고 있다.

대만 폭스콘(Foxconn)은 애플의 주요 생산기지이자 세계에서 가장 많은 로봇을 보유한 제조 기업이다. 폭스콘은 AI를 활용해 인간과 로봇이 협업하는 하이브리드 조립 구조(Hybrid Assembly)를 만드는 전략을 선택했다. 예를 들어 아이폰 조립라인에서 AI 비전 시스템이 0.1mm 단위의 부품 오차를 감지하면 즉시 협동로봇에 명령을 전달하고, 로봇은 스스로 보정 작업을 수행한다. 동시에 AI는 이 데이터를 중앙 서버로 보내 다른 라인에 즉시 반영한다. 이 과정은 인간의 신경계를 닮은 '감지 → 판단 → 실행 → 학습'의 4단계 피드백 루프를 형성한다. 그 결과 불량률은 18% 감소했고, 라인 속도는 1.4배 향상되었다. 폭스콘은 이를 '인간의 눈과 손, 그리고 AI의 두뇌가 결합한 협력형 지능 생산체계'라고 부른다.

3) 생성형 AI: 공정의 언어를 시각화하고 재구성하다

생성형 AI는 과거의 제조 데이터를 학습하여 문장, 이미지, 시뮬레이션으로 '공정의 언어'를 재해석한다. 생산 담당자가 "이 라인의 낭비율을 줄일 수 있는 방법을 제안해줘"라고 자연어로 요청하면, AI는 과거 1년간의 데이터를 분석해 재배치 시뮬레이션, 에너지 효율 개선안, 작업자 이동 경로 최적화 모델을 자동으로 생성한다.

특히 도요타는 'AI 기반 디지털 트윈 공장(Digital Twin Factory)'을 운영한다. 디지털 트윈은 실제 공장을 가상 공간에 그대로 재현해, 공정 변경·설비 배치·에너지 사용의 결과를 실행 전에 검증하는 가상의 공장이다. AI가 이 가상의 공장 환경을 구축하고 변경 시나리오를 시뮬레이션해 실제 라인에 반영하기 전에 결과를 검증한다.

생성형 AI는 또한 시각적 설명력을 통해 공정 데이터를 쉽게 이해시키며, 인간 관리자들이 더 빠르게 결정하도록 돕는다. 이것이 바로 '의사결정의 시각화' 단계다.

4) 인간의 역할: 오케스트레이터(Orchestrator)

하이브리드 생산 체계의 중심에는 여전히 인간이 있다. 그러나 인간의 역할은 '감독자(Controller)'에서 '지휘자(Orchestrator)'로 달라진다. 인간은 더 이상 버튼을 누르지 않는다. 대신 AI가 수집한 정보를 해석하고, 공정의 우선순위·윤리·환경 영향을 고려하여 결정의 방향성을 설계한다. 이 과정에서 인간은 AI의 판단 결과를 '이유 있는 결정'으로 전환하는 윤리적·전략적 감각을 제공한다.

공정·설비·로봇·인간은 더 이상 분리된 존재가 아니다. 그들은 하나의 신경망처럼 연결되어 '스스로 학습하는 공장', 즉 AI 오케스트레이션의 물리적 구현체로 작동한다. 하이브리드 인텔리전스가 이끄는 생산의 미래는 기계와 인간이 함께 진화하는 시대다. 산업혁명이 인간의 근육을 기계로 확장했다면, 하이브리드 인텔리전스는 인간의 지능을 산업 전체로 확장하고 있다.

BMW의 생산 가치사슬 재설계 실전 모델

BMW는 'AI를 조직의 언어로 바꾼 기업', 즉 인간과 AI가 단일한 하이브리드 생태계로 진화한 기업이다. 그 중심에는 2018년 출범한 '프로젝트 AI(Project AI)'와, 전 세계 공장을 하나의 디지털 생명체로 만드는 'BMW iFACTORY'가 있다.

1) 디지털 AI: 데이터를 통해 스스로 학습하는 공장의 두뇌

BMW의 '프로젝트 AI(Project AI)'는 그룹 전체를 관통하는 중앙 지능 허브로서, 데이터 분석·기계학습·생성형 AI를 통합 관리하는 디지털 두뇌 역할을 수행한다. 현재 600개가 넘는 AI 응용 사례가 이 허브를 중심으로 구현되어 있으며, 연구개발부터 조달, 생산, 서비스, 고객지원에 이르기까지 BMW의 전 가치사슬 전반에서 작동하고 있다.

대표적인 사례가 AIQX(AI Quality Next)다. 이 시스템은 카메라와 센서를 활용해 조립 과정에서 발생하는 시각적·음향적 이상 신호를 실시간으로 감지하고, 결함을 자동으로 식별·수정한다. 이를 통해 불량률을 획기적으로 낮추었으며, 인간의 경험과 감각에 의존하던 품질 검사를 데이터 기반 지능으로 전환한 사례로 평가된다.

또 다른 혁신은 Car2X 커뮤니케이션이다. 생산라인에서 조립 중인 차량이 스스로 자신의 조립 상태와 오류 정보를 센서로 측정해 AI 시스템에 자동으로 보고한다. 자동차가 단순한 생산 대상이 아니라 공정에 직접 참여하는 주체로 진화한 구조로, '공정의 중심이 사람이 아니라 데이터'라는 하이브리드 인텔리전스 철학을 상징적으로 보여준다.

조달 영역에서도 디지털 AI는 중요한 역할을 한다. BMW는 입찰 보조와 제안서 분석 시스템을 통해 AI가 방대한 입찰 문서를 분석하고, 가격·품질·공급 리스크를 종합적으로 비교해 최적의 공급망 경로 선택을 지원하도록 했다. 이는 조달 의사결정을 개인의 경험이 아니라 집단 지능과 데이터 기반 판단으로 끌어올린 사례다.

이처럼 BMW의 디지털 AI는 단순한 자동 분석 도구가 아니다. 데이터로부터 스스로 학습하며 조직 전반의 판단 능력을 증강시키는 지능 신경망으로 기능하고 있으며, 공장과 기업 전체를 하나의 학습하는 시스템으로 전환시키는 핵심 인프라로 자리잡고 있다.

2) 피지컬 AI: 로봇, 설비, 차량이 하나의 지능으로 협력하다

BMW iFACTORY는 'LEAN · GREEN · DIGITAL'을 비전으로 삼은 차세대 하이브리드 생산 시스템의 상징이다. 이 공장에서 피지컬 AI는 단순한 자동화 설비가 아니라, 인간과 로봇, 설비와 차량이 하나의 지능으로 협력하는 '행동하는 지능 생태계'로 작동한다.

대표적인 사례가 스마트 물류 로봇과 자율주행 운송 시스템이다. 독일 딩골핑 공장에서는 수백 대의 자율 이동 로봇(AGV)이 AI 기반 센서 융합 기술을 통해 자재를 자동으로 이송한다. 이 로봇들은 고정된 경로를 따르지 않는다. 주변 환경과 다른 로봇의 위치를 실시간으로 인식하며, 스스로 최적의 이동 경로를 계산하고 작업을 분담한다. 충돌 회피, 우선순위 조정, 병목 해소가 인간의 개입 없이 이루어지면서, 물류 자체가 하나의 자율 지능 시스템으로 진화했다.

BMW는 더 나아가 휴머노이드 로봇을 실제 생산라인에 투입하고 있다. 캘리포니아 스타트업 피규어(Figure)와 협력해 개발한 '피규어 02'는 사람과 유사한 신체 구조를 가진 로봇으로, 스파르탄버그 공장에서 판금 부품을 고정대에 배치하는 작업을 수행한다. 이 로봇은 센서를 통해 작업 압력과 정렬 각도를 학습하며, 반복적인 고강도의 육체노동을 스스로 수행한다. 인간 작업자는 현장에서 로봇으로 대체당하는 존재가 아니라, 전체 공정을 감독하고 품질을 검증하는 역할로 이동한다. 이는 피지컬 AI가 인간의 노동을 제거하는 것이 아니라, 인간의 역할을 더 고차원적인 판단과 관리로 전환시키는 전형적인 하이브리드 협력 구조다.

설비 운영에서도 피지컬 AI의 역할은 분명하다. BMW의 'Factory

Genius' 시스템은 공장 설비에 부착된 수많은 센서 데이터를 분석해 고장 가능성을 사전에 예측하고, 상황에 맞는 정비 매뉴얼과 대응 방법을 실시간으로 제안한다. 기계가 고장을 알리는 수준을 넘어, 스스로 자신의 상태를 진단하고 인간에게 최적의 조치를 안내하는 단계로 진화한 것이다. 이는 '기계가 자신의 건강을 관리하는 시대'가 열렸음을 보여준다.

이처럼 BMW의 피지컬 AI는 로봇·설비·차량이 서로를 인식하고 협력하며 움직이는 지능형 신체를 만들어내고 있다. 공장은 더 이상 정적인 설비의 집합이 아니라, 스스로 감각하고 판단하며 행동하는 살아 있는 시스템으로 전환되고 있다.

3) 생성형 AI: 창의와 경험의 경계를 허물다

BMW는 생산과 연구개발을 넘어 디자인, 고객 경험, 사내 문서 업무 전반에 이르기까지 생성형 AI를 광범위하게 적용하고 있다. 이 과정에서 생성형 AI는 효율을 높이는 도구를 넘어, 인간의 창의적 사고를 확장하는 협력자로 자리잡고 있다.

우선 디자인 영역에서 BMW는 생성형 AI를 '형태 생성 엔진'으로 활용한다. 휠 림, 시트, 프레임과 같은 핵심 부품은 인간 디자이너가 설정한 제약 조건과 성능 기준을 바탕으로 AI가 수백 가지 설계안을 자동으로 생성한다. 디자이너는 이 결과물을 단순히 채택하는 것이 아니라, 미학적 감각과 기능적 판단을 결합해 최적의 해법을 선택한다. 이 구조에서 AI는 설계의 가능 공간을 폭발적으로 넓히고, 인간은 그중 의미 있는 선택을 하는 존재로 역할이 재정의된다.

BMW 디자인웍스(Designworks)에서는 생성형 AI가 미래 모빌리티의 공간과 인터페이스를 시각화하는 데 활용된다. 차량 내부 공간, 사용자 인터페이스, 이동 경험의 시나리오를 AI가 빠르게 이미지와 콘셉트로 구현하면, 디자이너는 그 결과를 해석하고 맥락을 부여하며 새로운 이동 경험의 방향성을 설계한다. 창의의 출발점이 인간의 직관에서 AI의 시뮬레이션으로 확장되고, 최종 의미 부여는 다시 인간에게 돌아오는 구조다.

고객 경험 영역에서도 생성형 AI는 핵심 역할을 수행한다. 차량 내 '지능형 개인비서(Intelligent Personal Assistant)'는 운전자와 자연어로 대화하며 차량 기능을 제어하고, 일정 안내나 운전 상황에 맞춘 조명·환경 설정까지 지원한다. MINI 브랜드의 웹과 앱 챗봇은 24시간 고객 문의에 대응하며, 사전예방 관리(Proactive Care) 시스템은 차량 데이터를 분석해 고장 가능성을 사전에 감지하고 고객에게 맞춤형 정비 시점과 예약을 제안한다. 고객은 문제가 발생한 뒤에 대응하는 것이 아니라, AI가 먼저 제안하는 '선제적 서비스 경험'을 제공받는다.

이처럼 BMW에서 생성형 AI는 인간의 창의성을 대체하지 않는다. 대신 창의의 속도를 가속하고, 상상의 범위를 확장하며, 경험 설계의 깊이를 더한다. 생성형 AI는 더 이상 도구가 아니라, 상상력을 시뮬레이션하고 가능성을 증폭시키는 창의적 동반자로 기능하고 있다.

4) 하이브리드 인텔리전스: AI와 인간의 공진화 조직

BMW가 구현한 진정한 혁신은 AI와 인간의 협력 구조에 있다. 프로젝트 AI는 모든 직원에게 기술 전문가가 아니더라도 AI 도구를 활용할 수 있는 '디지털 도구 상자'를 제공하고, 모든 애플리케이션이 윤리·투명성·안전 원칙을 준수하도록 설계되어 있다. AI가 일하는 방식에 인간이 적응하는 것이 아니라, 인간이 AI와 함께 일하는 방식을 새롭게 디자인했다. BMW의 사내 AI 교육·생성형 AI 셀프 서비스 플랫폼은 모든 직원이 'AI 리터러시'를 갖춘 하이브리드 워커로 진화하도록 돕는다. 직원은 이제 명령을 내리는 관리자가 아니라, 데이터를 해석하고 AI를 조율하는 '오케스트레이터'다. BMW의 AI 책임자 마이클 뷔르텐베르거는 이렇게 말했다. "AI의 초점은 기술이 아니라 사람입니다. AI는 직원을 지원하고 고객 경험을 확장시키는 도구입니다."

하이브리드 인텔리전스란, 기계의 속도와 인간의 통찰이 공진화하는 구조다. BMW는 이 모델을 기업문화로 제도화한 최초의 제조 기업이다.

물류, 선제적 예측과 디지털 트윈, 로봇의 3중주로 혁신하다

물류는 과거 단순한 운송·보관의 기능이었다. 그러나 이제 물류는 기업 가치사슬의 '순환 신경망'으로 진화하고 있다. AI는 데이터를 예측하고, 로봇은 실행을 담당하며, 디지털 트윈은 그 모든 과정을 실시간으로 '시각화하고 학습'한다. 이 세 가지가 결합될 때, 물류는 더 이상 '흐름(Logistics)'이 아니라 '지능(Intelligence)'이 된다.

디지털 AI: 예측하는 물류, 수요를 앞서 읽다

AI는 물류를 '반응적(Reactive) 대응'에서 '선제적(Proactive) 예측'으로 바꿔 놓았다. 디지털 AI는 방대한 데이터를 실시간으로 분석하여 수요, 재고, 교통, 기상, 운송비 변동 등 수백 가지 변수를 동시에 학습하고 예측한다.

DHL은 2025년까지 전 세계 1만 개 창고에 AI 예측 물류 시스템을 도입했다. AI는 주문 패턴, 항로 데이터, 세관 통관 기록을 학습해 재고 부족이나 배송 지연을 사전에 예측한다. 덕분에 글로벌 항공·해운 혼잡 시에도 DHL은 평균 납기 준수율 96%를 유지했다.

디지털 AI는 데이터로 '현재'를 보는 것이 아니라, '다음에 일어날 일'을 미리 보는 물류의 예지력(Predictive Intelligence)을 만든다.

피지컬 AI: 로봇이 물류의 근육이 되다

디지털 AI가 두뇌라면, 로봇은 물류의 근육이다. 로봇은 단순 운반 기계가 아니라 스스로 판단하고 협력하는 피지컬 인텔리전스(Physical AI)로 진화했다.

아마존 로보틱스는 피지컬 AI의 전형이다. 아마존의 물류센터에는 75만 대 이상의 로봇이 배치되어 있다. 각 로봇은 상품 위치를 스스로 인식하고, 경로를 예측해 최단 거리로 이동하며, 인간 피커(Picker)와 협력하여 재고를 관리한다. AI는 하루 수십억 개의 상품 흐름을 학습해 '다음 주문의 위치'를 미리 계산한다. 그 결과 주문에서 출고까지 걸리는 시간이 평균 15분 이하로 단축됐다. 이제 피지컬 AI는 인간을 대신해 움직이는 기계가 아니라, 데이터로 사고하고, 협력하여 움직이는 물류의 생체근육이다.

디지털 트윈: 물류의 '보이지 않는 쌍둥이'

디지털 트윈은 현실의 물류 시스템을 가상 공간에서 실시간으로 재현하는 기술이다. 물류의 흐름, 장비의 상태, 재고의 위치, 직원의 동선까지 모두 하나의 디지털 공간에서 시각화되고, AI는 이 '가상 복제본'을 실험실처럼 활용해 최적의 의사결정을 내린다.

지멘스는 자사 물류를 디지털 트윈 기반으로 운영하며 각 공정에서 발생하는 데이터를 시뮬레이션한다. 물류 병목 현상이 감지되면 AI가 자동으로 경로를 재설정한다. 이로써 평균 물류 비용을 18% 절감했다. 디지털 트윈은 '기록용 데이터베이스'가 아니라, 물류의 두 번째 현실(Second Reality)이다. AI는 이 가상 공간에서 미래를 시뮬레이션하고, 현실 공간은 그 결과를 실시간으로 반영한다.

하이브리드 인텔리전스가 바꾼 물류의 미래

물류는 더 이상 비용을 최소화하는 보조 기능이 아니다. 예측, 자율운영, 디지털 트윈이 결합되면서 공급망은 단순한 이동경로를 넘어 새로운 가치를 만들어내는 전략적 엔진으로 전환되고 있다. 이 과정에서 로봇과 인간의 협업은 핵심 경쟁력이 된다. 로봇은 반복적이고 힘든 작업을 수행하는 '근육'의 역할을 맡고, 인간은 상황을 읽고 판단하는 '통찰'을 제공한다. AI는 이 둘을 연결해 작업과 의사결정이 끊김 없이 이어지도록 만드는 지능의 교량으로 작동한다.

이러한 구조를 가능하게 하는 것이 바로 하이브리드 인텔리전스다. 디지털 AI는 방대한 데이터를 분석해 흐름을 읽고, 피지컬 AI는 실제 현장에서 이를 실행하며, 생성형 AI는 그 의미를 해석하고 다음 행동을 제안한다. 인간은 이 모든 과정을 조율하며 방향을 설정한다. 그 결과 물류는 단순한 자동화 시스템을 넘어, 스스로 판단하고 적응하는 지능적 유기체로 진화하고 있다.

월마트의 차세대 물류 혁신: 로봇과 인간 협업의 실전 모델

"AI가 움직이고, 로봇이 피킹하며, 데이터가 배송을 예측한다." 월마트는 AI·로봇·데이터가 융합된 하이브리드 인텔리전스 물류 생태계를 구축했다. 세계 최대 유통기업인 월마트는 2022년 이후 '차세대 FC(Next-Generation Fulfillment Center)' 프로젝트를 통해 미국 인구의 90%가 사는 지역에서 30분 이내 배송이 가능한 디지털 물류망을 구축하고 있다. 현재 미국 전역에는 4,700개의 오프라인 매장과 2,100개의 유통센터, 그리고 31개의 전용 온라인 주문센터가 연결되어 있다. 2026년까지 4개의 차세대 FC를 추가로 완공할 예정이다. 이 네트워크는 기존 12단계 수동 물류 프로세스를 단 5단계로 축소시키며 AI와 로봇을 결합한 초지능형 물류 구조를 실현하고 있다.

1) 알파봇은 월마트 물류 혁신의 심장

월마트의 자동화 혁신은 알파봇(Alphabot) 시스템에서 시작되었다. 이는 매장 근처에 위치한 소형 자동화 창고(Micro Fulfillment Center, MFC)에서 AI 기반 로봇들이 주문 상품을 자동으로 찾아 작업자에게 전달하는 시스템이다. 3D 격자 구조 내에서 로봇이 상·하·좌·우로 이동하며 냉장·냉동·상온 구역의 상품을 자동 피킹하고, 고객 주문 시 AI가 필요한 토트(Tote)를 전달해 주면 직원이 검수·포장을 하는 시스템

월마트 알파봇(출처: 월마트)

이다.

월마트는 2022년 알파봇 개발사인 얼럿 이노베이션을 인수해 이 기술을 핵심 플랫폼으로 흡수했으며, 이후에도 물류 자동화와 AI 기반 운영 역량을 지속적으로 고도화하고 있다.

2) 'AI + 로봇 + 인간'의 하이브리드 인텔리전스 구조

월마트의 MFC는 AI가 두뇌, 로봇이 근육, 인간이 판단력을 담당하는 하이브리드 인텔리전스 시스템으로 설계되어 있다. 월마트는 수동으로 12단계를 거치던 기존 프로세스를 아래와 같은 5단계의 하이브리드 인텔리전스 구조로 단축했다.

AI 예측 엔진은 실시간 수요, 재고 수준, 배송 경로를 종합 분석해 로봇의 작업 순서를 동적으로 조정한다. 알파봇 로봇은 이 판단을 바

단계	프로세스	역할 및 특징
① 입고 단계	판매자·공급업체의 상품을 직원이 하역하여 수령 구역으로 이송	제품 상태와 바코드 자동 스캔, AI가 보관 위치 자동 지정
② 분류 단계	박스를 개봉하고 개별 품목이 담긴 토트백을 로봇이 자동 보관 시스템으로 이송	AI 기반 자동 창고 관리 (Auto Storage System)
③ 피킹 단계	고객 주문이 들어오면 로봇이 필요한 토트를 자동 선택 후 피킹 스테이션으로 전달	알파봇 로봇이 3차원 이동으로 정확한 토트를 1분 내 탐색
④ 포장 단계	시스템이 주문 치수를 계산하여 맞춤형 박스를 자동 생성, 직원이 포장 완료	포장 과정 자동화, 주문 후 평균 15분 내 패킹 완료
⑤ 배송 단계	전국 4,700개 매장과 210개 유통센터가 실시간 연결되어 30분 내 출발	지역별 차량·드론·파트너 배송망과 연계된 AI 예측 배송 시작

월마트의 5단계 하이브리드 인텔리전스 구조

탕으로 최단 경로를 계산해 상품을 신속하게 이동시키며, 물류 흐름의 물리적 실행을 맡는다. 동시에 디지털 트윈 시스템은 물류센터 전체의 운영 상태를 실시간으로 시각화해 병목이나 이상 징후가 발생하면 즉각 경로를 재설정한다. 인간 작업자는 이 과정에서 AI와 협력해 파손, 재고 오류와 같은 예외 상황을 처리하고, 서비스 품질을 최종적으로 책임진다. 이 구조를 통해 월마트의 물류는 자동화된 공정을 넘어, 인간·AI·로봇이 유기적으로 협력하는 지능형 운영체계로 진화하고 있다.

그 결과는 놀라웠다. 주문의 95%를 8분 이내로 처리할 수 있게 단축했고, 작업자당 처리 속도가 기존 대비 10배 향상되었다. 이에 따라 인건비는 절감되고 주문 정확도 99.9%로 거의 완벽에 가까운 수준으로 향상되었다. 이 프로세스를 통해 월마트는 미국 인구의 80% 이상에게 당일 혹은 4시간 이내 배송을 제공할 수 있게 되었다.

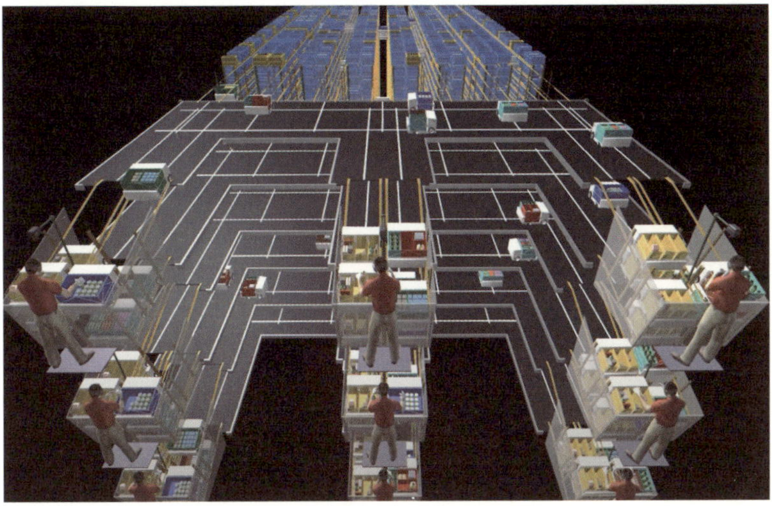

작업자의 이동 없이 AI가 픽킹과 팩킹을 처리하는 모습(출처: 월마트 시연 영상 캡처)

반복적인 육체 노동인 피킹 작업은 로봇이 맡고, 인간은 판단과 예외 대응에 집중하는 구조가 정착되면서 알파봇은 인간과 로봇이 협력하는 하이브리드 인텔리전스 물류의 대표적 사례로 평가받고 있다.

마케팅: 하이브리드 오케스트레이션, 초개인화된 고객 경험을 재창조한다

마케팅의 핵심 이슈와 하이브리드 인텔리전스의 역할

오늘날 마케팅은 메시지를 전달하는 활동에서 지능을 조율하는 과정으로 진화하고 있다. 고객, 데이터, 알고리즘, 인간 마케터, 그리고 AI 에이전트가 서로의 역할을 주고받으며, 하나의 '하이브리드 오케스트라'처럼 움직이는 시대가 열린 것이다.

하이브리드 마케팅 오케스트레이션이란, 디지털 AI(분석형)·피지컬 AI(실행형)·생성형 AI(창조형)·인간의 감성 지능이 하나의 생태계 안에서 협연(協演)하며 고객 경험을 재창조하는 과정을 뜻한다. 이는 인간과 AI가 각자의 강점을 발휘해 고객과의 '진정한 개인화된 관계'를 설계하는 새로운 마케팅 구조를 말한다.

1) 데이터에서 '경험'으로, 마케팅의 초점이 이동하다

과거의 마케팅은 데이터를 분석해 '누가, 무엇을, 언제 구매했는가'를 이해하는 수준이었다. 하이브리드 인텔리전스 시대의 마케팅은 그 이상의 질문을 던진다. "이 고객은 지금 어떤 감정 상태에 있고, 무엇을 원하고, 어떤 방식의 소통을 편안하게 느끼는가?"

이제 마케팅의 경쟁력은 데이터의 양이 아니라 데이터를 '이해'하고 '감정화'할 수 있는 AI의 조율 능력에서 나온다. 디지털 AI가 고객 데이터를 분석하면, 생성형 AI가 그 결과를 감성적으로 재해석하고, 피지컬 AI가 오프라인 접점에서 이를 실시간으로 반영한다. 인간 마케터는 이 모든 과정을 조율하는 지휘자로서의 역할을 수행한다. 로레알의 CREAITECH, BMW의 iFACTORY 고객경험 플랫폼, 그리고 월마트의 온라인·오프라인 통합(옴니채널) 경험은 모두 이런 오케스트레이션의 대표 사례다.

AI가 데이터를 읽고, 로봇이 실행하며, 인간이 감성을 부여한다. 그 결과 고객은 'AI가 만든 경험'이 아니라, '나를 이해하는 브랜드와의 대화'를 체감하게 된다.

2) 초개인화의 진화: '나를 맞추는 서비스'에서 '나를 읽는 관계'로

하이브리드 오케스트레이션이 구현하는 핵심은 초개인화(Hyper-Personalization)다. 이전의 개인화가 '상품 추천'이나 '광고 맞춤' 수준이었다면, 이제는 고객의 감정·맥락·상황을 인식하고, 그에 따라 실시간으로 콘텐츠·가격·경험을 조정하는 동적 개인화로 발전하고 있다.

예를 들어, 한 고객이 온라인에서 향수 정보를 검색하다가 오프라인 매장을 방문하면, 매장의 피지컬 AI가 고객의 과거 검색 데이터를 인식해 향의 강도·패키지·프로모션을 자동 제안한다. 그 순간 생성형 AI가 고객의 언어와 표정에 따라 대화 시나리오를 조정하고, 직원은 그 정보를 토대로 감성적인 상담을 이어간다.

이러한 상호작용의 네트워크 안에서는 AI가 인간을 대체하지 않는다. 오히려 AI가 '듣고', 인간이 '공감하며', 고객이 그 둘을 '자신의 브랜드 경험'으로 느낀다. 이것이 하이브리드 인텔리전스가 만들어내는 궁극의 개인화이다.

마케팅의 구조적 재편: '캠페인 중심'에서 '지속적 학습 구조'로

하이브리드 오케스트레이션의 도입은 마케팅 조직의 작동 방식을 완전히 바꾸었다. 과거에는 특정 캠페인마다 데이터가 쌓이고 사라졌지만, 이제는 AI가 모든 상호작용을 기억하고 학습하여 다음 캠페인, 다음 고객 경험으로 이어지는 지속적 학습 구조가 작동한다.

예를 들어, 로레알은 AI가 생성한 콘텐츠의 반응 데이터를 즉시 분석해 어떤 색감·문구·톤이 특정 지역에서 높은 참여율을 보이는지를 학습시킨다. 이 결과는 자동으로 글로벌 콘텐츠 전략에 반영되어, AI

가 다음 캠페인에서 개선된 결과를 만들어낸다. 마케팅은 더 이상 일회성 프로젝트가 아니라, AI와 인간이 함께 진화하는 순환적 시스템이 되었다.

하이브리드 인텔리전스가 여는 새로운 마케팅 패러다임

하이브리드 인텔리전스의 확산은 마케팅을 '산업 기능'에서 '경험 생태계'로 전환시킨다. 이제 브랜드는 고객의 구매 여정을 따라가는 것이 아니라, 고객의 감정 여정(Emotional Journey)을 함께 설계하는 파트너가 된다. AI가 데이터를 통해 소비자의 '이성'을 읽는다면, 인간은 감성을 해석하고 신뢰를 구축한다. AI가 트리거를 제공하고, 인간이 내러티브를 완성하는 구조 속에서 브랜드는 고객의 '한 순간'이 아니라, '삶의 일부'로 자리잡는다.

결국 하이브리드 오케스트레이션은 기업의 마케팅을 기술 기반에서 인간 중심 지능으로 재정의한다. 이것이 바로 AI가 만드는 초개인화의 시대이자, AI와 인간이 함께 설계하는 경험의 혁명이다.

로레알의 하이브리드 인텔리전스 마케팅 혁신

1) AI와 인간의 협업으로 창의와 속도를 재정의하다

뷰티산업의 선두주자인 로레알은 오늘날 AI 마케팅의 진화를 가장 실질적으로 보여주는 기업 중 하나다. 로레알은 AI를 단순한 마케팅 도구가 아닌, 조직 전체를 재설계하는 하이브리드 인텔리전스 플랫폼으로 활용하고 있다. 데이터와 알고리즘이 인간의 감성과 창의성을 증폭시키는 파트너로 기능하도록 설계한 것이다.

(출처: 로레알)

이 전략의 핵심에는 CREAITECH Beauty Content Lab이라는 독창적인 내부 AI 허브가 있다. CREAITECH는 텍스트 한 줄의 프롬프트로 수천 개의 이미지와 영상을 자동 생성하는 시스템으로, 브랜드 마케터·디자이너·데이터 과학자들이 한 팀으로 협력한다. 예를 들어, 마케터가 "파리의 석양 아래 립스틱을 든 모델"이라는 문장을 입력하면, AI는 이를 일본식 정원, 뉴욕 거리, 아랍의 시장 등 각 지역의 문화적 감성에 맞는 비주얼로 실시간 변환해낸다. 과거 몇 주가 걸리던 글로벌 캠페인 제작이 이제는 단 며칠 안에 완성된다. 이렇게 생성된 콘텐츠는 단순히 빠를 뿐 아니라, AI와 인간이 상호보완적으로 품질을 높이는 구조로 운영된다. AI가 대량의 시각 자료를 제안하면, 인간 디자이너는 그 중 브랜드 철학과 감성에 맞는 이미지를 선택해 세밀하게 수정한다. 이처럼 AI는 '대량·속도·데이터'를 담당하고, 인간은 '감성·맥락·브랜드 철학'을 부여한다. 로레알은 이를 'Co-Creation Marketing', 즉 인간과 AI의 공동 창작 체계로 명명했다.

또한 로레알은 AI를 통한 윤리적 마케팅 거버넌스(Ethical AI Governance)

도 함께 구축했다. 생성형 AI가 만든 인물 이미지(얼굴·피부·체형)는 광고나 외부 커뮤니케이션에 사용하지 않겠다는 원칙을 공식적으로 천명했고, 내부적으로는 생성형 AI T/F를 운영하며 AI 활용에 대한 명확한 가드레일을 마련했다. "AI는 인간의 창의성을 대체하는 기술이 아니라, 그것을 확장하는 도구"라는 CEO의 발언은 이 기업의 방향성을 상징적으로 보여준다.

2) 하이브리드 인텔리전스 마케팅의 효과

로레알의 AI 마케팅은 성과 면에서도 탁월하다. 북유럽 시장에서 AI 기반 미디어 자동화 도구를 도입한 결과, 미디어 효율성은 22% 향상되고, 캠페인 효과는 14% 개선되었다. 고객데이터 플랫폼(CDP)을 활용한 개인화 캠페인에서는 클릭률 26% 상승, 광고 수익률(ROAS) 10배 향상, 고객 획득 비용(CPA) 56% 감소 등의 정량적 성과가 확인되었다.

로레알은 글로벌 마케팅 조직을 AI 중심으로 재편하면서, 약 2,000명의 IT·뷰티 전문가와 800명의 데이터 분석가를 포함한 하이브리드 인텔리전스 팀을 구성했다. 이들은 마케팅, 연구개발, 공급망을 하나의 데이터 네트워크로 연결하고, AI가 실시간으로 시장 반응과 고객 데이터를 해석하여 브랜드 전략에 반영하도록 만들었다.

로레알이 제시하는 마케팅 전략 인사이트

로레알의 AI 마케팅은 기술과 감성, 효율과 윤리의 균형 위에서 작동한다. AI는 데이터를 분석하고 이미지를 생성하며, 인간은 그 위에 스토리와 문화적 맥락을 덧입힌다. AI가 속도를 책임지고, 인간이 의미를 부여하는 것이다. 이 협력 구조는 전통적인 마케팅의 패러다임을 뒤집었다. 과거의 광고가 한 브랜드가 다수의 소비자에게 메시지를 전달하는 방식이었다면, 오늘날 로레알은 한 명의 소비자에게 하나의 브랜드가 대화하는 듯한 맞춤형 경험을 설계한다. 이것이 바로 하이브리드 인텔리전스가 만들어낸 새로운 마케팅 구조다.

로레알의 사례는 단순히 AI를 잘 활용한 기업이 아니라, AI와 인간이 협업하는 방식 자체를 비즈니스 모델로 삼은 기업의 전형이다. AI가 창의의 무대를 넓히고, 인간이 그 무대 위에서 브랜드의 감성을 완성한다. 로레알의 마케팅 혁신은 기술이 아닌 '공존의 철학', 즉 인간과 AI의 협주를 중심으로 진화하고 있다.

> "AI는 로레알의 크리에이티브 파트너다. 인간의 감성과 알고리즘의 지능이 만날 때, 브랜드의 아름다움은 그 자체로 혁신이 된다."(L'Oréal Chief Digital & Marketing Officer)

조직문화와 리더십의 재편: 퀀텀 엔터프라이즈로의 전환

4

AI가 산업의 방식을 바꿨다면, 하이브리드 인텔리전스는 이제 일하는 인간의 본질을 바꾸고 있다. 데이터·로봇·생성형 AI가 하나의 지능으로 얽히는 시대에, 조직은 더 이상 위계적 구조나 기능별 효율로만 설명되지 않는다. 기업의 경쟁력은 "얼마나 많은 데이터를 보유했는가"가 아니라, "얼마나 빠르고 유연하게 인간과 AI가 협력하며 진화할 수 있는가"로 측정된다.

필자는 2024년 출간된 〈챗 GPT는 내 비서〉에서 이 변화를 이끄는 퀀텀 워커(Quantum Worker)와 리더 그리고 퀀텀 엔터프라이즈(Quantum Enterprise)라는 용어와 개념을 창안하였다. 이제 새로운 일터와 조직문화가 어떻게 하이브리드 인텔리전스 패러다임과 함께 변화되는지 살펴보자.

퀀텀 워커-리더-엔터프라이즈의 정의와 특성

퀀텀 워커, 중첩과 얽힘으로 일하는 새로운 유형의 인재

'퀀텀'이라는 단어는 물리학의 개념을 넘어, '불연속적 도약과 중첩, 그리고 얽힘'을 통해 새로운 상태로 전환되는 존재를 뜻한다. 즉, 퀀텀 워커는 점진적 변화가 아니라 질적 도약(Quantum Leap)으로 일하는 방식을 끊임없이 재창조하는 동태적 진화의 인재다. 그들은 단순히 생성형 AI를 사용하는 직원이 아니다. AI와 '중첩(Superposition)'된 역할을 수행하고, 다양한 AI 도구들과 '얽힌(Entangled)' 협업 구조 안에서 자신의 역량을 확장한다. 분석은 디지털 AI가, 실행은 피지컬 AI가, 창의는 생성형 AI가 담당하고, 인간은 그 모든 흐름을 하나의 '오케스트레이션'으로 지휘한다.

이 새로운 일터에서 퀀텀 워커는 다음과 같은 특성을 지닌다.

- 중첩(Superposition): 한 사람이 여러 역할로 동시에 업무를 수행한다

  퀀텀 워커는 하나의 직무에 고정되지 않는다. 필요할 때마다 자신만의 AI 에이전트를 불러와 일을 나누고, 상황에 따라 역할을 바꿔 가며 일한다. 예전에는 '기획자는 기획만' 했다면, 이제는 한 사람이 여러 작업 모드를 오가며 일하는 것이 자연스러운 상태가 된다.
- 얽힘(Entanglement): 혼자 일하지 않고, 항상 연결되어 일한다

  퀀텀 워커는 AI, 로봇, 자동화 시스템, 그리고 다른 사람들과 항상 연결된 상태에서 일을 수행한다. 인간의 결정은 즉시 AI에 전달되고, AI와의 협업은 다시 팀과 시스템으로 이어진다. 일은 개인 단위가 아니라 네트

워크 속에서 동시에 진행된다.

- 도약(Leap): 조금 잘하는 사람이 아니라, 판을 바꾸는 사람
  퀀텀 워커의 성과는 점진적으로 쌓이지 않는다. AI 도구와 인간의 통찰을 결합하면서 성과의 속도와 크기 자체가 달라진다. 어제보다 10%, 20% 더 잘하는 것이 아니라, 같은 시간을 사용하여 10배, 20배의 결과를 만들어낸다. 이들은 반복을 최적화하는 사람이 아니라, 일하는 방식 자체를 다시 설계하는 사람이다.

즉 퀀텀 워커는 한 사람이 여러 역할을 넘나들고(중첩), 혼자가 아니라 항상 연결되어 일하며(얽힘), 일을 '조금 더'가 아니라 '전혀 다르게' 해내는(도약) 존재다. 그들은 일의 경계를 넘고, 기술과 감성의 조합으로 새로운 문제를 정의하며, 조직 안에서 '일하는 법' 자체를 재설계한다.

퀀텀 리더, 관리자가 아니라 진화의 촉진자

이제 리더의 역할은 지시하는 자(Director)에서 진화의 촉진자(Facilitator of Evolution)로 전환되고 있다. 리더는 더 이상 팀의 성과만을 관리하지 않는다. 그는 인간과 AI가 만들어내는 지식의 얽힘, 데이터의 흐름, 창의의 발현을 조율하는 오케스트라의 지휘자다. AI가 일의 구조를 자동화할수록, 리더는 의미(Meaning)와 맥락(Context)의 관리자가 되어야 한다. 성과 목표를 정하는 대신, 학습·윤리·협업의 질을 설계하고, AI가 인간의 감정을 대체하지 않도록 가드레일을 세우는 것이 퀀텀 리더의 역할이다.

퀀텀 엔터프라이즈, 변화에 적응하지 않는 기업

궁극적으로 조직 전체는 '정적 구조(Structure)'에서 '동적 생태계(Ecosystem)'로 전환된다. 퀀텀 엔터프라이즈는 기술적 변화에 적응하는 기업이 아니라, 변화 그 자체를 자신의 성장 에너지로 흡수하는 기업이다.

이 기업은 끊임없이 진화하는 세 가지 루프를 가진다.

- 학습 루프(Learning Loop): AI와 인간이 서로의 지식을 증강한다.
- 혁신 루프(Innovation Loop): 실험과 실패가 빠르게 순환하며, 새로운 아이디어가 즉시 적용된다.
- 신뢰 루프(Trust Loop): 가드레일과 윤리 기준이 명확히 작동하여, AI 사용에 대한 내부 신뢰가 축적된다.

이러한 루프 구조를 통해 퀀텀 엔터프라이즈는 머무르지 않는 조직으로 진화한다. 변화를 두려워하지 않고, 기술과 인간의 관계를 유기적으로 엮어가며, 지속적인 혁신의 파동(Quantum Wave)을 만들어내는 것이다.

하이브리드 인텔리전스 시대의 일터는 더 이상 고정된 시스템이 아니다. 각각의 구성원이 AI와 얽히고, 다양한 프로젝트·역할·도구 안에서 '에너지의 흐름처럼 작동하는 유기체'로 재편된다.

이 책이 제시하는 퀀텀 엔터프라이즈의 핵심은 다음 문장으로 요약된다. "미래의 경쟁력은 기술이 아니라, 인간과 AI가 얽혀 흐르며 끊임없이 진화할 수 있는 능력에 있다." 이제 기업의 문화와 리더십, 그리고 일터의 규칙을 다시 써야 한다. 양자의 도약처럼, 조직도 단계적 개선이 아닌 비약적 전환을 요구받고 있다. 그리고 그 중심에는 중첩된 역할과 얽힌 관계 속에서 지속적으로 학습하고 도약하는 퀀텀 워커가 있다.

일터의 작동방식, 퀀텀 워커로 재정의되다

'일을 수행'하는 사람이 아니라 '일의 작동을 설계'하는 사람

20세기 산업화 시대의 일터는 정의된 절차를 수행하는 공간이었다. 효율, 표준화, 분업이 핵심 가치였고, 사람은 시스템의 한 구성요소로 기능했다. 그러나 AI가 일의 구조를 스스로 학습하고 자동화하는 지금, 인간은 더 이상 작업을 수행하는 노동자(Performer)가 아니라 '일의 작동 방식을 설계하는 설계자(Designer of Work System)'로 진화하고 있다.

이 전환의 중심에 있는 인재가 바로 퀀텀 워커다. 그는 단일한 직무나 역할에 갇히지 않고, 디지털 AI · 피지컬 AI · 생성형 AI가 얽힌 지능 네트워크 속에서 상황에 따라 즉시 자신의 역량과 도구를 '중첩'시킨다. 예컨대, 과거의 마케팅 담당자가 주어진 데이터를 분석하고 보고서를 작성했다면, 퀀텀 워커는 AI가 생성한 인사이트를 바탕으로 새로운 캠페인 시나리오를 즉석에서 기획하고, 동시에 생성형 AI를 활용해 콘텐츠를 실험하며, 피지컬 AI 로봇을 통해 오프라인 체험공간의 반응 데이터를 수집한다. 하나의 직무가 다중 모드로 작동하는 것, 이것이 퀀텀 워커의 일터다.

퀀텀 엔터프라이즈

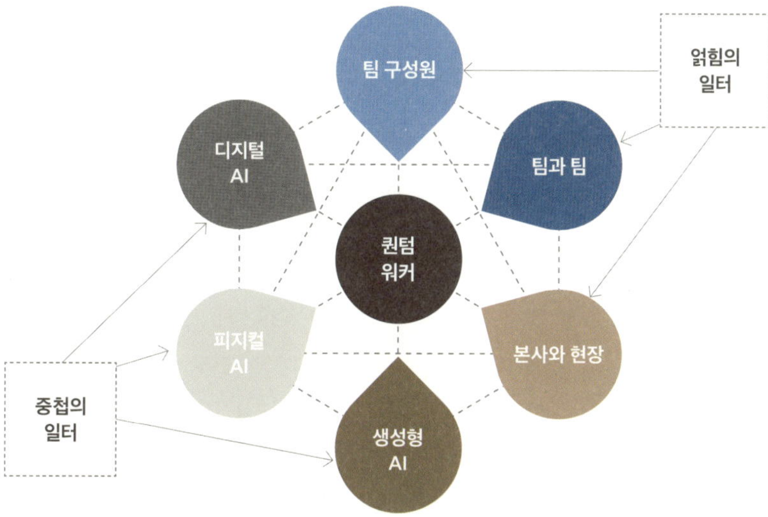

중첩의 일터: 다중 모드로 사고하고 행동한다

양자역학에서 중첩은 한 입자가 여러 상태에 동시에 존재하는 현상을 말한다. 퀀텀 워커에게 이 개념은 '다양한 역할과 도구를 상황에 따라 즉시 전환하는 능력'으로 확장된다. 그들은 한 가지 역할만 수행하지 않는다. 분석가이자 기획자이고, 실험자이자 창작자다. 디지털 AI로 시장 패턴을 예측하고, 생성형 AI로 그 결과를 시각화하며, 피지컬 AI로 이를 즉시 현실 환경에 실험해본다.

- 데이터 기반의 디지털 사고(Data Thinking)

- 창의적 언어 표현력(Creative Expression)
- 물리적 실행 감각(Physical Execution)

퀀텀 워커는 위 세 가지 능력을 동시에 발휘하는 다중지능형 일꾼이다.

이들은 일의 단계별로 구분된 절차 대신, AI의 피드백 루프를 통해 '계속 조정되고 재생성되는 업무 흐름' 속에서 일한다. 한마디로 퀀텀 워커의 일터는 '일의 경계가 사라진 실험실'이 된다.

얽힘의 일터: 인간과 AI, 그리고 팀 간 상호의존 구조

양자 얽힘은 두 입자가 물리적으로 떨어져 있어도 하나의 상태로 연결되어 있는 현상을 말한다. 오늘날 조직의 일터도 마찬가지다. AI와 인간, 팀과 팀, 본사와 현장은 물리적 거리를 넘어 실시간으로 얽혀 있다. 퀀텀 워커는 이 얽힘 구조 속에서 협업의 새로운 리듬을 만들어낸다. AI가 분석한 데이터를 인간이 검증하고, 생성형 AI가 문서를 작성하면, 인간은 그 의도를 감성적으로 다듬는다. 현장의 피지컬 AI 로봇이 수집한 데이터를 본사 AI가 통합 분석하면, 다시 인간 리더가 전략적 의사결정을 내린다. 이 상호작용의 흐름은 단순한 협업을 넘어선다. 각 구성원은 서로의 데이터를 읽고, 맥락을 이해하며, 피드백을 즉시 반영한다. AI는 인간의 사고방식을 학습하고, 인간은 AI의 분석 논리를 해석하면서 서로의 지능을 증강하는 순환 고리를 만든다. 이 얽힘 구조 덕분에 퀀텀 워커는 '혼자 일하지 않는 개인', 즉, '연결된 지성'의 일부로 존재한다.

도약의 일터: 점진이 아닌 비약적 성장

퀀텀 워커의 성장은 선형(Linear)이 아니라 도약적(Exponential)이다. 그들은 단순히 효율을 개선하거나 루틴을 최적화하는 수준을 넘어선다. AI와 함께 문제의 정의를 새롭게 하고, 기존에는 불가능했던 방식으로 문제를 해결함으로써 결과를 질적으로 도약시킨다.

예를 들어, 한 제조 엔지니어는 피지컬 AI 센서로 수집된 데이터를 디지털 트윈으로 시각화하고, 생성형 AI에게 "결함의 원인을 설명하라"는 프롬프트를 던진다. AI가 생성한 가설을 실험 설비에 연결하면, 24시간이 걸리던 진단 과정이 단 몇 시간 만에 끝난다. 이처럼 퀀텀 워커는 '도구를 쓰는 사람'이 아니라 '도구와 함께 도약하는 사람'이다. 그들이 만들어내는 변화의 핵심은 단계적 개선이 아니라, 업무 구조 전체를 다시 정의하는 혁신이다.

휴먼 터치의 복원, '디코히런스(Decoherence)'를 막는 리듬

하지만 중첩과 얽힘이 커질수록 혼란과 피로도도 커진다. AI의 과잉 개입, 업무 전환에 따른 잦은 맥락 교체, 감정적 단절은 일터의 집중력과 신뢰를 깨뜨릴 수 있다. 이를 양자물리학의 언어로 표현하면, '디코히런스(Decoherence)', 즉, 중첩된 상태가 무너지는 순간이다.

퀀텀 워커가 이 붕괴에 처하지 않도록 업무의 리듬을 유지할 수 있도록 지원 체계를 만들고 조직을 설계해야 한다. AI가 모든 결정을 대신하도록 내버려두지 않고, 인간의 판단이 반드시 개입하는 단계(Human-in-the-Loop)를 유지해야 한다. 이러한 개입의 역할이 퀀텀 리더의 역할이 되어야 한다. 또한 하루 중 특정 시간에는 'AI와의 비연결 상태'를 확보하여 AI와 인간의 역할을 명확히 구분해야 한다. 이러한 리듬과 경계의 설계가 퀀텀 워커의 지속가능성을 보장한다. AI의 속도와 인간의 사유가 공존하는 '리듬감 있는 일터'야말로 진정한 하이브리드 인텔리전스가 구현되는 공간이다.

일터의 미래: '직무'가 아니라 '중첩된 정체성'

전통적 일터에서는 "당신의 직무가 무엇입니까?"라는 질문이 중요했다. 하지만 퀀텀 워커에게는 이 질문이 무의미하다. 그들에게 중요한 것은 직무(Job)가 아니라 중첩된 정체성(Role Identity)이다. 그의 정체성은 끊임없이 변화한다. AI와의 상호작용을 통해 학습하며, 새로운 문제에 맞게 자신의 역할을 재조합한다. 하루는 생성형 AI와 브랜드 내러티브를 설계하고, 다음 날은 로봇을 통한 현장 프로세스 개선을 이끈다. 퀀텀 워커는 '고정된 사람'이 아니라 '하나의 진화하는 새로운 지능'이다.

PB(투자 자문 전문가)는 어떻게 퀀텀 워커로 진화하는가?

PB(Private Banker)는 고액 자산가 개인 고객을 대상으로 종합적인 금융 컨설팅 및 자산 관리 서비스를 제공하는 전문가이다. 과거의 PB는 정보의 전달자였다. 시장을 설명하고, 상품을 비교하며, 고객의 질문에 답하는 역할이 중심이었다. 그러나 AI 에이전트가 일상화되는 시대에 PB의 역할은 근본적으로 달라지고 있다. 이제 PB는 정보를 '설명하는 사람'이 아니라, AI 에이전트를 설계하고 조율하는 지능의 오케스트레이터로 진화하고 있다.

이 변화의 출발점은 의외로 단순하다. 개인 PB가 자신만의 고객 분석 에이전트를 갖는 것이다. 오늘날 챗GPT의 커스텀 GPT 기능을 활용하면, 별도의 개발 없이도 5분 안에 개인 전용 에이전트를 만들 수 있다. 에이전트의 이름을 정하고, 역할과 성격을 정의하며, 고객 관련 문서와 리포트를 업로드하고, 필요한 경우 뉴스나 데이터 API를 연결하는 것만으로 하나의 '디지털 동료'가 완성된다. 이 에이전트는 단순한 챗봇이 아니라, PB의 사고 방식을 학습한 개인화된 고객 인사이트 엔진으로 작동한다.

PB들의 개인 에이전트는 고객 이해의 깊이를 완전히 바꾼다. PB가 고객과 나눈 대화 기록이나 상담 메모를 입력하면, AI는 고객의 투자 성향, 리스크 허용도, 반복적으로 언급하는 관심사, 감정 기조까지 구조화한다. 어떤 고객이 '불안 관리형 스토리'에 반응하고, 어떤 고객이 '기회 중심 서사'에 움직이는지를 자동으로 분석해 준다. 실제로 글로벌 금융사들의 PB들은 고객 미팅 기록을 AI로 분석해, 다음 미팅에서 어떤 자산군을 어떤 언어로 설명해야 하는지를 미리 설계하고 있다.

이 개인 에이전트는 콘텐츠 영역에서도 PB를 증강시킨다. PB는 주 1회, 3분 안에 읽을 수 있는 고객 전용 인사이트 브리핑을 자동으로 생성해 VIP 고객에게 제공할 수 있다. 같은 시장 상황이라도 고객의 자산 규모, 업종, 관심사에 따라 완전히 다른 버전의 콘텐츠가 만들어진다. 생일, 승진, 사업 확장 같은 고객의 생애 이벤트가 발생하면, AI는 단순한 축하 메시지가 아니라 경제적 맥락이 담긴 맞춤 메시지를 생성한다. 이때 PB는 '정보 발송자'가 아니라, '관계 설계자'로 기능한다.

더 중요한 변화는 의사결정 지원 영역에서 나타난다. AI 에이전트는 포트폴리오를 숫자로 설명하지 않는다. 대신 PB가 요청하면 "이 포트폴리오가 지금 같은 금리 환경에서 왜 유리한지"를 비유와 이야기로 풀어낸다. 성과가 부진한 자산에 대해서도 변명용 문장이 아니라, 고객이 납득할 수 있는 시나리오 기반 설명서를 만들어 준다. PB는 이 결과를 그대로 전달하는 것이 아니라, 고객의 맥락에 맞게 조율하며 신뢰를 구축한다.

이렇게 AI 에이전트로 증강된 PB의 정체성은 분명해진다. PB는 더 이상 '상품 판매자'가 아니다. AI가 기본 분석을 맡고, 인간은 스토리·판단·신뢰를 책임지는 구조가 형성된다. 모두가 같은 AI를 쓰는 시대일수록, 차별화는 고객의 맥락과 심리를 읽는 능력에서 발생한다. 이때 PB는 단순한 사용자(User)가 아니라, 자신만의 에이전트 생태계를 설계하는 혁신자(Innovator)가 된다.

이것이 바로 투자회사의 '퀀텀 워커'다. 인간(PB)의 경험과 직관, 디지털 AI의 분석과 기억, 조직 데이터가 결합된 초개인화 금융 서비스에서 AI는 PB를 대체하지 않는다. 오히려 PB를 한 단계 위의 존재로 끌어올린다. 고객 한 명 한 명에게 맞춘 지능이 작동하는 순간, 금융 서비스는 상품이 아니라 관계 기반의 지능 서비스로 재정의된다.

퀀텀 엔터프라이즈, HR의 역할 재정의

HR은 '인사 관리'가 아니라 지능의 생태계를 설계하는 중추 기관

산업화 시대의 HR은 인적 자원을 관리하는 기능이었다. 채용하고, 평가하고, 보상하며, 승진을 설계하는 것이 핵심 역할이었다. 그러나 퀀텀 엔터프라이즈로 진입한 지금, HR의 정체성은 근본적으로 달라지고 있다. 이제 HR은 사람을 관리하는 부서가 아니라, 조직의 지능이 어떻게 작동할지를 설계하는 엔지니어이자 오케스트라의 지휘자가 된다.

하이브리드 인텔리전스 시대에 조직의 성과를 좌우하는 질문은 더 이상 "누가 어떤 일을 하는가"가 아니다. 진짜 핵심은 인간과 AI가 어떤 방식으로 역할을 나누고, 어떻게 협력하며, 어떤 리듬으로 함께 일하는가에 있다. HR의 중심 임무는 사람을 통제하는 것이 아니라, 사람과 AI의 관계 구조를 설계하는 일로 이동하고 있다.

이 변화 속에서 HR의 역할은 세 가지 방향으로 진화한다. 첫째, HR은 인간의 역량을 확장하는 설계자가 된다. 직원들이 AI를 위협이 아니라 성장의 도구로 활용할 수 있도록 학습 경로를 설계하고, 개인의 능력이 AI를 통해 증강되도록 돕는다. 교육은 더 이상 일회성 훈련이 아니라, 사람과 AI가 함께 진화하는 지속적인 여정이 된다.

둘째, HR은 AI에 대한 신뢰를 구축하는 책임자가 된다. 조직 내에서 AI가 공정하고 투명하게 작동하도록 기준과 원칙을 세우고, 윤리적 가드레일을 마련한다. 이는 기술 통제가 아니라, 구성원들이 AI의 판단을 이해하고 신뢰할 수 있게 만드는 조직적 장치다.

셋째, HR은 인간과 AI가 함께 일하는 협업의 리듬을 설계한다. 데이터의 속도와 인간의 감정, 효율과 공감이 충돌하지 않고 조화를 이루도록 업무 흐름과 의사결정 구조를 디자인한다. 이때 HR은 단순한 지

퀀텀 엔터프라이즈의 HR 역할

원 부서가 아니라, 조직 전체의 지능이 조화롭게 작동하도록 조율하는 핵심 기능이 된다.

결국 퀀텀 엔터프라이즈의 HR은 사람을 관리하는 부서가 아니라, 사람과 AI가 함께 성과를 만들어내는 지능적 조직 구조를 설계하는 중심축으로 자리잡게 된다.

채용: '스펙'이 아니라 '적응력'을 본다

퀀텀 엔터프라이즈의 채용 기준은 과거와 근본적으로 다르다. 더 이상 특정 전공이나 경력 중심으로 평가하지 않는다. AI 시대의 인재는 지속 학습과 기술 흡수력, 그리고 변화에 대한 감정적 회복력으로 평가된다. 예를 들어, BMW와 로레알은 AI 인재를 채용할 때 '프롬프트 엔지니어(Prompt Engineer)'나 '데이터 분석가(Data Analyst)' 대신 'AI 협업 전문가(Collaborator)'라는 새로운 개념을 도입했다. 이는 AI와 함께 문제를 해결하고 의미를 해석할 수 있는 사람을 의미한다.

따라서 HR은 이력서보다 'AI 협업 포트폴리오'를 본다. 이는 프로젝트 단위로 인간과 AI가 어떻게 상호작용했는지를 보여주는 새로운 평가 방식이다.

교육: 퀀텀 러닝(Quantum Learning), 학습의 속도를 재정의하다

기존의 HRD는 직무 중심 교육이었다. 그러나 퀀텀 엔터프라이즈는 '지식의 확산 속도'를 조직 경쟁력의 핵심 변수로 본다. AI의 학습 속도는 인간보다 수천 배 빠르다. 이 격차를 메우기 위해 HR은 학습이 업무 속에서 자동으로 일어나는 구조를 만든다. 예를 들어 AI가 프로젝트 수행 중 오류를 감지하면, 그 이유와 개선 방향을 직원에게 즉시 피드백하며, 이는 곧 개인 맞춤형 학습 콘텐츠로 전환된다. 이것이 바로 퀀텀 러닝 시스템(QLS, Quantum Learning System)이다.

- 데이터 기반 학습 루프: AI가 업무 데이터를 분석해 학습 주제를 제안
- 생성형 AI 튜터: 실시간 학습 코칭 및 프롬프트 피드백
- 피지컬 AI 트레이너: 안전·생산 환경에서의 물리적 학습 보조
- 휴먼 코치: 학습의 방향성을 잡고, 윤리·창의적 감각을 강화

이 네 요소가 결합하여, AI와 인간이 동시에 학습하는 조직, 즉 공진형 학습 생태계가 완성된다.

평가: AI와 인간의 이중 피드백 루프의 결합

기존의 인사평가는 연말에 이루어지는 정적인 절차였다. 하지만 퀀텀 엔터프라이즈에서는 AI와 인간이 서로를 실시간으로 평가하는 이중 피드백 루프가 작동한다. AI는 직원의 업무 패턴을 학습해, 집중도·창의성·협업지수를 제시한다. 인간은 그 데이터를 참고하되, 감정적 맥락과 윤리적 판단을 보완한다. AI의 평가가 정량적 진단이라면, 인간의 평가는 정성적 해석이다. 예를 들어 지멘스는 AI가 제시한 생산라인 관리자 성과지표를 리더가 해석하면서 '직원의 스트레스 수준, 창의적 제안 횟수' 등 데이터에 없는 인간적 변수를 포함시켜 평가 모델을 조정한다. 이것이 AI 평가의 인간화이며, HR의 본질적 역할은 이 균형을 지키는 것이다.

보상: '결과 중심'에서 '지능 기여도 중심'으로

퀀텀 엔터프라이즈의 보상 체계는 성과가 아니라 지능의 기여도를 기준으로 설계된다. 즉, 결과물만이 아니라 조직 전체의 학습과 혁신을 얼마나 증폭시켰는지가 핵심이다. 예를 들어, 한 직원이 생성형 AI를 활용해 효율을 높였을 뿐 아니라, 그 사용법을 다른 팀에 전파해 조직 전체의 생산성을 향상시켰다면, 이는 단순한 개인 성과가 아니라 조직 지능 향상으로 평가된다. 이런 보상 체계는 경쟁보다 협력을 촉진하며, AI와 인간의 '지식 순환 속도(Knowledge Circulation Rate)'가 높아질수록 조직의 총체적 경쟁력이 강화된다.

조직문화: '지시'에서 '공진'으로

전통적 조직문화는 위계와 명령을 기반으로 했다. 하지만 퀀텀 엔터프라이즈에서는 AI와 인간이 대화하는 리듬이 곧 조직문화가 된다. AI는 단순한 보고 체계를 대체한다. 직원은 상사의 판단을 기다리지 않고, AI와 실시간 시뮬레이션을 통해 결정을 가시화한다. 이 과정에서 리더는 지시자가 아니라 공진자(Resonator)가 된다.

구글 딥마인드(Google DeepMind)의 리더십 모델처럼, AI와 인간의 대화 속에서 떠오른 아이디어를 즉시 실험하고 실패를 데이터로 전환하는 구조가 만들어진다. 명령에서 공명으로, 보고에서 대화로, 이것이 퀀텀 엔터프라이즈의 조직 리듬이다.

HR의 새로운 정체성, CHIO

미래의 HR 최고책임자는 더 이상 CHRO(Chief Human Resource Officer)

에 머물지 않는다. 앞으로 HR의 중심에는 CHIO(Chief Hybrid Intelligence Officer)라는 새로운 역할이 등장한다. CHIO는 사람을 관리하는 책임자가 아니라, 인간·AI 에이전트·데이터·물리 시스템이 함께 작동하는 지능의 생태계를 설계하고 운영하는 관리자다. 이 생태계에서 HR의 임무는 명확히 달라진다. 먼저 조직 전체가 어떻게 인간과 AI의 협업 구조를 갖추어야 하는지를 설계한다. 업무 단위마다 어떤 AI가 개입하고, 인간은 어떤 판단과 책임을 맡아야 하는지에 대한 하이브리드 인텔리전스 아키텍처를 그리는 일이다.

또한 HR은 AI가 조직 안에서 신뢰받는 동료로 작동하도록 윤리적 기준과 가드레일을 구축하고, 이를 구성원들이 이해하고 활용할 수 있도록 교육한다. 이는 규제를 위한 통제가 아니라, AI의 판단과 행동이 투명하고 설명 가능하도록 만드는 조직적 안전장치다.

아울러 HR은 인간과 AI가 함께 사용하는 협업 도구와 업무 방식의 표준을 정립하고, 구성원별·조직별 역량 지도를 관리한다. 개인의 능력, AI의 기능, 팀의 목표가 서로 어긋나지 않도록 정렬하는 역할이다. 더 나아가 조직 내부에 존재하는 다양한 AI 에이전트들이 서로 충돌하지 않고 협력할 수 있도록, 역할 분담과 의사소통 규칙을 포함한 협업 프로토콜을 설계한다.

이렇게 변화한 HR은 더 이상 사람 중심의 행정 부서가 아니다. 미래의 HR은 조직 전체의 지능이 어떻게 작동하는지를 책임지는 운영 주체, 즉 조직 지능의 운영체계(Intelligence Operating System, IOS)를 관리하는 핵심 부문으로 진화하게 된다.

HR은 이제 '조직의 뇌'

AI 시대의 HR은 더 이상 지원 부서가 아니다. 그들은 조직의 지능적 중추이자 문화의 신경망이다. 인간과 AI가 공진하는 리듬을 설계하고, 데이터와 감성, 속도와 윤리를 동시에 조율한다. 퀀텀 엔터프라이즈에서 HR은 조직의 뇌이며, 신경이며, 학습의 촉매다. 그들이 설계한 하이브리드 인텔리전스 시스템 속에서 조직은 더 이상 정적인 구조물이 아니라, 스스로 진화하는 생명체로 재탄생한다.

모더나(Moderna)의 HR 역할 재정의

코로나 백신을 개발한 기업인 모더나는 2024~2025년 사내에 GPT 기반의 AI 에이전트 체계를 도입하며 HR과 IT 기능을 하나의 지능 구조로 통합하는 조직 혁신을 단행했다.

모더나는 기존의 직무 중심(Job-based) 인력 운영 방식을 폐기하고, 문제·프로젝트 단위의 작업 체계(Work Plan)로 전환하였다. 이 과정에서 AI 에이전트가 업무의 일부를 수행하거나 보조하며, 인간과 AI가 함께 협업하는 새로운 업무 흐름이 만들어졌다. 그 결과 HR은 단순한 인력 관리 부서가 아니라 조직 지능을 설계·운영하는 핵심 부문으로 재정의되었다.

모더나는 '모더나 GPT'를 사내 표준 도구로 도입하고 이를 정보 검색 수준이 아닌 에이전트 네트워크로 활용하였다. HR 영역에서는 온보딩 자료 생성, 조직문화 분석, 직원 질의 응답, 성과 리뷰 문서 자동 생성 등의 기능을 GPT가 처리하였다. IT 영역에서는 헬프데스크 자동화, 코드 리뷰, 보안 점검, 운영 리스크 진단 등이 에이전트 기반으로 전환되었다. 이로써 HR과 IT는 독립된 기능 부서가 아니라 하나의 지능 인프라를 공유하는 통합 운영체계가 되었다.

조직 설계에서도 AI 중심 사고가 적용되었다. 모더나는 업무를 재배치할 때 'AI가 먼저 수행할 수 있는가'를 기준으로 검토하였으며, 인간과 AI 간 역할 분담을 유연하게 조정하는 체계를 구축하였다. 이는 HR의 정체성을 사람 관리에서 조직 지능 아키텍처 관리로 확장시키는 계기가 되었다.

이러한 변화는 실질적 성과로 이어졌다. HR 문의의 다수가 GPT에 의해 자동 응답되었고, IT 헬프데스크 처리 시간은 크게 단축되었다. 내부 문서를 검색하는 시간은 줄었고, 교육 콘텐츠 제작 기간도 대폭 감소하였다. 프로젝트 계획 수립 역시 기존 대비 절반 가까이 단축되었다. 모더나는 이를 'AI-First Enterprise Operating System'이라고 정의하며 HR과 IT 기능을 조직 운영 지능(Intelligence Operations)의 관점에서 하나의 구조로 통합하였다.

모더나의 실험은 하이브리드 인텔리전스 시대의 HR이 CHRO가 아닌 CHIO로 확장될 것임을 보여주는 대표적 사례이다. HR은 AI 에이전트, 데이터, 물리적 시스템을 포함한 조직 전체의 지능 생태계를 설계하고 관리하는 기능으로 재편되고 있다. 모더나의 사례는 이러한 변화를 기업 수준에서 가장 먼저 구현한 실험이며, 향후 조직 운영의 표준이 될 가능성이 높다.

역발상의 AI 역량 강화 전략: 리버스 멘토링

리버스 멘토링, 세대와 기술의 단절을 잇는 다리

"이제 지식은 위에서 아래로 흐르지 않는다. 네트워크를 통해 옆으로 흐른다."(1999, 잭 웰치, GE 전 CEO)

1999년, GE의 잭 웰치는 디지털 문맹 상태에 있던 고위 관리자들에게 젊은 직원으로부터 인터넷과 온라인 트렌드를 배우는 프로그램을 도입했다. 그것이 바로 리버스 멘토링(Reverse Mentoring)의 출발점이었다. 이 제도는 단순한 세대 교류 프로그램이 아니라 조직의 속도와 감수성을 회복하는 문화적 개혁 장치였다. 젊은 세대는 디지털의 언어를 가르치고, 경영진은 경험과 판단을 공유했다. 그 결과 GE는 상명하복의 관료조직에서 학습과 대화가 흐르는 수평적 조직으로 탈바꿈할 수 있었다. 오늘날 생성형 AI와 Zα(Gen Z + Alpha) 세대가 공존하는 조직에서도 리버스 멘토링은 다시금 '지능 전환기의 촉매'로 주목받고 있다. AI 리터러시의 격차는 곧 세대 간의 격차이기 때문이다.

Zα세대, AI 시대의 자연 언어를 구사하는 멘토

Zα세대는 디지털 네이티브를 넘어 AI 네이티브다. 그들은 태어나면서부터 알고리즘과 대화하며 성장했고, 데이터를 감각적으로 이해하며, 감정의 언어와 기술의 언어를 구분하지 않는다. 이 세대가 조직 내에서 갖는 역할은 단순한 젊은 피가 아니라 기업의 AI 친화도(AI Affinity)를 높이는 실제적인 멘토다. (Zα세대의 특성과 조직 활용 전략은 다음 장에서 자세하게 다룬다.)

Zα세대 특성	리버스 멘토링의 연결 가치
디지털 네이티브: AI·SNS·데이터 활용 능숙	경영진의 디지털 감수성 향상
수평적 가치관: 나이보다 아이디어 중시	세대 간 신뢰·공감 회복
속도 중심: 빠른 피드백과 실험 허용	보수적 조직문화 혁신의 자극제
개인 브랜딩 지향: 진정성·표현 강조	리더에게 신세대 고객 감성 전파

Zα세대의 리버스 멘토링 역량

지금 시대의 리버스 멘토링은 'AI 리터러시 격차 + 세대 간 문화 격차 + 고객 감성 격차를 동시에 해소하는 삼중 혁신 장치로 작동할 수 있다.'

퀀텀 엔터프라이즈가 리버스 멘토링을 제도화할 때는, 단순한 세대 간 소통 프로그램을 넘어 조직이 스스로 학습하고 진화하는 구조를 구축해야 한다. 이 과정은 세대 간의 교류를 기반으로 한 자기 진화형 학습 시스템(Self-Learning System)을 만드는 일이다.

첫 번째 단계는 목적 설정이다. 리버스 멘토링의 목적은 세대 간 문화 및 기술 격차를 해소하고, 디지털 전환의 속도를 높이는 데 있다. 이를 위해 CEO를 포함한 고위 리더들이 Z세대 문화와 디지털 감각을 이해하는 세션에 직접 참여한다.

두 번째는 매칭 설계이다. 젊은 직원이 멘토가 되고, 조직의 리더가 멘티가 되는 구조로, 1:1 또는 1:N 형태로 구성한다. AI 기반 매칭 시스

단계	핵심 내용	구체적 운영 방식
1단계 목적 설정	세대·기술 격차 해소 및 디지털 전환 가속화	고위 관리자 대상 'Z세대 문화 업데이트' 세션, CEO 직접 참여
2단계 매칭 (Matching)	젊은 직원(멘토)↔ 리더(멘티)1:1 혹은 1:N 구성	AI 기반 매칭 시스템 활용 (IBM의 Mentor Match 사례)
3단계 교육 주제 설정	세대 간 상호 학습 주제 선정	AI툴 사용, 쇼트폼 마케팅, SNS 소통법 등
4단계 정기 세션 운영	월 1~2회 온·오프라인 멘토링 진행	워크숍·실습 병행, 리더십 피드백 교환
5단계 피드백 및 확산	학습 결과를 조직 혁신 의사결정에 반영	사내 저널 운영, 우수 멘토 보상, 변화 사례 공유회 개최

리버스 멘토링 제도화의 5단계

템을 활용하면 개인의 관심사, 기술 수준, 커뮤니케이션 스타일을 고려한 정밀한 연결이 가능하다.

세 번째는 주제 설정이다. 단순한 대화가 아니라 실질적인 학습이 일어나야 한다. 생성형 AI 도구의 활용법, 숏폼 콘텐츠 제작, SNS 기반 소통 전략 등 현업에 바로 적용 가능한 디지털 역량을 주제로 선정한다.

네 번째는 정기 운영이다. 월 1~2회의 온·오프라인 세션을 통해 지속적인 상호 학습을 진행하며, 실습과 피드백을 병행한다. 이 과정은 리더에게는 리더십 재설계의 기회를, 젊은 멘토에게는 영향력 확대의 계기를 제공한다.

마지막은 피드백과 확산이다. 멘토링을 통해 얻은 학습 결과는 조직의 전략과 운영에 반영되며, 사내 저널 발간이나 변화 사례 공유회를 통해 전사적으로 확산된다. 우수 멘토에게는 보상을 제공함으로써 프로그램의 지속성과 동기부여를 강화한다.

이 다섯 단계는 단순한 세대 교류를 넘어, 조직이 기술과 세대의 차이를 성장의 자산으로 전환하는 메커니즘을 구축하는 과정이다. 퀀텀엔터프라이즈는 이와 같은 리버스 멘토링 시스템을 통해 진정한 세대 공진형 조직으로 진화해 간다.

글로벌 기업들의 리버스 멘토링 성공 사례

1) IBM, AI 리터러시의 조직적 확산

IBM은 '멘토 매치(Mentor Match)'라는 AI 기반 플랫폼을 도입하여 Z세대 직원이 시니어 임원에게 AI, 클라우드, 챗봇, 프롬프트 엔지니어링을 코칭하도록 설계했다. AI가 관심사·업무 분야를 분석해 멘토와 멘티를 자동 매칭한 결과 다음과 같은 3대 성과를 달성했다.

- 시니어 관리자들의 AI 프로젝트 참여율 40% 증가
- 멘토로 참여한 젊은 직원들의 리더십 역량 강화
- 조직 전반의 AI 친화도 상승

IBM은 이를 AI 시대의 집단 학습 모델로 발전시켜, 현재는 전 세계 60여 개국 지사에서 동일 프로그램을 운영 중이다.

2) PwC, Z세대의 문화 감수성을 리더십에 이식

PwC는 'Z세대 문화 업데이트 프로그램'을 통해 파트너급 임원들에게 틱톡-인스타그램 콘텐츠 전략, 팬덤 마케팅, 디지털 윤리를 교육하도록 했다. 이 과정에서 임원들은 Z세대 고객의 감성을 피부로 이해하고, 실제 마케팅 프로젝트에 젊은 세대의 언어를 반영하여 성과를 거두었다.

- 고객 프로젝트의 Z세대 타겟 반응률 18% 상승
- 내부 신뢰지수(Trust Index) 22% 향상
- 세대 간 의사소통 피로감 30% 감소

3) 네슬레, 지속가능성과 세대 공존의 결합

네슬레는 리버스 멘토링을 단순한 기술 교육이 아닌 ESG 및 지속가

능 소비 주제 중심의 세대 융합 프로그램으로 발전시켰다.

20~30대 젊은 직원들로 멘토를 구성하고, 친환경 포장, 순환경제, MZ 소비행동 분야에 대해서 중간관리자 및 지역 임원이 그들로부터 멘토링을 받도록 했다.

네슬레가 '지속가능한 세대지능(Sustainable Generational Intelligence)'이라 부르는 이 프로그램은 매우 성공적이었다.

- 사내 지속가능성 캠페인 참여율 2배 증가
- 신제품의 '친환경 감성' 반영률 35% 향상
- 내부 리더십 문화의 세대 간 신뢰 회복

리버스 멘토링이 퀀텀 엔터프라이즈에 주는 의미

리버스 멘토링은 단순한 인재 육성 프로그램이 아니라, 조직의 지능적 방향을 바꾸는 리더십 실험실이다.

그 핵심 가치는 세 가지다.

- 속도(Speed): 세대 간 학습 속도의 차이를 메우고 조직 반응력을 향상시킨다.
- 감각(Sense): Zα세대의 문화 감수성을 리더층의 전략 감각에 이식한다.
- 공진(Symphony): 인간과 AI, 세대와 세대가 함께 학습하는 하모니를 만든다.

리버스 멘토링은 퀀텀 엔터프라이즈의 AI 리터러시 확산 엔진이자,

세대 간 '지능의 공명'을 일으키는 구조적 장치다. AI 시대의 리더십은 더 이상 지식을 전달하는 권위가 아니라 지식이 흐를 수 있는 통로를 설계하는 감수성이다.

리버스 멘토링은 바로 그 변화를 제도화한 문화다. Zα세대의 언어로 디지털을 배우고, AI의 사고방식으로 문제를 재해석하며, 서로 다른 세대의 경험을 조직의 가치로 전환하는 과정이다.

즉 퀀텀 엔터프라이즈의 리더십은 이제 '가르치는 자'가 아니라 함께 배우며 공진하는 자(Learning Resonator)다. 이것이야말로 AI와 인간, 세대와 세대, 경험과 감각이 한데 얽혀 하이브리드 인텔리전스로 진화하는 새로운 리더십의 양자 도약(Quantum Leap of Leadership)이다.

AI는 고령화되는 농업을 미래산업으로 전환할 수 있는가?

- 농촌 고령화의 유일한 대안, 하이브리드 인텔리전스

한국 농업의 가장 큰 위기는 기술이 아니라 사람의 부재다. 농촌 인구의 절반 이상이 65세를 넘었고, 젊은 세대는 귀농할 용기를 내지 못한다. 비싼 인건비는 작물의 원가를 높이고, 노동력의 공백은 생산량 감소로 이어지며 식량안보 위기로 번지고 있다. 현재의 고령화 속도라면, 2035년엔 농지의 절반이 경작을 포기할 것이라는 암울한 전망도 나온다.

이 절박한 현실에서 AI와의 협력은 농업을 지속가능하게 만드는 유일한 해법이다. 기계가 인간을 대체하는 것이 아니라, 인간의 한계를 보완하며 함께 일하는 동반자로 진화하는 것이다. AI는 냉철한 기술이 아니라, 따뜻한 협력의 언어다. '기계의 자동화'가 아니라 '인간의 감각을 확장하는 도구'다.

- 판별형 AI는 농부가 찍은 작물의 사진을 분석해 병충해를 판별한다.
- 피지컬 AI는 자율 로봇팔로 과수원의 딸기를 수확하고 선별을 자동화한다.
- 생성형 AI는 농부의 언어로 대화하며, "올해 내 밭엔 어떤 품종이 좋을까?"라는 질문에 즉각 답한다.

세 가지 AI를 결합하여 농부와 협업 체계를 만들어야 한다. AI는 인간을 대체하지 않는다. AI가 감각을 확장하고, 인간이 의미를 부여하며, 그 협업의 결과로 농업은 지능의 산업(Intelligence Industry)으로 변모한다.

멀티 AI 에이전트 기반 농업 가치사슬 재설계

하이브리드 인텔리전스 농업의 본질은 농업의 8단계 가치사슬(파종 → 제초 → 육성 → 질병관리 → 수확 → 선별 → 판매 → 식탁)을 AI와 로봇이 함께 수행하는 멀티 에이전트 시스템으로 재설계하는 데 있다. 이 프로세스 중 대표적인 3가지 단계(육성, 수확, 선별)에 대해 가치사슬의 재설계를 제시한다.

육성 단계, 인간과 AI의 실시간 협업

이른 새벽, 피지컬 AI가 탑재된 트랙터가 스스로 밭을 돌며 작물 상태를 점검한다. 열 감지 카메라와 센서가 잎의 변색을 포착하고, 디지털 AI가 병충해 발생 가능성을 진단한다. 잠시 후 생성형 AI가 농부의 스마트폰으로 메시지를 보낸다.

"오늘 새벽 배추밭에서 초기 해충이 감지되었습니다. 오전 7시에 방제 모드를 시작할까요?" 잠에서 깬 농부가 "응, 실행해줘"라고 말하면, 트랙터는 방제를 수행하고 결과 데이터를 자동 기록한다.

기계가 판단하지만, 최종 결정을 내리는 것은 인간이다. AI는 감각을 넓히고 인간은 의미를 부여한다. 이 협력 구조가 바로 하이브리드 인텔리전스의 본질이다.

수확 단계, AI 손의 정밀 수확

디지털 AI는 작물의 색·온도·형태 데이터를 분석해 성숙도 예측 모델을 만든다. 피지컬 AI는 로봇팔을 이용해 과일의 위치와 질감을 인식하고, 멍이 들지 않게 정교하게 수확한다.

예를 들어 아그로봇(Agrobot), 어번던트 로보틱스(Abundant Robotics) 같은 기업은 AI 비전과 로봇팔을 결합해 자율 수확 시스템을 구현했다. 생성형 AI는 "오늘 수확 예상량 2.8톤, 시장가 대비 수익률 +14%"와 같은 수확의 경제성 리포트를 자동 생성한다.

수확의 모든 과정은 하이브리드 오케스트레이션이다. 디지털 AI가 판매처별 성숙도를 분석하고, 피지컬 AI가 수확 작업을 수행하며, 생성형 AI가 잔존 수확량과 수익률 보고서를 작성한다. 농부는 데이터를 기반으로 다음 수확 타이밍을 결정한다.

딸기 수확에 적용된 하이브리드 인텔리전스의 예

"언제, 무엇을, 어떻게 수확할 것인가"

딸기 농장이 두 개의 시장으로 나뉜다고 가정하자. 하나는 싱가포르 수출용, 다른 하나는 서울 도심 공급용이다. 농부는 1,000개의 딸기를 두 개의 시장에 공급해달라는 요청을 받았다. 농부는 설치되어 있는 AI 로봇팔을 이용해서 딸기를 수확하려고 한다.

싱가포르로 가는 딸기는 수확 후 항공 운송과 유통 과정을 거치므로 약 5일 후에 가장 맛있는 상태가 되어야 한다. 반면, 서울에 공급되는 딸기는 유통 시간이 짧기 때문에 2일 후에 가장 맛있는 상태로 소비자에게 도달해야 한다.

결국 주어진 과제는 "얼마나 빨리 수확하느냐"가 아니라, "어떤 딸기를 언제 가장 맛있게 소비자가 즐기게 할 것인가"이다. 만약 농부가 지금 가장 맛있는 상태의 딸기를 싱가포르 수출용으로 수확한다면 어떻게 될까? 운송 과정에서 과숙이 발생하고, 결국 반품과 폐기로 이어져 막대한 손실이 발생한다. 즉, 이 문제는 단순한 수확의 문제가 아니라 예측·판단·실행·소통이 동시에 필요한 의사결정 문제다.

① 판단: 디지털 AI

디지털 AI는 딸기 하나하나의 색상, 당도, 경도, 크기 데이터를 분석해 '이 딸기는 2일 후 최적', '이 딸기는 5일 후 최적'이라는 미래 맛 도달 시점을 예측한다.

1,000개의 딸기는 더 이상 동일한 상품이 아니다. 시간을 내장한 상품(Time-embedded Product)으로 재분류되어야 한다. 로봇 팔에 장착된 디지털 AI는 2개의 그룹으로 나누어 개별 딸기를 판단하게 된다.

- A그룹: 5일 후 최적 → 싱가포르 수출용
- B그룹: 2일 후 최적 → 서울 공급용

② 실행: 피지컬 AI

이제 수확 단계다. 피지컬 AI 기반 로봇팔은 딸기 위의 줄기를 정밀하게 컷팅하면서, 동시에 딸기를 부드럽게 감싸 안아 멍이 들지 않도록 수확한다. 딸기가 멍들어 상품 가치가 없어지는 '잡아서 따는' 방식의 문제점을 해결하는 수확이다.

이 과정에서 로봇은 다음을 동시에 수행한다.

- 딸기 손상 방지
- 크기·무게 자동 계측
- 개별 딸기의 ID 부여

수확은 더 이상 노동이 아니라 정밀한 공정이 된다.

③ 소통: 생성형 AI

이 모든 데이터는 생성형 AI를 통해 사람이 이해할 수 있는 언어로 변환된다.

- "오늘 수확한 딸기 중 620개는 싱가포르 수출용입니다."
- "서울 공급용 딸기는 평균 단가가 높아 추가 마진이 발생했습니다."
- "이번 수확 전략으로 폐기율은 3% 감소했습니다."

생성형 AI는 농부에게 복잡한 데이터가 아닌 의사결정 요약 보고서를 제공한다. 수출 바이어에게는 "이 딸기는 도착 후 24시간 뒤 가장 맛있습니다"라는 품질 스토리와 신뢰 정보를 전달하는 설명서를 생성한다.

④ 판단과 책임: 인간

최종 결정은 인간의 몫이다. 농부는 AI의 제안을 바탕으로 다음을 판단한다.

- 오늘은 수출 물량을 늘릴 것인가?
- 국내 가격 변동을 반영해 출하 비율을 조정할 것인가>
- 프리미엄 딸기로 브랜딩할 것인가?

AI는 판단을 대체하지 않고 농부의 판단 능력을 증강한다.

⑤ 결과: 가치사슬의 변화

마지막으로 생성형 AI는 자동으로 수익 보고서를 작성한다.

- 수확량 대비 실제 판매 수익
- 시장별 평균 단가
- 폐기 감소로 인한 비용 절감 효과

딸기 수확은 더 이상 '따는 행위'가 아니다. 그것은 시간·시장·가격·경험을 동시에 설계하는 지능적 가치사슬이다.

📌 이 사례는 "딸기 농업의 경쟁력은 더 많이 수확하는 기술이 아니라, 언제 수확해야 가장 큰 가치를 만들 수 있는지를 판단하는 지능에 있다"는 것을 말해 주는 대표적 예이다.

이것이 바로 3가지 AI와 인간의 4중 협력이 만드는 하이브리드 인텔리전스 농업이다.

선별 단계, 눈 대신 판단하는 AI

수확 이후 농산물 처리 과정에서는 디지털 AI가 핵심적인 역할을 맡는다. 초당 수천 개의 농산물을 분석하는 이미지 비전과 머신러닝 모델은 색상, 크기, 당도, 미세한 결함까지 즉시 판별하며 품질을 정밀하게 분류한다. 이러한 기술은 이미 글로벌 현장에서 검증되고 있다. 노르웨이의 탐라 푸드(Tomra Food)는 감자와 과일의 불량 여부를 거의 완벽에 가까운 수준으로 식별하고 있으며, 알리바바의 농산물 플랫폼은 사과와 복숭아의 등급 분류를 전면 자동화해 사람의 개입 없이 품질 표준을 유지하고 있다.

이렇게 분류된 결과를 바탕으로 피지컬 AI 로봇팔은 등급별로 농산물을 자동 포장하고 적재한다. 인간의 손을 거치던 반복적이고 정밀한 작업을 로봇이 수행함으로써 속도와 정확성이 동시에 향상된다. 여기에 생성형 AI가 결합되면서 또 하나의 변화가 일어난다. 생성형 AI는 생산 데이터를 해석해 "오늘 수확물 중 프리미엄 등급 비율은 71%"와 같은 소비자용 품질 리포트와 마케팅 문구를 자동으로 만들어낸다.

뉴질랜드의 키위 브랜드 제스프리(Zespri)는 이러한 데이터를 활용해 국가·시장·고객군별로 다른 맞춤형 마케팅 메시지를 생성하고, 이를 글로벌 판매 전략과 직접 연결하고 있다. 이 사례는 디지털 AI가 품질을 판단하고, 피지컬 AI가 실행하며, 생성형 AI가 그 가치를 언어와 스토리로 전환하는 구조가 어떻게 산업 성과로 이어지는지를 보여준다. 그 결과 농업은 품질, 생산성, 수익성이 동시에 상승하는 '3중 도약'을 실현하는 단계로 진입하고 있다.

농업 3.0, 스마트팜을 넘어 하이브리드 에이전트팜으로

스마트팜은 데이터로 제어하는 농장이지만, 하이브리드 에이전트팜(Hybrid Agent Farm)은 지능이 협력하는 생태계다.

디지털 AI는 위성·센서 데이터를 분석해 기후 리스크를 예측하고, 피지컬 AI는 자율 드론으로 관개와 방제를 수행한다. 생성형 AI는 '이번 주 지역 소비 트렌드에 맞춘 레시피 영상'을 자동 제작해 농가의 온라인 판매 채널에 게시한다. 이 모든 과정을 인간이 지휘한다. 이제 농부는 노동자가 아니라 AI 오케스트라의 지휘자가 된다. 그의 손끝에서 데이터와 생명이 함께 연주된다. AI는 농업의 기계화가 아니라, 농업의 인간화를 복원하는 파트너가 된다. 농부는 더 이상 흙과 씨앗만 돌보는 존재가 아니라, 데이터를 경영하고, 생명을 디자인하는 창조적 직업인으로 재탄생한다. AI가 토양의 수분을 계산할 수는 있어도, 그 흙의 향기와 계절의 리듬을 느낄 수는 없다. 하이브리드 인텔리전스는 바로 그 감각의 틈까지 메운다.

하이브리드 에이전트 플랫폼, 몬산토의 *Climate FieldView*

세계 농업의 디지털 전환을 상징하는 대표적 사례는 몬산토의 *Climate FieldView* 플랫폼이다. 2018년 독일의 바이엘에 인수된 몬산토는, 현재 전 세계 23개국의 대규모 상업 농장과 농업 컨설턴트, 중소 농가까지 포괄하는 하이브리드 에이전트형 디지털 농업 생태계를 구축하고 있다.

1) 데이터 기반 의사결정, 디지털 AI의 역할

*Climate FieldView*는 트랙터, 드론, 토양 센서, 위성 데이터 등에서 수집한 방대한 농업 데이터를 클라우드 기반의 AI 시스템으로 통합 분석한다. 이 플랫폼은 토양의 수분·온도·질소량을 실시간으로 모니터링하고, 작물의 생육 단계를 자동 분류하여 '어떤 밭에, 언제, 얼마만큼의 물과 비료를 줘야 하는지'를 정확히 예측한다. 특히 디지털 AI가 생성하는 예측 모델은 기후 패턴·토양 특성·파종 시기·품종 데이터를 종합해 각 포장(Field) 단위의 수확량 시뮬레이션을 제공한다. 이 기능만으로도 미국 아이오와 주의 농부들은 평균 수확량을 10% 이상 향상시키는 성과를 거뒀다.

2) 로봇·드론·센서의 연동, 피지컬 AI의 구현

*FieldView*는 단순한 데이터 분석 도구가 아니다. 현장에 배치된 드론과 자율주행 트랙터, 파종기, 비료살포기가 실시간으로 연결되어 하나의 피지컬 에이전트 네트워크(Physical Agent Network)를 형성한다. AI는 위성 이미지에서 식생 변화 지수를 감지하면 즉시 드론을 출동시켜 농약이나 비료를 필요한 위치에만 정밀 살포한다. 이 과정에서 AI와 로봇이 인간의 명령 없이 협업하며 농부는 스마트폰에서 단순히 확

인 버튼을 누르는 수준으로 방대한 농작업을 통제할 수 있다.

3) AI와 인간의 상호작용, 생성형 AI의 도입

몬산토는 2024년부터 내부 생성형 AI 시스템 E.L.Y.(Expert Large Language for Yield)를 시험 중이다. E.L.Y.는 농부의 자연어 질문에 응답하며, "올해 옥수수 품종 중 가뭄에 가장 강한 것은?", "다음 주 비 예보 시, 살충제를 미리 뿌리는 것이 나을까?"와 같은 질문에 농업 컨설턴트 수준의 조언을 제공한다.

또한 수확기에는 생성형 AI가 '올해 농가별 예상 수익 리포트'와 '작황에 따른 지역 단위 탄소 절감 효과' 보고서를 자동 생성한다. 이로써 농부는 데이터를 분석할 필요 없이 즉시 경제성과 지속가능성을 함께 평가할 수 있게 되었다.

AI가 과학을 제공하고, 인간이 의미를 완성하는 공진형 협력 시스템을 통해 농업은 다시 인간의 산업이 된다. 지능이 땅을 파악하고, 인간이 그 언어를 번역한다. 그때 비로소 농업은 과학과 감성, 데이터와 생명, 기술과 공동체가 만나는 가장 인간적인 미래 산업으로 진화한다.

"AI는 농업의 기계화가 아니라, 농업의 인간화를 복원하는 기술이다."

DRIVE

PART 4

Vitality

Zα세대, 경제 · 사회의 미래 권력

Decoupling
Regulation
Hybrid Intelligence
Vitality
Ecology

산업의 역사는 기술 발전의 역사로 보이지만, 그 안을 들여다보면 세대 교체의 연대기였다. 기계화 시대에는 베이비부머가, 컴퓨터 시대에는 X·Y세대가 중심이었다. 생성형 AI가 창의성의 영역까지 접수한 지금 산업 활력의 새로운 근원은 기술이 아니라 새로운 세대의 감각·가치·관계 방식이다.

DRIVE의 네 번째 축인 V(Vitality)는 바로 '산업 활력의 전환'을 다룬다. 여기서 활력은 단순한 성장률이 아니라 산업 생태계가 스스로 회복하고 재순환하는 인간 세대의 에너지다. 기술은 이 활력을 증폭시키는 수단일 뿐, 그 근원은 언제나 사람, 특히 새로운 세대가 만들어내는 가치의 구조다. 과거 활력의 기반이 노동·자본·기술이었다면, 이제는 세대의 소통 방식, 세계관, 참여도가 경제의 리듬을 좌우하는 새로운 생산요소가 되고 있다.

이 변화의 중심에는 소비자이자 생산자이며 알고리즘의 해석자인 Zα(Zalpha) 세대가 있다. Zα세대는 태생적으로 AI와 함께 자라며, 지속 가능성과 다양성을 선택이 아닌 기본값으로 이해한다. 브랜드를 제품이 아니라 대화의 파트너로 인식하고, 소비를 자신의 정체성을 표현하는 방식으로 사용한다. 이제 Zα세대가 경제의 새로운 다수(New Economic Majority)가 되었다.

따라서 기업은 세대를 '고객'이 아니라 산업 활력을 강화하는 '에너지 파트너'로 이해해야 한다. Zα세대의 감각을 해독하는 기업만이 미래 시장에 적응할 것이며, 그 감각을 산업의 언어로 번역하는 국가만이 글로벌 경쟁력을 회복할 수 있다.

이 Part에서는 5가지 세부 주제를 탐색한다.

1. 모든 것이 다른 Zα세대의 이해
2. Zα의 언어로 바뀌는 소통과 소비의 질서
3. Zα를 사로잡는 산업별 마케팅 성공 사례
4. Zα를 포용하는 조직문화와 리더십의 변화

미래 실험실 한국 Zα의 글로벌 파급력을 어떻게 비즈니스에 활용할까?

모든 것이 다른 Zα세대의 이해

1

세대의 교체가 산업의 활력을 바꿔왔다

산업의 새로운 활력은 언제나 '세대의 교체'에서 시작된다. 기술의 발전, 제도의 혁신, 자본의 축적보다 더 근본적인 변화의 힘은 세대가 바뀌면서 일·소비·가치관의 패턴이 전환되는 순간에 만들어진다. 세대의 변화는 단순한 인구통계의 이동이 아니라, 산업의 심장박동이 리듬을 바꾸는 사건이다. 각 세대는 자신이 성장한 시대의 사회 흐름과 기술을 바탕으로 경제의 활력을 만들어냈다. 과거의 세대들이 어떻게 산업의 방향과 문화를 바꾸어 왔는지를 알면, 현재의 Zα세대가 만들어낼 새로운 경제 활력의 의미를 이해할 수 있다.

경제의 주역으로 등장한 Zα세대(출처: shutterstock)

베이비붐 세대, 산업화의 엔진을 돌린 사람들 (1946~1964)

2차 세계대전 이후 세계는 재건의 시대를 맞았다. 이 시대는 '산업'이라는 단어가 가장 빛나던 시기였다. 기계와 공장, 생산성과 효율, 조직과 충성. 모든 것이 산업 성장의 동의어였다. 베이비붐 세대는 "노력은 배신하지 않는다"는 신념으로 움직였다. 조직의 목표를 자신의 목표로 받아들이며, 국가와 기업의 성장 속에서 개인의 성취를 찾았다. 그들은 산업화를 이끈 세대이자, 근대적 자본주의의 엔진이었다.

- 경제적 활력의 원천: 노동력과 인구 규모
- 소비의 성격: 실용적·안정적, 장기적 자산 축적 중심
- 산업에 미친 영향: 제조업 중심의 산업 생태계, 대기업 중심의 성장 모델
- 대표 키워드: 복종, 헌신, 집단적 가치

그들의 일터는 조직이었고, 그들의 꿈은 '더 큰 집, 더 좋은 직장'이었

다. 경제의 활력은 생산의 양과 속도로 측정되었다.

X세대, 회의와 균형·새로운 현실감각의 세대 (1965~1980)

X세대는 산업의 엔진이 한계에 부딪힌 시점에 등장했다. 석유파동, 냉전의 긴장, 정보화의 시작 등 그들은 불안과 변화를 동시에 경험했다. 베이비붐 세대가 조직에 충성했다면, X세대는 자기 자신에게 충성했다. 이들은 '회사 말고 나의 인생'이라는 새로운 감각을 키웠고, 개인주의와 효율성이라는 가치로 산업의 문법을 바꾸기 시작했다. 이들은 PC, 인터넷, 모바일의 초창기를 경험한 디지털 전환의 교량 세대였다. 아날로그 감성과 디지털 논리가 공존한 세대인 X세대 덕분에 산업은 디지털의 초입으로 진입할 수 있었다.

- 경제적 활력의 원천: 정보기술의 도입, 합리적 사고
- 소비의 성격: 가성비·실속형, 필요 중심의 효율적 소비
- 산업에 미친 영향: 온라인 유통, IT산업, 초기 벤처의 태동
- 대표 키워드: 자기정체성, 회의, 균형, 독립

이들은 산업의 활력을 '속도에서 방향으로' 전환시킨 세대였다. '열심히'보다 '현명하게', '집단적 경쟁'보다 '개인적 생존'을 택했다.

밀레니얼 세대(Y세대), 연결과 경험의 경제를 만든 세대 (1981~1996)

Y세대는 인터넷과 함께 자랐고 스마트폰과 함께 사회에 진입했다. 이들에게 디지털은 기술이 아니라 환경이었다. 그들은 '소유'보다 '경험'

을 중시했고, 브랜드의 스토리보다 '참여할 수 있는 가치'를 원했다. 베이비붐 세대가 공장에서 산업을 만들었다면, 밀레니얼 세대는 플랫폼 위에서 새로운 산업을 만들었다.

소셜미디어와 공유경제, 구독 서비스, 가치소비는 모두 밀레니얼의 문화적 활력이 만들어낸 결과였다.

- 경제적 활력의 원천: 네트워크와 공유경제
- 소비의 성격: 경험 중심, 윤리적·사회적 가치 고려
- 산업에 미친 영향: 플랫폼 경제, 스타트업 붐, 콘텐츠 산업의 부상
- 대표 키워드: 협업, 연결, 다양성, 공감

이들은 "가치 있는 소비가 나를 정의한다"고 믿었다. 기업이 아닌 브랜드의 철학이 그들의 선택을 이끌었다. 그 결과 산업은 기술 중심에서 관계 중심으로 이동했다.

왜 세대 구분이 A·B·C가 아닌 X·Y·Z·Alpha인가?

세대 구분의 알파벳이 A·B·C로 시작하지 않은 이유는 단순히 '순서'의 문제가 아니다. 1960년대 중반, 베이비붐 세대 이후의 새로운 집단을 연구하던 미국 사회학자들은 이들을 기존의 규범으로 설명하기 어렵다고 판단했다. 그리하여 '정의되지 않은 세대', 즉 미지수를 뜻하는 X로 명명했다. 이후 세대 구분은 '새로운 세대의 연속성'을 표현하기 위해 X → Y → Z로 이어지게 되었고, Z에 도달했을 때 "이제 인류 문명은 한 사이클을 완성했다"는 상징적 의미가 부여되었다. 그 다음 세대를 'A'로 되돌리는 대신, 그리스 문자의 첫 글자 α(알파)를 사용한 것은 '새로운 문명의 시작(New Civilization Cycle)'을 선언한다는 의미였다.

- X = 정의되지 않은 세대 (Unknown)
- Y = 연결의 세대 (You, Why)
- Z = 마지막 알파벳, 전환의 세대
- α = 새 문명의 시작, 포스트 인간 세대 (Post-Human Generation)

따라서 Zalpha란 산업 대전환 이후 세대인 Z와 Alpha를 합성한 신조어이다. Zalpha는 단순한 세대 구분이 아니라, 문명적 리셋을 상징한다.
앞으로 이 책에서는 Zα라는, 단순하면서도 명확한 축약된 단어를 사용할 것이다. 독자들은 이것을 '잘파'라고 읽어 주기를 바란다.

세대 구분	출생 년도	나이 구간
빌더(Builder) 세대	1928 — 1945	80~97세
베이비붐 세대	1946 — 1964	61~79세
X 세대	1965 — 1980	45~60세
Y(M)세대	1981 — 1996	29~44세
Z 세대	1997 — 2012	13~28세
Alpha 세대	2013 — 현재	0~12세

Zα의 탄생, 코로나와 알고리즘이 빚은 세대

2020년, 세대의 경계가 다시 그어진 해

2020년은 코로나19라는 질병으로 인한 엄청난 재앙을 학창시절에 겪은 인류를 Z세대라고 구분하기 시작한 해이다. 그 이전까지 세대의 기준은 '전쟁'이나 '경제위기' 혹은 '기술 혁신'이었다. 그러나 코로나

19는 그것과 전혀 다른 방식으로 세대를 갈랐다. 전쟁은 일부 지역의 경험이었고, 경제위기는 세대 간 불균형을 심화시켰지만, 팬데믹은 인류 전체의 삶의 방식을 일시에 바꿨다. 학교가 닫히고, 거리두기가 일상이 되었으며, 교실은 줌(Zoom)으로 대체되고, 친구는 화면 속 '아이콘'이 되었다. Z세대는 이때 '사회적 존재'로서의 친구와 선생님을 디지털 기술 속의 가상공간에서 접한 첫 세대가 되었다. 이전의 세대가 디지털 기술을 '도구'로 배웠다면, Z세대는 그것을 '생활의 환경'으로 받아들였다. 그들은 처음으로 물리적 공간이 아닌 디지털 공간에서 지적으로 성장한 세대다.

2020년에서 2023년 사이, 초등학교 1학년부터 대학 4학년까지의 세대는 모두 같은 교육 환경(원격 수업, 비대면 소통, 디지털 과제 제출)을 경험했다. 이 세대는 인류 역사상 처음으로 '교실 없는 학교'를 다닌 세대다. 이들은 서로 다른 나라, 다른 언어, 다른 문화권에 살고 있었지만 모두가 같은 플랫폼(줌, 구글 클래스, 팀즈, 유튜브)을 사용했다. 즉, Z세대는 전 인류가 가상공간의 공동 학습 경험으로 묶인 첫 세대였다. 그들은 태생적으로 공유와 협업의 언어에 익숙하고, '정보의 소유'보다 '정보의 흐름'을 중시한다. 이런 경험은 그들의 사고방식을 개인 중심이 아닌 네트워크 중심으로 바꿨다.

기술이 아니라 알고리즘이 만든 세대

Z세대 이전의 세대는 기술의 발전을 바깥에서 관찰했다. 그러나 Z세대는 기술이란 환경의 내부에서 성장했다. 그들이 어릴 때 이미 세상은 알고리즘에 의해 재편되고 있었다.

넷플릭스가 취향을 분석해 영화를 추천했고, 유튜브가 관심사를 학습하여 영상을 보여주었으며, 틱톡은 사용자의 반응 시간을 기반으로 개인의 정체성을 예측했다.

즉, Z세대는 '스스로 생각하는 기술' 속에서 자아를 형성한 최초의 세대다. 이전 세대가 기술을 선택했다면, 이 세대는 기술이 그들을 선택했다. AI는 이 세대에게 위협이 아니라 동료이자 일상의 일부였다. Z세대는 AI를 두려워하지 않는다. 그들은 AI를 '생각을 나누는 파트너'로 인식한다. 그래서 이들은 생성형 AI와 가장 자연스럽게 공진화하는 세대다.

Z와 알파의 구분, 기술과 인간의 경계가 희미해진 세대

코로나 팬데믹 시기에 초등학교 1학년부터 대학 4학년까지의 세대가 Z세대라면, 그 이후 태어난 세대는 자연스럽게 알파(α) 세대로 이어진다. 이 구분은 단순히 연령의 문제가 아니다. Z세대는 '디지털로 사회를 배운 세대', 알파 세대는 'AI와 함께 태어난 세대'다. Z세대가 AI 기술을 '활용'한다면, 알파세대는 기술과 공존하는 법을 학습한다.

Z는 '적응의 세대(Adaptive Generation)', 알파는 '공진화의 세대(Co-evolutionary Generation)'다. 따라서 Zα라는 개념은 이 둘을 하나로 묶어 '산업 대전환 이후의 첫 세대'로서 기술·문화·경제의 새로운 에너지 주체로 정의할 수 있다.

Zα세대, 그들의 머리와 심장을 해부한다

"Zα의 머리는 인공지능과 함께, 심장은 공감의 코드로 뛴다"

머릿속의 세계: AI, 메타버스, 그리고 즉시적 감각의 세대

Zα의 뇌는 AI와 메타버스로 구조화된 디지털 공간 속에서 작동한다. 그들에게 기술은 단순한 도구가 아니라 감각기관의 확장이다. AI는 '대화 상대', 메타버스는 '생활 공간'이다. 그들은 평균 8초 안에 판단을 내리고, 기억보다는 즉시적 반응을 중시한다. 이른바 '8초 집중력의 경제' 속에서 자란 세대다.

Zα의 인지 공식

정보는 '축적'이 아니라 '순환'의 대상이다.

사고는 '숙고'가 아니라 '반응'의 과정이다.

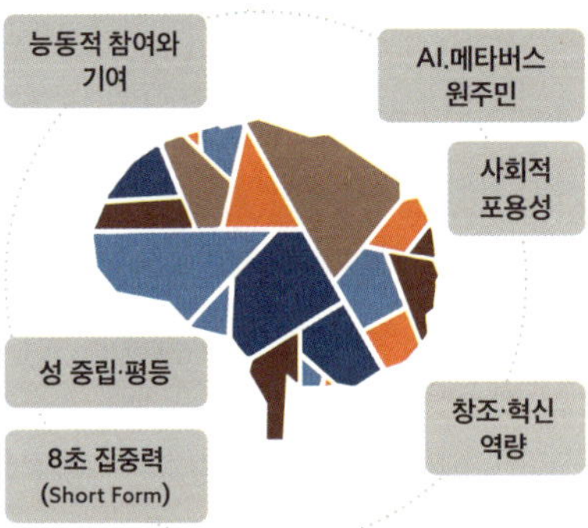

80%	기업의 윤리와 환경 문제를 중요하게 인식
42%	나의 미래상황에 긍정적. 밀레니얼 세대는 72%가 긍정적
58%	필요하다면 세상을 바꾸기위해 기존 시스템을 파괴해야 한다
70%	생성 AI를 활용

Z세대의 뇌 구조와 특성에 대한 통계

AI는 이들에게 생각을 대신하는 것이 아니라, 사고의 속도를 가속화하는 두 번째 두뇌다. 그들은 인간의 직관과 인공지능의 연산을 결합해 '지식의 깊이'보다 '연결의 속도'를 우선시한다.

심장의 코드: 공감, 포용, 그리고 정의감의 세대

이들의 심장은 놀라울 만큼 따뜻하다. 2024년 딜로이트 조사에 따르면, Zα의 80%가 기업의 윤리와 환경 문제를 중요하게 인식하고 있으며, 58%는 "필요하다면 세상을 바꾸기 위해 기존 시스템을 파괴해야 한다"고 답했다. 이는 단순한 반항이 아니라 시대에 대한 그들의 도덕적 감각이다.

그들에게 ESG는 기업의 마케팅 수사가 아니라 기업과 관계를 맺기 위한 최소 조건이다. 그들은 지구환경이 가장 안 좋아지기 시작한 시기에 출생했다. 신체의 알레르기를 많이 겪는 이 세대는 지구환경 문제가 자신의 건강과 생명에 직결되는 문제라는 의식을 가지게 되었다.

또한 42%만이 자신의 미래를 긍정적으로 본다는 수치는 그들의 냉정한 현실 인식과 동시에 "기존 질서로는 희망을 찾을 수 없다"는 세대적 직감을 보여준다. (동일 조사에서 밀레니얼은 72%가 '긍정적'이었다.)

그들은 낙관 대신 참여를 선택한다. 체제에 기대지 않고, 스스로 세상을 재설계하려 한다. 이 점에서 Zα세대는 행동하는 실용적 이상주의자(Pragmatic Idealist)다.

문화적 표현: 시간은 자산이고, 콘텐츠는 압축된다.

Zα세대는 빠르게 사고하고, 짧게 표현하며, 즉시 행동하는 세대다.

미국 Z세대의 58%는 영화관보다 집에서 스트리밍 서비스로 영화를 본다. 일본의 87.6%는 영상을 1.5배속으로 시청한다. 이들은 무제한 콘텐츠 시대에 태어나, '시간 낭비는 악, 자신만의 가치는 선'이라는 가치관을 갖게 되었다. 그들에게 정보는 '깊이'보다 '밀도', 경험은 '길이'보다 '효율'이다.

Zα의 두뇌는 빠른 자극 속에서 즉시 의미를 포착하도록 훈련된 뇌다. 그들은 더 이상 느리게 사는 법을 배우지 않는다. 대신 즉시 판단하고 즉시 창조하는 감각을 발달시켰다. 따라서 Zα세대의 핵심 역량은 기술이 아니라 감지력(Sense)이다. 그들은 세상의 변화를 감지하고 재구성하는 능력을 갖고 있다. 새로운 서비스가 출시되면 가장 먼저 실험하고, 가치 없는 플랫폼에는 조용히 등을 돌린다. 기업이 마케팅 언어를 인위적으로 만들어내면, 그들은 즉시 그것을 감지한다. 이 세대에게 가장 위험한 것은 '진정성 없는 접근'이다. 그들은 광고를 싫어하는 게 아니라 진심이 없는 광고를 싫어한다. Zα의 선택 기준은 혁신이 아니라 진정성의 정도다. 즉 브랜드의 성패는 제품이 아니라 관계에 대한 진심으로 결정된다.

가치의 구조: 가성비에서 가잼비로

Zα의 소비 기준은 가격이 아니라 가치와 재미의 교차점에 있다. 이들은 '싸서'가 아니라 '재미있어서' 산다. 그들이 만든 신조어가 바로 "가잼비(價•fun•比)" 다. 즉, '얼마나 나에게 즐거운가'가 '얼마나 가격이 싼가'를 압도한다.

미국 조사에 따르면, Z세대의 39%는 자신만의 개성을 만들어주는

RTFKT × 나이키 스니커즈 NFT(출처: Nike)

고급차라면 구매할 의향이 있다고 했다. 이는 밀레니얼 세대(29%), X세대(27%), 베이비붐 세대(12%)보다 월등히 높다. 가격보다 자기표현을 더 큰 가치로 여기는 것이다. 그 결과, 나이키의 NFT 운동화가 수십만 원에 거래되고, '지비츠(Jibbitz)'라는 악세서리를 통해 신발보다 비싼 크록스를 꾸미는 행태가 나타난다. Zα에게 소비는 행위가 아니라 정체성의 편집(Edit of Identity)이다.

일상의 실험실: 식(食)으로 드러나는 정체성의 경제

가장 흥미로운 변화는 식품 소비에서 나타난다. Z세대는 "먹는 것 하나도 나답게"라는 신념을 가진 세대다. 2021년 미국 파이퍼 샌들러(Piper Sandler)가 Z세대 7,000명을 대상으로 조사한 결과, 이들의 전체 소비 중 23%가 식품에 쓰인다. 이는 2020년의 21%에서 증가한 수치로, 어떤 제품 카테고리보다 빠르게 성장했다.

그들은 '배를 채우기 위해 먹는' 세대가 아니라, '표현하기 위해 먹는' 세대다. 색다른 메뉴, 한정판 음료, 인스타그램에 올릴 수 있는 비주얼을 가진 인스타그래머블(Instagrammable) 푸드가 이 세대의 정체성 경제를 상징한다. 국내 조사에서도 Z세대 10명 중 6명(58%)이 "가장 많은 돈을 식비에 쓴다"고 응답했다. 그들에게 식사는 영양 섭취 행위가 아니라 '나의 취향을 연출하는 퍼포먼스'다.

새로운 경제 주체: 자기를 적극적으로 표현하는 참여자

Zα는 세계 인구의 30% 이상을 차지하며, 전 세계 구매력의 40% 이상을 주도한다. 이들은 단순한 소비자가 아니라 경제의 참여자이자 설계자다. 틱톡에서 제품을 발견하고, 자신의 피드에서 홍보하며, NFT나 디지털 포인트로 수익을 얻는다. 그들에게 소비는 경제 참여 행위이다. 이제 브랜드는 '상품을 파는' 곳이 아니라 이 세대의 자기표현을 위한 플랫폼이 되어야 한다. 그렇지 않으면 브랜드는 이들의 기억 속에 진입조차 할 수 없을 것이다.

Zα와 M세대를 구별하는 4가지 결정적 차이

1) 진짜 디지털 원주민 (True Gen)

Zα세대는 태어나면서부터 인터넷, 스마트폰, AI와 함께 자란 '진정한 디지털 원주민'이다. 기술은 그들의 '환경'이며, 학습이나 놀이, 관계 맺기까지 모두 디지털 생태계 안에서 이루어진다. 밀레니얼이 디지털을 '도구'로 익혔다면, Zα는 '자연어'처럼 체화했다. 그렇기에 밀레니얼이 느끼는 '아날로그 향수'는 Zα에게 거의 통하지 않는다.

2) 덜 야심적이고 더 실용적

밀레니얼 세대가 "하면 된다"는 낙관주의로 성장했다면, Zα세대는 불확실성의 시대를 살아가며 현실적으로 가능한 길을 택한다. 이들은 경제적 불안과 기후위기를 체험하며 자라 실용과 안정에 더 가치를 둔다. 68%가 '미래에 대한 준비가 충분하지 않다'고 느끼며, 60%는 '백만장자가 되는 것보다 결코 가난하지 않을 삶의 보장'을 더 선호한다. 즉, 꿈보다 생존, 이상보다 실행이 그들의 기본 태도다.

3) 덜 소비주의적이고 더 개성적

밀레니얼은 트렌드를 따라가며 '소속감'을 중시했지만, Zα는 개성 중심으로 소비한다. 밀레니얼 청소년의 65%가 최신 패션 트렌드를 따랐던 반면, Zα는 47%만이 그렇다고 답했다. 그들은 브랜드의 로고보다 자신의 '정체성'을 더 중요하게 여긴다. 다양한 스타트업 브랜드, 윤리적 제품, 커뮤니티 중심 브랜드에 과감히 도전하며 '나를 표현하는 소비'를 선택한다.

4) 정치에 회의적이지만 사회에는 헌신적

Zα는 전통 정치에는 냉소적이지만, 사회 문제에는 누구보다 적극적이다. 그들은 정치권의 언어보다 환경·다양성·공정성을 중심으로 행동한다. 기후위기, 젠더 평등, 사회적 포용성에 대해 목소리를 내며 '정치보다 실천'을 선택한다. 이들에게는 투표보다 불매운동, 해시태그 캠페인, 팬덤 행동이 자신의 의사를 표현하는 정치적 행위다.

Zα의 언어로 바뀌는 소통과 소비의 질서

2

Zα세대(1997~2025년생)는 인류 역사상 처음으로 텍스트보다 감각으로 소통하는 세대다. 그들은 말을 아끼지만 침묵하지 않는다. 짧은 영상 몇 초, 이모지 하나, DM 한 줄로 자신을 충분히 설명한다. 그들의 소통은 짧지만 진하고, 가볍지만 밀도 있다. 기성 세대가 말로 세상을 정리할 때, Zα는 이미지를 직관적으로 인식한다. 그들에게 언어는 텍스트가 아니라 경험의 인터페이스다. '보고·듣고·공감하는' 세 가지 감각이 결합된 하이브리드 언어 구조 속에서 그들은 서로를 이해하고 세상과 연결된다.

이제 Zα의 언어가 경제, 정치, 조직문화, 소비행동을 모두 바꾸고 있다. 숏폼은 그들의 생각을 표현하는 방식이고, 밈과 이모지는 그들의 감정이 전이되는 매개이며, DM과 디지털 모닥불은 그들이 관계를 맺

Zα세대의 의사소통

는 새로운 공간이다. 이 장에서는 Zα세대의 소통 방식 3가지를 살펴본다.

- '어떻게 보여주는가(숏폼)'
- '무엇으로 말하는가(밈과 이모지)'
- '누구와 어떻게 연결되는가(디지털 모닥불)'

이 세 가지는 단순한 트렌드가 아니라, Zα의 정체성과 세계관을 이해하는 새로운 사회언어학이다.

'어떻게 보여 주는가?' 숏폼 중심의 직관적 표현

Zα세대에게 세상은 말로 설명하는 곳이 아니라 직관적으로 보여주는 무대다. 그들은 8초 안에 맥락을 읽고 판단한다. 숏폼 영상은 그들의 사고 구조를 가장 잘 보여주는 언어다. 틱톡, 릴스, 쇼츠는 단순한

플랫폼이 아니다. 그것은 감정의 압축 기술이다. 짧은 시간 안에 자신을 표현하고, 세상을 해석하며, 타인과 공감하는 능력이 Zα의 일상 문법으로 자리잡았다.

기성세대가 '생각하고 말하는' 데 익숙하다면, Zα는 '느끼고 보여주는' 데 익숙하다. 이들은 자신을 '콘텐츠 생산자(Creator)'로 인식한다. 누군가의 이야기를 소비하기보다, 자신의 경험을 즉시 영상화해 공유한다. 이는 나의 관점을 세상과 주고받는 새로운 표현 방식이다.

이러한 변화는 기업의 커뮤니케이션 방식도 바꾸고 있다. Zα는 광고를 '정보'가 아니라 '스토리'로 받아들인다. 단순한 제품 설명보다 현실감 있는 짧은 영상 경험을 원한다. 예를 들어, 한 세탁 세제 브랜드는 '빨래 잘하는 남자' 숏폼 시리즈로 Zα세대에게 제품 이미지를 각인시켰다. 광고라기보다 짧은 밈처럼 느껴지는 유머와 리듬이 그들의 감성에 닿은 것이다.

숏폼 중심의 직관적 소통이 왜 강력한가?

Zα세대에게 숏폼은 단순한 짧은 영상이 아니라 세상을 이해하고 반응하는 뇌 구조의 언어다. 그들은 텍스트를 읽기보다, 감각적으로 '보며 이해하고 참여'한다. 숏폼이 강력한 이유는 Zα의 인지 방식, 소비 행동, 감정 반응 속도에 정확히 맞물려 있기 때문이다.

1) 짧고 즉시 이해 가능한 포맷, Zα세대의 기본값

10대의 일상은 이미 숏폼 중심으로 재편되었다. 미국 청소년의 70% 이상이 유튜브를 매일 이용하며, 틱톡 역시 과반 이상이 '하루도 빠짐없이' 접속한다. 한국에서도 틱톡의 월간 활성 이용자(MAU)는 2024년 기준 약 710만 명으로, 인스타그램의 약

28% 수준이지만 체류 시간과 몰입도는 압도적이다. Zα에게 숏폼은 콘텐츠가 아니라 생활 언어다.

2) 보는 즉시 사는 구매 행동의 트리거

숏폼은 '시청'의 대상이 아니라 행동의 트리거이다. 틱톡 해시태그 #TikTok은 단순한 밈이 아니라 전 세계 소비문화의 상징이 되었다. 2025년 기준 조회수는 600억 회를 돌파했다.

숏폼은 또한 콘텐츠가 아니라 '상거래의 순간'이다. 예를 들어, 22초짜리 오션스프레이 영상은 단 하루 만에 매출과 주가를 폭등시켰고, 모찌 아이스크림 브랜드 '리틀 문즈(Little Moons)'는 틱톡을 통해 테스코 전 매장에서 품절 대란을 일으켰다.

3) Zα의 뇌리에 맞춘 숏폼의 4가지 메커니즘

Zα세대가 숏폼에 열광하는 이유는 그들의 인지적 습관과 감정 회로에 최적화된 구조 때문이다.

- 압축 정보(Compression): 1분 안에 핵심만 본다는 학습된 기대치. 복잡한 설명보다 핵심 메시지를 시각화한 형태가 더 오래 기억된다.
- 알고리즘 큐레이션(Algorithmic Curation): '누구를 팔로우하느냐'보다 '나에게 맞춘 For You' 추천이 중심. 개인화 알고리즘이 Zα의 주의와 시간을 정확히 조준한다.
- 멀티모달 감정 전달(Multimodal Emotion): 짧은 음악, 자막 오버레이, 시각 효과가 결합해 감정 전파 속도가 문자보다 10배 이상 빠르다. 이 때문에 밈·챌린지 형태로 감정이 즉시 확산된다.
- 즉각적 상호작용(Instant Interaction): 댓글·저장·리믹스·듀엣으로 이어지는 참여 순환구조. '보는 사람'이 곧 '만드는 사람'이 되며, 콘텐츠는 끊임없이 재생산·확산된다.

숏폼은 Zα의 인식 구조를 닮았다. 그들은 한 번에 많은 정보를 밀도 있게 처리하고, AI가 추천하는 콘텐츠를 즉시 소비하며 필터링한다. 이런 환경에서 길고 논리적인 설명은 설득력을 잃는다. 대신 감정, 리듬, 공감의 코드가 커뮤니케이션의 중심으로 떠올랐다.

Zα의 숏폼 소통은 '즉각적 공감 → 참여 → 재창조'의 순환구조를 가진다. 이들은 단순히 보는 것에서 끝내지 않는다. 리믹스, 듀엣, 해시태그 챌린지로 재해석하며 콘텐츠를 공동창작물로 확장한다. 이것이 바로 '보는 문화(Viewing Culture)'에서 '참여 문화(Participatory Culture)'로의 전환이다.

숏폼은 세상을 더 짧게 만든 것이 아니라, 공감을 더 빠르게 만든 기술이다. Zα에게 말보다 중요한 것은 느낌이며, 그 느낌을 전달하는 가장 강력한 언어가 숏폼이다.

'무엇으로 말하는가?' 밈·이모지 등 감각적 언어

Zα의 언어는 문법보다 감각에 가깝다. 그들은 단어 대신 밈(Meme)과 이모지(Emoji)로 말한다. 이는 단순한 유행이 아니라 감정의 데이터화다.

'😘', '👻', '🔥' 등의 이모지 하나로도 그들은 수십 개의 문장을 압축한다. 이모지는 문장을 대체하고, 밈은 맥락을 전달한다. 언어의 경제성이 극대화되면서, 감정은 시각적으로 표현된다. Zα는 이모지로 공감하고, 밈으로 사회적 이슈를 해석하며, 유머로 정치와 권위를 해체한다.

밈은 현대판 속담이다. 짧고, 반복 가능하며, 상황에 따라 재해석된다. 예를 들어, 'Doge'나 'This is fine' 같은 밈은 Zα세대에게 세상의 아이러니를 유머로 넘기는 집단적 언어 코드로 기능한다. 이들은 밈을 통해 세상을 풍자하고, 감정을 공유하고, 정체성을 확인한다.

이모지와 밈은 그들의 정서 표기법이다. 기성 세대가 문학으로 감정을 표현했다면, Zα는 시각적 아이콘으로 감정을 교환한다. SNS 대화에서 이모지 없이 텍스트만 남으면 "차갑다", "진심이 없다"는 반응이 돌아온다. 그만큼 감각적 언어는 진정성의 신호로 받아들여진다.

밈·이모지는 왜 Zα의 기본문법인가?

Zα세대의 언어는 '문장'이 아니라 '시각적 코드'다. 그들에게 대화의 기본 단위는 텍스트가 아니라 영상·이미지·스티커이며, 이모지와 밈은 그들이 세상과 감정을 주고받는 가장 보편적인 언어다.

1) 10대의 언어는 이미지다 — 알고리즘이 만든 '밈 포맷의 시대'

미국의 10대는 유튜브·틱톡·인스타그램을 가장 많이 사용하며, 이 세 플랫폼이 사실상 Zα의 언어 생태계를 형성한다. 이들은 영상을 보고, 짧은 밈을 만들고, 스티커로 감정을 표현한다.

틱톡의 〈2025 트렌드 리포트〉는 Zα의 문화 확산 메커니즘을 세 가지 키워드로 정의한다.

- 유행의 가속(Speeds of Culture)
- 참여형 포맷 (Participatory Format)
- 리믹스 확산 (Remix Culture)

2) 데이터로 보는 '이모지'의 위상, 사실상의 세계 공용어

이모지(Emoji)는 일본어 '에(絵, 그림)' + '모지(文字, 문자)'의 합성어로, '그림 문자'를 뜻한다. 2025년 9월 기준 유니코드 표준에 등재된 이모지는 3,953개에 달한다. 이모지는 언어 없이도 감정, 상황, 관계를 즉각 전달할 수 있는 글로벌 감정 인터페이스로 진화했다.

어도비의 글로벌 조사에 나타난 그들이 이모지에 대해 느끼는 조사 수치가 이를 증명한다.

- 92%가 이모지가 언어 장벽을 넘는 데 도움이 된다
- 91%가 감정 표현이 쉬워졌다
- 55%는 이모지로 표현된 상품에 더 쉽게 구매 의향을 느낀다

한국의 카카오 이모티콘 사업은 누적 거래액 1.2조 원이고, 총 2,800억 건 이상의 메시지에 이모티콘이 사용되었다. 특히 '미니이모티콘'은 출시 8개월 만에 1,700만 명이 이용하며 이모지가 감정 전달을 넘어 소비를 유도하는 경제 언어임을 증명했다.

3) 밈, 문화 유전자로서의 사회적 단위

'밈'은 1976년 리처드 도킨스(Richard Dawkins)의 저서 《이기적 유전자(The Selfish Gene)》에서 처음 등장한 학술 개념으로, 그리스어 '모방(Mimesis)' + '유전자(Gene)'의 합성어다. "문화적 아이디어가 유전자의 복제처럼 사회를 통해 확산된다"는 의미다.

이 개념은 오늘날 SNS 알고리즘과 만나 Zα 세대의 '사회적 학습 단위'로 재탄생했다. 그들은 밈을 통해 사회를 풍자하고, 감정을 공유하며, '우리끼리의 세계'를 재구성한다.

(출처: reddit)

대표적 사례로는 듀오링고(Duolingo)의 '부엉이 캐릭터' 밈화가 있다. 듀오링고의 상징적인

녹색 새는 듀오링고 앱의 친근한 언어 학습 마스코트로, 사용자들에게 매일 학습을 완료하도록 상기시켜 준다. 2025년 2월, 이를 유머러스하고 때로는 불길한 위협으로 과장되게 표현하는 밈이 들불처럼 퍼져나가며 17억회의 조회수를 기록하였다.

이 감각적 언어는 AI 시대의 새로운 언어 혁명을 예고한다. AI는 Zα의 언어를 학습하며 감정을 해석하고, 브랜드는 이들의 언어체계를 UX와 마케팅에 반영한다. 기업은 이제 문장이 아니라 이모지, 색상, 사운드로 감정을 전달해야 한다. Zα세대의 밈과 이모지는 '짧은 언어의 민주화'다. 그들은 긴 설명을 싫어하고, 공감을 중시한다. 밈 하나로 세상을 풍자하고, 이모지 하나로 관계를 다정하게 만든다. 이것이 바로 '감정 기반의 언어경제'다.

'누구와 어떻게 소통하는가?' 디지털 모닥불 방식의 다중 커뮤니티

사라 윌슨(Sara Wilson)은 하버드비즈니스리뷰에서 Z세대가 소통을 하는 새로운 시대를 '반사회적인 소셜미디어의 시대(The Era of Antisocial Social Media)'라 불렀다. 즉 누구나 연결될 수 있는 페이스북의 시대가 아니라 본인들이 원하는 사람과만 연결되는 새로운 소셜미디어의 시대라는 것이다. "Z세대는 더 이상 광장에서 외치지 않는다. 이들은 디지털 모닥불(Digital Campfire)을 찾아 모인다"라고 그녀는 말한다.

Zα세대의 '디지털 모닥불'이란 작지만 따뜻한 불빛 아래 서로의 이

야기를 나누는 감정의 공간이다. Zα에게 세상은 '영상'으로 열리고 'DM'으로 이어진다. 그들의 하루는 숏폼을 보며 시작되고, DM을 주고받으며 끝난다. 2025년 7월 조사에 따르면, 전 세계 사용자는 하루 평균 95분(1시간 35분)을 틱톡에 소비한다. Z세대의 유튜브 평균 시청 시간도 56.9분으로, Y세대(14.3분), X세대(15.1분)를 압도한다. 이들에게는 영상이 언어이고, 텍스트는 지루하다. '보는 것(See)'이 '말하는 것(Say)'을 대신하는 시대, 그들의 대화는 이미 피드를 벗어나 짧고 감정적인 영상 중심의 언어로 재편되었다.

Zα세대는 대중적 공간보다 작고 신뢰할 수 있는 커뮤니티를 선호한다. 공개된 피드보다 닫힌 그룹, 카톡보다 DM, 페이스북보다 디스코드, 공식 팬클럽보다 팬덤 커뮤니티에서 존재감을 찾는다. 이들은 대화의 양보다 정서적으로 느끼는 진심의 밀도를 중요시한다. 그래서 "카톡 해" 대신 "DM 해"가 자연스러운 작별 인사가 되었다.

이 변화는 단순한 플랫폼 이동이 아니라, 관계의 패러다임 전환이다. Zα에게 관계는 '팔로어 수'가 아니라 '진심이 통하는 소수와의 연결'이다. 디지털 모닥불은 서로의 이야기를 듣고, 공감하고, 작은 웃음과 감정을 나누는 공간이다. 한국의 Zα세대는 이러한 특성이 특히 두드러진다. 그들은 오프라인의 제약을 벗어나 온라인에서 정체성과 관계를 재구성한다. 디스코드·위버스·카페24 등 폐쇄형 커뮤니티에서 공동체적 유대와 팬덤을 형성하며 '우리끼리의 세상'을 만들어간다.

이 현상은 기업에게 새로운 질문을 던진다. 이제 중요한 것은 '그들에게 브랜드의 메시지가 얼마나 도달했는가'가 아니라 공감률이다. Zα의 소통은 대규모 확산보다 소규모 신뢰망을 통한 영향력 확산을 통해 이루어진다. 기업과 리더, 브랜드 모두 이 '디지털 모닥불'에 들어가야 한다.

Zα의 다중 커뮤니티 소통은 신뢰 네트워크의 경제를 예고한다. 그들은 디지털 시대의 인간관계를 다시 '정성'으로 복원하고 있다. 그들의 세상에서는 말이 짧아지고, 관계는 깊어진다. 이것이 Zα의 새로운 소통 질서다.

"카톡 해"는 꼰대의 언어, Zα는 "DM 해"

1) 왜 Zα는 DM을 선호할까?

Zα 세대에게 DM은 단순한 메시지 기능이 아니라 심리적으로 안전한 소통 공간이다. 공개 피드나 단체방과 달리, DM은 대화 상대와 노출 범위를 스스로 선택할 수 있어 평가·비난·캡처에 대한 불안을 크게 줄여준다.

또한 이들은 알림과 광고, 관계 관리 부담이 과도한 '대형 광장형 플랫폼'에 피로를 느낀다. 대신 조용하고 밀도 높은 소규모 공간, 즉 '모닥불' 같은 환경에서 감정과 정보를 교환하는 것을 선호한다.

Zα는 하나의 정체성으로만 살아가지 않는다. 학교, 가족, 팬덤, 사이드잡 등 서로 다른 페르소나를 상황에 따라 오가며 사용하기 때문에, 공개 공간보다 역할을 분리할 수 있는 DM과 비공개 채널이 훨씬 적합하다.

여기에 참여성과 속도도 중요하다. 스토리, 짧은 영상, 스티커와 이모지로 감정을 즉각 표현하고, 링크 공유·결제·밈 리믹스까지 곧바로 행동으로 이어지는 DM 환경은 Zα의 리듬과 정확히 맞아떨어진다.

2) 그들이 페이스북·카카오톡에서 멀어진 이유, 그리고 그들이 선호하는 것

페이스북과 카카오톡의 구조는 공개적이고, 기록이 남으며, 실명 중심으로 설계되어 있다. 이 방식은 '작고, 사적이며, 때로는 사라지는 소통'을 선호하는 Zα의 감각과 근본적으로 충돌한다.

특히 단체방 문화는 Zα에게 큰 부담이다. 읽음 표시로 인한 압박, 쉽게 나갈 수 없는 방, 과도한 관계 유지 스트레스는 이들이 기존 메신저를 멀리하게 만든 핵심 요인이다.

그 결과 Zα는 초대 기반·소그룹·역할 중심의 플랫폼으로 이동했다. 인스타그램 DM과 클로즈 프렌즈, 틱톡 DM, 디스코드의 서버·역할·보이스 채널, 위버스와 같은 팬덤 커뮤니티, 텔레그램 비공개 채널이 대표적이다. 이 공간들은 공개성보다 선택권과 밀도를 우선한다.

3) 왜 인스타그램 DM을 선호하는가?

- 형식의 친숙함: 이미지·릴스·스토리 등 그들에게 이미 익숙한 시각 언어를 그대로 활용할 수 있다.
- 소통의 통합성: 게시물, 스토리, 리믹스, DM이 유기적으로 연결되어 콘텐츠 감상 → 대화 → 재공유가 한 번에 이루어진다.
- 개인성과 확장성의 균형: 공개 피드 대신, 일대일·일대다 대화에서 진심·유머·밈으로 정체성을 드러낸다.
- 속도와 감정의 언어화: 텍스트보다 스티커·이모지·리액션으로 즉시적 공감을 표현한다.

4) 카카오톡의 대개편의 이유와 강한 고객 반발로 원위치한 이유

2025년 9월에 디지털 캠프 파이어를 선호하는 'Zα 유입'을 위해 카카오톡은 메뉴 대개편을 강행했다. 그러나 기존 고객들의 강한 반발로 인하여, 대개편을 멈추고 최소한의 변화만을 시도하는 실패를 맛보았다.

카카오톡의 시도는 중요한 교훈을 남겼다. 하나의 그릇에 서로 다른 두 음식을 담기는 어렵다는 점이다. 국민 메신저는 실명·연령 혼합·생활 인프라 중심으로 설계된 공간인 반면, Zα가 원하는 DM 중심 디지털 모닥불 경험은 폐쇄성·경량성·익명성이 핵심 가치다. 두 철학은 쉽게 공존하지 않는다.

전략적 시사점은 분명하다. 기존 앱의 UX를 억지로 젊게 바꾸기보다, 전용 라이트 앱이나 분리된 모드를 통해 충돌을 피하고 각 세대의 핵심 가치를 극대화하는 것이 현실적인 해법이다.

Zα는 '모두가 보는 광장'이 아니라 "내 사람들끼리 둘러앉아 속삭이는 모닥불'을 선택한다. DM은 그들의 언어이자 공간이다. 그들의 입맛에 맞게 절을 바꾸지 않으면, 떠난 스님은 돌아오지 않는다.

Zα를 사로잡는 산업별 마케팅 성공 사례

3

Zα세대는 브랜드가 광고에서 던지는 메시지에 반응하지 않는다. 그들은 메시지를 듣기보다 참여하기를 원한다.

이 세대는 리뷰를 남기기보다, 브랜드의 스토리를 자신의 이야기로 리믹스(ReMIX)하여 밈을 만든다. 광고 영상을 끝까지 시청하는 대신, 틱톡 챌린지에 참여하며 콘텐츠의 일부가 되기를 선택한다.

Zα에게 중요한 것은 브랜드가 무엇을 말하느냐가 아니라, 그 브랜드가 나에게 무엇을 하게 만드는가이다. 그들은 브랜드 이미지를 소비하지 않는다. 대신 팬덤 커뮤니티 안에서 관계를 만들고, 그 관계 속에서 충성도를 표현하고 즐긴다.

이 과정에서 Zα는 더 이상 수동적인 소비자가 아니다. 그들은 콘텐츠를 보고, 참여하고, 변형하며, 다시 유통시킨다. 즉, Zα는 '콘텐츠 소비자'이면서 동시에 '콘텐츠 에코시스템의 핵심 생산자'다.

Zα 마케팅의 핵심은 기술이 아니다. 데이터 분석도, 알고리즘 최적화도 출발점일 뿐이다. 결정적인 차이를 만드는 것은 공감이 작동하는 방식, 그리고 참여를 유도하는 설계다. Zα는 브랜드의 스토리에 '좋아요'를 누르지 않는다. 그들은 그 스토리를 가져와 자신의 언어로 바꾸고, 자신의 커뮤니티에서 다시 살아 움직이게 만든다. 이 장에서는 산업별로 Zα를 사로잡은 기업들의 전략을 분석하여 Zα의 가치 중심 마케팅으로 어떻게 새로운 돌파구를 열 수 있는지 보여준다.

- 펜티 뷰티(Fenty Beauty), 다양성과 포용을 통한 글로벌 팬덤 구축
- 리바이스(Levi's), 지속가능성과 리사이클링으로 부활한 청춘의 상징
- 코치(Coach), 명품의 문턱을 낮추고, '셀프 리디자인'으로 젊음을 재해석

Zα를 고객으로 만드는 5가지 비법

Zα세대를 이해하지 못하면, 그 어떤 마케팅도 통하지 않는다. 그들은 직접 스토리를 만드는 세대다. 이제 기업의 과제는 '그들에게 무엇을 팔 것인가'가 아니라 '그들과 함께 무엇을 만들 것인가'로 바뀌었다.

Co-Creation: 함께 만드는 브랜드 경험

Zα는 더 이상 전통적인 의미의 소비자(Consumer)가 아니다. 이들은 브랜드가 일방적으로 전달하는 메시지를 수동적으로 받아들이기보

다, 그 메시지를 스스로 재가공하고 패러디하며 리믹스해 자신의 언어로 확장하는 참여자(Creator)로 행동한다. 그래서 Zα에게 사랑받는 브랜드는 '무엇을 말하느냐'보다 '얼마나 참여할 수 있게 하느냐'로 평가된다. 오픈소스처럼 디자인 파일을 공개하거나, 밈 챌린지처럼 누구나 자유롭게 재해석할 수 있는 틀을 제공할 때, Zα는 그 브랜드를 자신의 이야기로 받아들이고 자발적으로 콘텐츠를 확산시킨다.

- TikTok에서 #EyesLipsFace 챌린지: 40만 명의 사용자가 참여하는 열광을 이끌어 내며 ELF 화장품의 매출이 단기간에 26% 급상승
- 무신사의 커스텀 컬렉션: 사용자가 직접 스타일링을 구성해 판매하는 전략으로 Zα세대의 참여를 유도하고 브랜드 충성도를 제고
- 게임 플랫폼인 로블록스·포트나이트 내 브랜드 공간: 유저 생성 콘텐츠(UGC)가 신상품보다 강력한 홍보 효과를 창출하고 있다는 다양한 마케팅 성공 사례 발표

Identity Commerce: '나'를 표현하는 소비

Zα의 소비는 '소유'가 아니라 '정체성의 언어'다. 그들은 무엇을 샀는지보다, 그 소비가 나를 어떻게 드러내는가를 묻는다. 따라서 브랜드는 제품의 기능보다 가치와 소속감을 판매해야 한다. 친환경, 다양성, 젠더 중립, 사회적 기여 등은 단순한 슬로건이 아니라 그들의 정체성의 일부이자, 소비의 윤리적 증명서다.

- 펜티 뷰티(Fenty Beauty): 모든 피부색을 위한 40가지 파운데이션으로 '포

용의 상징'이 됨

- 파타고니아(Patagonia): "이 재킷을 사지 마라(Don't buy this jacket)" 캠페인으로 반소비를 외치며 브랜드 충성도 오히려 상승
- K-팝 팬덤 굿즈: 단순한 상품이 아니라 나의 정체성과 소속감의 확장 경험

Immersive Experience: 경험을 상품화하라

Zα세대에게 구매는 출발점이 아니라 결과다. 이들은 상품을 보기 전에 먼저 브랜드를 체험하고, 그 경험이 충분히 강렬할 때 구매로 이어진다. 즉, 구매는 경험의 부산물이다.

관리자가 이해해야 할 핵심은 이것이다. Zα에게 마케팅은 '설명'이 아니라 '사전 체험 설계'다. 오프라인 팝업스토어, 메타버스 전시, AR 필터, 몰입형 전시는 단순 홍보 수단이 아니라 소비 이전 단계의 스토리텔링 공간이다.

- 스타벅스 리저브 팝업: 커피를 파는 공간이 아니라 향·음악·동선·인테리어를 통해 '프리미엄 경험'을 먼저 공감시킴
- 넷플릭스 체험형 전시(Stranger Things Experience): 콘텐츠를 '보는 것'에서 '들어가는 것'으로 바꾸며 팬덤의 몰입을 강화
- 구찌 메타버스 타운: 현실과 가상에서 동일한 세계관을 제공해 브랜드 정체성의 일관된 체험을 제공

Transparency & Sustainability: 투명성과 지속가능성

Zα는 진정성의 감별사다. 그들은 허위광고, 그린워싱, 위선적 사회공헌(CSR)을 8초만에 구별한다. 브랜드가 정직하지 않으면, 그들은 SNS에서 비판하는 '밈'으로 응징한다. 따라서 기업은 과정을 공개하는 투명함으로 신뢰를 얻어야 한다. '탄소 배출 ○% 절감', '성분 100% 공개', '공정무역 인증'과 같은 데이터 기반 진정성이 설득의 언어다.

- 에버레인(Everlane): 원가, 마진, 생산지를 투명하게 공개(Radical Transparency)
- 로레알: 제품마다 환경·사회적 영향 점수를 표시하는 '임팩트 라벨' 도입
- 삼성전자: 리사이클 자원 활용률·탄소배출 지표를 실시간 공개

Community First: 커뮤니티 중심의 확산

Zα는 광고를 통해 구매 결정을 내리지 않는다. 그들은 커뮤니티를 통해 판단한다. 대형 미디어보다 '작은 대화방', '팬덤 채널', '취향 기반 그룹'이 그들의 실제 구매 현장이다.

이들에게 마케팅이란 관계의 설계다. 브랜드가 해야 할 일은 모든 사람을 설득하는 것이 아니라, 한 커뮤니티에서 먼저 신뢰와 열광을 만들어 내는 것이다.

- 디스코드(Discord) 한정 이벤트: 초대받은 멤버만 참여할 수 있어 '선택된 경험'을 제공.
- 위버스(Weverse): 팬·아티스트·굿즈·콘텐츠를 하나의 폐쇄형 경제 생태계로 묶어 지속적 소비를 창출

- 카카오톡 오픈채팅 · 라인 오픈채널: 팬덤이나 취향 그룹에만 한정 혜택을 제공해 내부에서 자발적 확산을 유도

1. "디스코드 한정 이벤트"란 무엇인가?

디스코드(Discord)는 원래 게이머들을 위한 음성·텍스트 커뮤니케이션 플랫폼으로 출발하였으나 지금은 Zα세대에게 '가장 중요한 사적 커뮤니티 플랫폼' 중 하나이다. 하나의 커뮤니티 공간에 주제별 방(공지, 잡담, 이벤트, 음성채팅 등)이 있고, 팬·운영자·VIP·신입 등 계층적 소속감을 강하게 부여하며, 초대된 사람만 링크가 가능한 '반투명 디지털 모닥불'이다.

'디스코드 한정 이벤트'란 불특정 다수를 대상으로 한 홍보가 아니라, 특정 그룹 안에서만 브랜드 경험을 독점적으로 제공하는 방식을 의미한다. 브랜드는 공식 디스코드 서버를 개설하고, 초대받아 가입한 사용자에게만 신제품을 사전에 공개하거나 한정 할인 코드를 제공한다. 또한 개발자나 디자이너가 직접 참여하는 Q&A 세션을 열고, 굿즈·NFT·티켓과 같은 상품을 우선 구매할 수 있는 권한을 부여함으로써, 참여자들이 브랜드 내부에 속해 있다는 감각을 갖도록 설계한다. 이러한 구조 속에서 Zα세대는 단순히 광고를 접한 소비자가 아니라, '선택받은 멤버', '이 브랜드 안에서 역할을 가진 사람'이라는 인식을 형성하게 된다. 그 결과 디스코드는 단순한 마케팅 채널을 넘어, 브랜드와 팬이 지속적으로 관계를 맺고 활동하는 팬덤의 본거지로 기능하게 된다.

2. 왜 위버스가 Zα 마케팅의 핵심 사례인가?

위버스(Weverse)는 HYBE(BTS 소속사)가 만든 플랫폼으로, 아티스트와 팬, 콘텐츠와 커머스를 하나로 결합한 폐쇄형 팬덤 플랫폼이다. 위버스의 가장 큰 특징은 팬 가입 자체가 곧 멤버십이라는 점이다. 팬들은 플랫폼 안에서 아티스트와 직접 소통하고, 팬 커뮤니티를 운영하며, 굿즈를 구매하고, 공연과 라이브 스트리밍까지 경험한다. 외부 SNS처럼 불특정 다수가 섞이는 공간이 아니라, 팬만을 위한 전용 공간이라는

점에서 위버스는 단순한 SNS가 아니라 명확한 팬덤 경제 플랫폼으로 작동한다.

이 플랫폼이 Zα 마케팅의 핵심 사례로 평가받는 이유는 Zα세대의 관계 욕구와 정확히 맞닿아 있기 때문이다. Zα는 브랜드나 스타를 멀리서 소비하지 않는다. 그들은 관람자가 아니라 '함께 있는 구성원'이 되기를 원한다. 공개 피드에서 일방적으로 소비하는 구조 대신, 자신이 속해 있다는 감각을 느낄 수 있는 공간을 선호한다. 위버스는 이러한 요구에 맞춰 공개 피드를 배제하고 팬 전용 공간을 설계했으며, 광고 노출을 최소화하는 대신 관계 기반의 소통 구조를 강화했다. 또한 단발성 구매를 유도하기보다, 멤버십을 중심으로 한 지속적인 팬덤 경제를 구축했다.

그 결과 위버스 안에서 팬은 더 이상 소비자가 아니다. 팬은 멤버가 되고, 굿즈는 단순한 상품이 아니라 소속을 증명하는 상징이 된다. 커뮤니티 역시 단순한 소통 공간을 넘어, 콘텐츠 소비와 생산, 거래가 동시에 이루어지는 하나의 경제 생태계로 진화한다. 이러한 구조는 Zα가 원하는 '작고 닫힌, 그러나 깊게 연결된 공간'의 전형에 가깝다.
그래서 위버스는 Zα세대에게 단순한 팬 플랫폼이 아니라, 감정과 관계, 소비가 함께 작동하는 가장 이상적인 디지털 모닥불 중 하나로 평가된다. 이는 Zα 마케팅이 더 이상 광고나 노출의 문제가 아니라, 어떤 공간을 설계하느냐의 문제임을 분명하게 보여주는 사례다.

Zα 마케팅은 기술이 아니라 감정의 설계다

Zα를 움직이는 것은 알고리즘이 아니라 진심의 공감이다. 그들은 '팔리는 광고'를 거부하고, '함께 성장하는 브랜드'만을 선택한다.

참여(Co-Creation), 정체성(Identity), 경험(Experience), 투명성(Transparency), 커뮤니티(Community), 이 다섯 가지 키워드가 Zα의 마음을 여는 새로운 마케팅 공식이다.

틱톡으로 보는 숏폼 마케팅 전략

"8초의 세상, 브랜드는 얼마나 빠르게 감정을 전달할 수 있는가"

틱톡, 세상을 압축한 8초의 플랫폼

2024년에 전 세계 틱톡 월간 활성 이용자 수가 17억 명을 돌파했다. 이중 절반 이상이 25세 이하, 즉 Zα세대다. 그들은 유튜브보다 짧고, 인스타그램보다 즉시적이며, 뉴스보다 흥미로운 '움직이는 피드'를 소비한다.

틱톡은 더 이상 단순한 '댄스 영상 앱'이 아니다. 그것은 전 세계 젊은 세대의 감각 · 유행 · 정체성이 응축된 알고리즘 플랫폼이다. Zα세대에게 틱톡은 TV도, 검색 엔진도, 광고판도 아닌 '하루의 언어'가 되었다.

틱톡 관련 놀라운 통계(2024~2025), Statista, 2025

- 전 세계 이용자의 67%가 틱톡을 통해 새로운 브랜드를 인지
- 평균 사용 시간: 1일 95분, 세 번 이상 앱 재접속
- Z세대의 89%가 "틱톡이 나의 취향을 가장 잘 이해하는 플랫폼"이라 응답
- 광고 노출 후 제품 구매 전환율: 유튜브 대비 2.4배
- "틱톡에서 본 것이 실제 구매로 이어졌다"는 응답 71%

이 플랫폼의 핵심은 '콘텐츠의 짧음'이 아니라 집중의 강도와 몰입의 깊이다. Zα세대는 8초 안에 '재미', '진정성', '공감'을 모두 판단한다. 그들에게 8초는 세계와 연결되는 속도 단위다.

AI 추천 알고리즘, 감정과 데이터의 결합

틱톡의 가장 큰 힘은 AI 추천 알고리즘(For You Feed)에 있다. 이 알고리즘은 단순히 '많이 본 영상'을 보여주는 것이 아니다. AI가 사용자의 감정 반응(Emotional Engagement)을 실시간 학습한다. 사용자가 '좋아요'를 누르지 않아도, 머무는 시간, 재생 횟수, 시선의 방향, 댓글 스크롤 속도까지 분석한다. 즉, 틱톡의 AI 알고리즘은 "사용자가 무엇을 좋아하는지"가 아니라, "어떤 감정에 반응하는지"를 학습한다.

〈틱톡 AI 감정 알고리즘의 3단 구조〉

- Sensor Layer: 화면 응시·재생 시간·사운드 반응을 감지
- Emotion Layer: 콘텐츠의 감정 톤(유머, 긴장, 감동 등)을 인식
- Predictive Layer: 다음에 사용자가 보고 싶어할 감정 자극을 예측

틱톡은 인간의 '감정 데이터'를 기반으로 콘텐츠를 자동 큐레이션하는 감성 알고리즘 미디어가 되었다. Zα세대는 이 시스템 속에서 '자기 취향이 즉시 반영'되는 경험을 한다. 이는 전통적 미디어가 제공하지 못하는 즉각적 피드백의 쾌감이다. 브랜드가 그들의 세계에 들어가려면 '노출'이 아니라 '참여'의 언어로 접근해야 한다.

숏폼 마케팅의 세 가지 법칙

Zα세대의 숏폼 소비 패턴을 단순히 '짧은 영상의 선호'로 이해하면 실패한다. 그것은 감정·참여·창작이 동시에 일어나는 실시간 경제다. 따라서 기업과 브랜드는 틱톡을 '광고 채널'이 아닌 공감 실험실(Lab of

Empathy)로 이해해야 한다.

법칙 ① "리듬이 메시지를 이긴다", 사운드 기반 참여

틱톡에서 가장 강력한 마케팅 자산은 텍스트가 아니라 사운드다. 브랜드는 영상보다 먼저 음악으로 기억된다. 예를 들어, LG전자의 'Life's Good' 음원 캠페인은 틱톡 해시태그 챌린지를 통해 6억 회 이상 재생되었고, Zα세대는 로고보다 음원 리듬을 먼저 인식했다.

〈전략 포인트〉

- 브랜드 사운드를 하나의 '밈'으로 만들어라.
- 광고 문장 대신 '소리로 각인되는 경험'을 설계하라.

법칙 ② "사용자가 광고를 만든다", Co-Creation 마케팅

Zα세대는 소비자가 아니라 참여자다. 그들은 브랜드의 캠페인을 소비하는 대신, 자신의 영상 안에 브랜드를 녹여 넣는다. 예를 들어 나이키의 #JustDoItChallenge, 버거킹의 #WhopperDance, 코카콜라의 #ShareTheMagic 캠페인은 모두 공식 영상보다 사용자 제작 콘텐츠의 조회수가 더 높았다. 이들은 광고를 시청하지 않는다. 직접 광고의 일부가 되길 원한다.

〈전략 포인트〉

- 브랜드가 스토리를 던지고, 사용자가 완성하도록 설계하라.
- 영상의 '템플릿화(Template)'가 핵심. 누구나 쉽게 리믹스할 수 있어야 한다.

법칙 ③ "진정성이 가장 빠른 전파력이다", Raw is the New Real

틱톡 세대는 '완벽한 영상'보다 '진짜 감정'에 반응한다. 조명, 편집, 구도보다 중요한 것은 '진심의 결'이다. 이들은 브랜드의 허세나 과도한 연출을 '가짜'로 간파한다.

Zα에게 광고란, 누가 말하느냐가 아니라 누가 공감하느냐의 문제다. 예를 들어, 환경 캠페인을 진행한 스타벅스의 숏폼 콘텐츠는 전문 영상 대신 실제 바리스타가 등장해 매장에서 일어나는 작은 변화를 보여줬다. 이 단순한 영상이 1000만 뷰를 넘어서며 "스타벅스는 진심으로 변화를 실천한다"는 인식을 심어줬다.

〈전략 포인트〉

- '광고 문장'보다 '사람의 목소리'를 사용하라.
- 메시지는 8초 안에 끝내라. 그러나 여운은 8시간 남겨라.

Zα세대의 로레알, 펜티 뷰티의 성공 신화, 포용과 진정성이 뷰티의 권력을 재편하다

2017년, 뷰티 산업의 패러다임이 무너진 날

2017년 9월, 세계적인 팝스타 리한나(Rihanna)는 '세상에 존재하는 모든 피부를 위한 화장품'이라는 슬로건과 함께 자신의 브랜드 '펜티 뷰티(Fenty Beauty)'를 세상에 내놓았다. 출시 40일 만에 매출 1억 달러, 6년 만에 기업 가치 30억 달러를 넘어섰다. 숫자만 보면 단순한 셀럽 브랜드의 성공처럼 보이지만, 이 브랜드는 'Zα세대의 감수성'을 산업의 중심으로 끌어올린 첫 사례였다.

펜티 뷰티는 단순히 예쁜 화장품을 파는 회사가 아니라 보이는 권력을 해체하고, 포용의 미학을 선언한 브랜드가 되었다.

(출처: fentybeauty.com)

리한나는 전 세계에서 2억 5천만 장 이상의 음반 판매고를 기록한 역대 가장 많은 음반을 판매한 음악가 중 한 명이다. Umbrella, Diamonds, Work 등 다수의 히트곡을 보유하고 있으며, 빌보드 핫100 차트에서 14 곡이 1위에 올랐다. 2017년 론칭한 메이크업 브랜드 펜티 뷰티와 새비지X펜티 (Savage X Fenty)라는 란제리 브랜드의 사업체가 큰 성공을 거두었다. 리한나가 가수라는 본업으로 컴백하기를 바라는 팬들이 많지만, 사업과 육아 등 다양한 분야에서 활발하게 활동하며 세계에서 가장 부유한 여성 억만장자 중 한 명으로 자리매김했다.

포용과 다양성, 'Beauty for All'의 혁명

펜티 뷰티의 브랜드 철학은 단 한 문장으로 요약된다. "모두를 위한 아름다움(Beauty for All)."

출시 당시, 펜티 뷰티는 단 하나의 파운데이션 제품(Pro Filt'r)으로 무려 40가지 색상을 선보였다. 지금은 50가지 이상으로 확대되었다. 기존 글로벌 브랜드들은 밝은 피부 중심의 제품을 내놓았고, 어두운 톤의 소비자들은 '자신에게 맞는 색상'을 찾을 수 없었다. 리한나는 바로 그 지점을 시장 공백이 아니라 사회적 불평등으로 읽었다. 그녀는 말했다. "여러분의 피부색은 선택이 아닙니다. 그런데 왜 화장품이 그 다양성을 선택적으로 인정해야 하죠?"

펜티 뷰티의 등장은 '포용성'을 브랜드 가치의 중심에 둔 최초의 글로벌 실험이었다. 이는 Zα세대의 3대 가치(다양성, 정의, 존중)과 완벽하게 일치했다. Zα는 단순히 예쁜 얼굴을 원하지 않는다. 그들은 '나답게 존재할 권리'를 요구한다. 펜티 뷰티는 바로 그 감성을 언어화한 브랜드였다.

진정성의 스토리텔링, '광고 모델이 아닌 창업자'

펜티 뷰티의 성공에는 또 하나의 중요한 요인이 있다. 리한나는 단순히 얼굴을 빌려준 광고 모델이 아니라, 창업자이자 제품 설계자였다. 그녀는 제품 개발 단계에서 직접 테스트에 참여했고, SNS를 통해 '내가 실제로 쓰고 싶은 화장품을 만든다'는 메시지를 전했다.

Zα세대는 이 지점을 정확히 알아봤다. 그들에게 중요한 것은 "누가 말하느냐"가 아니라 "누가 직접 만들었느냐"다. 브랜드의 진정성은 이제 광고의 문장이 아니라, 행동의 기록으로 증명된다.

마케팅 영상은 고가의 스튜디오에서 촬영된 완벽한 광고가 아니라 리한나 본인이 제품을 손에 들고 직접 사용하는 장면, 다양한 피부색의 모델들이 웃으며 등장하는 짧은 클립들이다. 이 모든 것이 자연스럽게 틱톡과 인스타그램을 통해 확산되었다.

Zα세대는 '메시지'보다 '진심의 결'을 본다. 그리고 리한나는 그들의 언어로 진심을 말했다.

옴니채널 경험, 온라인과 오프라인의 경계가 사라지다

펜티 뷰티는 초기부터 온라인 직영(DTC, Direct to Customer)과 오프라인 리테일(세포라, 해비 니콜스 등) 채널을 동시에 가동했다. Zα세대는 '즉시성'을 중시한다. 보고, 클릭하고, 체험하고, 바로 구매한다. 펜티 뷰티는 이러한 소비 리듬을 정확히 이해했다.

오프라인 매장은 단순한 진열 공간이 아니다. AI 기반 AR(Augmented Reality, 증강현실) 색상 매칭 서비스를 도입하여 소비자가 자신의 피부에 가장 맞는 색상을 즉시 확인할 수 있도록 했다. 온라인에서는 SNS 기반 튜토리얼 영상과 실시간 피드백으로 소비자와의 감정적 연결을 강화했다.

이렇게 '디지털 감성 + 물리적 체험'을 융합한 하이브리드 쇼핑 경험은 Zα세대가 추구하는 '즉시적 진정성'을 완벽히 구현했다.

산업적 충격, 뷰티 산업의 언어가 바뀌다

펜티 뷰티의 등장은 산업의 언어 자체를 바꾼 사건이었다. 펜티 뷰티가 성공가도를 달리자, 에스티로더(Estée Lauder), 로레알(L'Oréal), 맥(MAC)

등 글로벌 브랜드들은 잇따라 다양한 피부색 라인업을 확대했다. '포용적 뷰티'는 하나의 마케팅 키워드가 아니라 새로운 표준이 되었다. 뷰티 시장의 주도권이 기술이나 품질에서 '가치'와 '진정성'으로 이동한 것이다.

리한나의 성공은 Zα세대의 가치가 산업 패러다임을 전복시킨 대전환이었다.

Zα세대가 사랑한 이유, '나'를 말해주는 브랜드

왜 Zα세대는 펜티 뷰티에 열광했을까? Zα세대에게 화장품은 단순히 외모를 꾸미는 도구가 아니라 세상에 나의 정체성을 표명하는 언어다. 그들은 펜티 뷰티 제품을 구매한 것이 아니라, '존중받는 경험'을 구매했다.

〈Zα의 심리 공식〉

- "나는 누군가의 기준에 맞추지 않는다."
- "나는 나의 색으로 세상에 존재한다."

펜티 뷰티는 그들에게 단 한 가지 메시지를 던졌다. "너의 피부는 틀린 게 아니라 너의 이야기다." 그 한 문장이 전 세계 젊은 세대의 가슴을 움직였다.

펜티 뷰티 이후의 뷰티, '윤리와 다양성'이 경쟁력이다

펜티 뷰티의 성공 이후, 글로벌 뷰티산업은 완전히 달라졌다. 뷰티

브랜드의 핵심 경쟁력이 '광고 예산'에서 '가치 스토리(Value Story)'로 이동했다. 로레알은 '다양성과 지속가능성'을 전면에 내세운 'Because We're Worth It 2.0' 캠페인을 진행했다. 에스티로더는 'Genderless Beauty' 라인을 출시하며 성중립 제품군을 강화했다.

모두 펜티 뷰티가 던진 하나의 메시지 "아름다움은 배제의 언어가 아니다"에서 비롯되었다. 리한나가 만든 것은 제품이 아니라, Zα세대의 정체성을 표현할 수 있는 무대였다. 그 무대 위에서 '아름다움'은 더 이상 피부색의 얼굴이 아닌, 모든 피부의 이야기로 확장되었다.

"펜티 뷰티는 화장품을 팔지 않았다. 그들은 '존재할 권리'를 팔았다."

상장 폐지에서 다시 부활한 리바이스 청바지

"Z세대가 잊혀져가는 브랜드를 다시 불러냈다"

몰락의 상징에서 부활의 아이콘으로

리바이스는 한때 미국 청년의 자유와 개성을 상징하던 이름이었다. 그러나 2000년대초, 밀레니얼 세대에게 리바이스는 '아버지가 입는 청바지', '변화를 두려워하는 브랜드'로 인식되었다.

1853년 금광 노동자의 작업복으로 탄생한 리바이스는 100년 넘게 청바지의 대명사로 군림했지만, 1990년대 후반 게스(GUESS), 캘빈클라인(Calvin Klein), 디젤(Diesel) 등 새로운 패션 브랜드의 물결 속에서도 변화를 거부했다. 그 결과 리바이스는 혁신을 잃은 브랜드의 전형이 되었다. 리바이스는 1985년 스스로 상장 폐지를 결정했다. 매출은 1997년

연도	주요 실적 지표	변화 내용
2021	매출 57억 6,400만 달러	전년 대비 29% 증가
2022/1분기	매출 전년 대비 +22%	가격 인상(10%)에도 수요 유지
2024	매출 약 64억 달러(약 8조 8,000억 원)	글로벌 패션 시장 회복세 주도

리바이스의 부활

70억 달러에서, 2010년에는 45억 달러로 추락했다. '전통은 있지만 젊음은 없는' 100년 브랜드의 몰락이었다.

그런데 리바이스가 2019년, 상장 폐지 34년만에 뉴욕 증시에 다시 복귀하며 세상을 놀라게 했다. 어떻게 브랜드 정체성의 리부팅(Reboot)이 가능했을까? 그 중심에는 Z세대의 언어로 다시 태어난 리바이스 이야기가 있었다.

부활의 핵심, Z세대의 언어로 다시 쓰다

리바이스는 전통의 '카우보이 정신'을 버리지 않으면서도, 그것을 Z세대식으로 번역하는 데 성공했다.

1) 트렌드 적응, '복고의 재해석(Retro Reinvention)'

리바이스는 '옛날 청바지'를 다시 팔지 않았다. 대신 '복고를 새롭게 해석'했다. Z세대에게는 복고도 낡음이 아니라 자기 표현의 도구다. 90년대 감성의 501 시리즈를 다시 출시하되, 친환경 소재·젠더리스 핏으로 다시 디자인했다. 그 결과, #501jeans 해시태그는 틱톡에서 10억 회 이상 재생되며 Z세대가 스스로 리바이스를 '리믹스'하기 시작했다.

4C 코드	내용	설명
Culture (문화)	문화와 함께 움직인다	스트릿·음악·예술 협업으로 '생활의 일부'가 됨
Consciousness (의식)	윤리적 소비와 환경 중심이 된다	친환경 생산·지속가능성 캠페인으로 신뢰 확보
Customization (맞춤화)	나만의 청바지를 제공한다	AR 맞춤형·커스터마이징 경험 강화
Community (커뮤니티)	소비자와 함께 브랜드를 만든다	틱톡 챌린지, 사용자 참여형 콘텐츠

Zα세대를 사로잡은 리바이스의 전략

2) 지속가능성, '착한 청바지의 윤리'

리바이스는 환경 친화적 브랜드로의 전환을 선언했다. 청바지 한 벌을 만들기 위해 7,500리터의 물이 필요하다는 지적 이후, 리바이스는 자체 기술 Water〈Less™를 도입해 제조시 물 사용량을 최대 96% 절감했다. 또한 재활용 면화와 재생섬유를 사용하며, "Buy Better, Wear Longer(더 나은 구매, 더 오래 입기)" 캠페인을 전개했다. 이는 Z세대가 중시하는 윤리적 소비 트렌드와 맞닿았다. 이제 리바이스는 '멋진 청바지'가 아니라 '착한 청바지'로 인식된다.

3) 문화 협업, 스트릿·음악·예술과의 동맹

리바이스는 청바지에 문화를 입혔다. 뉴진스, 리조(Lizzo), 하이쿠퍼, 스투시(Stüssy) 등 글로벌 스트릿 브랜드 및 아티스트와 협업하며 Z세대의 일상 속 문화 코드로 침투했다. 특히 틱톡과 인스타그램에서는 '나만의 리바이스 커스터마이징 챌린지'가 확산되며 젊은 세대의 자율적

'참여형 브랜딩'이 일어났다. 이제 리바이스는 사용자들의 영상 속에서 살아 있는 브랜드가 되었다.

4) DTC, 경험으로 연결하다

리바이스는 유통 중심의 구조를 버리고 자사 온라인몰과 오프라인 플래그십 스토어를 연결한 DTC(Direct To Commerce, 중간 유통을 거치지 않고 제조사가 직접 소비자에게 판매) 전략을 강화했다.

특히 오프라인 매장은 단순한 판매 공간이 아니라, AR 기반 체험존과 커스터마이징 부스가 결합된 '체험형 문화공간'으로 바뀌었다. 소비자는 자신의 체형을 3D 스캔해 맞춤형 핏을 선택하고, 즉석에서 자수·패치·워싱을 선택할 수 있다. "리바이스 매장은 이제 옷가게가 아니라, 나를 재구성하는 공방이다."

100년 기업 부활의 교훈, 전통은 포기하지 않고 다시 쓰는 것이다

리바이스의 부활은 리브랜딩(Rebranding)이 아니라 리리추얼(Re-ritualizing, 브랜드 의식의 재정의)이었다. 그들은 로고나 슬로건을 바꾸지 않았다. 대신 청바지를 입는 이유를 다시 물었다. "과거에는 자유를 상징했다면, 이제는 지속가능한 미래를 상징해야 한다." Z세대는 이 메시지에 반응했다. 리바이스는 더 이상 과거의 유물이 아니라, 미래 세대의 가치를 입은 브랜드로 부활했다.

명품 브랜드 코치의 세대 리브랜딩 성공 신화

"Z세대가 명품을 다시 정의했다"

한때 코치는 탄탄한 가죽과 실용적 디자인으로 사랑으며 '합리적인 럭셔리', 혹은 '중년층의 실용 명품'으로 불렸다. 그러나 2000년대 중반 이후부터는 보수적이고 올드한 브랜드로 낙인찍혔다. 하지만 2023년, 코치는 완전히 다른 브랜드로 부활했다. 대표 제품 '태비백(Tabby Bag)'은 출시 후 1년만에 매출이 전년 대비 약 2배 성장했고, 틱톡(#InMyTabby)에서는 조회수 수억 회를 기록했다. 어떻게 코치는 '아줌마 가방'에서 'Z세대의 첫 명품'으로 다시 태어날 수 있었을까?

부활의 첫번째 전략, 'Y2K & 복고 감성'의 재해석

(출처: coach 인스타그램)

Z세대는 복고를 과거의 재현이 아니라, 부모 세대의 문화를 새롭게 재조합한 미학으로 소비한다. 코치는 2000년대 초반 자사 아카이브 제품인 태비백(Tabby Bag)을 복각하면서도 단순한 재출시에 머물지 않았다. 기존의 로고 패턴 가죽 대신 파스텔과 메탈릭 컬러를 적용하고, 무거운 토트백 중심의 형태를 미니 크로스백으로 전환했으며, 클래식한 로고는 보다 대담한 그래픽 심볼로 변주했다. 그 결과 태비백은 과거의 유산을 그대로 복원한 제품이 아니라, Y2K 감성과 현대적 트렌드가 결합된 새

로운 아이콘으로 Z세대의 감각을 사로잡았다.

'레트로 + 트렌디 = Z세대의 자기표현 공식'

이 전략은 '과거를 새롭게 입는' Z세대의 미적 감수성과 완벽히 맞아 떨어졌다. 결과적으로, #InMyTabby 챌린지는 자기 가방 속 이야기를 공유하는 Z세대의 놀이 문화로 진화했다. 그들에게 코치는 더 이상 브랜드가 아니라 자기 표현의 플랫폼이 되었다.

두 번째 전략, 셀럽이 아닌 '공감형 인플루언서'

코치는 유명 배우나 슈퍼모델에게 브랜드 이미지를 맡기는 전통적 방식을 선택하지 않았다. 대신 SNS에서 실제로 Z세대에게 영향력이 있는 크리에이터, 틱토커, 소셜 셀럽과 협업했다. 넷플릭스 드라마 'The Summer I Turned Pretty'의 주연 배우 롤라 텅은 Z세대의 감성과 정체성을 자연스럽게 대변하는 인물로 참여했고, 주이 자오와 차야 루비노 같은 패션 인플루언서들은 "코치는 나의 일상"이라는 메시지를 자신들의 삶 속 이야기로 풀어냈다.

이 캠페인은 고가의 광고를 앞세우기보다, 실제 사람들이 자신의 경험과 언어로 브랜드를 해석하도록 설계된 참여형 콘텐츠였다. Z세대는 광고 문구보다 자신과 닮은 사람의 경험을 신뢰하며, 코치는 바로 그 신뢰의 방식을 마케팅의 중심에 놓았다.

세 번째 전략, 숏폼·UGC 중심의 참여형 마케팅

코치는 틱톡을 핵심 무대로 선택했다. 이는 전통적인 럭셔리 브랜드로서는 매우 이례적인 결정이었다.

#InMyTabby 캠페인은 사용자들이 자신의 태비백 안에 담긴 물건을 보여주며 각자의 일상과 이야기를 공유하는 숏폼 챌린지로 기획되었다. 이 참여형 캠페인은 폭발적인 확산을 일으켜 틱톡에서 수억 회의 조회수를 기록했고, 전 세계적으로 수십만 개에 가까운 사용자 제작 콘텐츠를 만들어냈다.

그 결과 코치는 Z세대 여성 사이에서 '첫 명품 구매 브랜드' 상위권에 오르며 새로운 포지션을 확고히 했다. 이 캠페인은 브랜드가 일방적으로 정의하던 럭셔리에서 벗어나, 소비자가 자신의 경험과 이야기로 럭셔리를 말하는 방식으로 전환한 대표적 사례가 되었다.

네 번째 전략, 다양성과 포용성의 서사

코치는 열린 브랜드가 되었다. 캠페인에는 다양한 인종, 체형, 성 정체성을 지닌 모델들이 등장했다. 모델이 아니라 사람의 스토리에 초점을 맞추며, 브랜드 메시지를 "누구나 자신만의 스타일을 표현할 수 있다"로 확장했다.

이는 Z세대가 가장 중요하게 여기는 가치, 즉 사회적 포용과 정체성의 다양성(Diversity)과 정확히 일치했다. 코치는 제품이 아닌 태도를 파는 브랜드로 진화했다.

다섯 번째 전략, '디지털 명품'으로의 확장

코치는 오프라인 부티크 중심의 전통적인 명품 유통구조를 넘어, Z세대의 일상 무대인 SNS·이커머스·AR 체험 공간으로 이동했다.

AR 가상 피팅 서비스를 통해 사용자는 자신의 스타일에 어울리는 태비백을 스마트폰 화면에서 직접 착용해 보듯 시뮬레이션할 수 있고, AI 기반 추천 엔진은 SNS 활동과 취향 데이터를 분석해 개인에게 맞는 코디를 제안한다.

그 결과 코치는 매장 밖에서도 경험되는 브랜드로 진화하며, Z세대의 스마트폰 안에서 '디지털 럭셔리 경험'을 새롭게 정의한 브랜드가 되었다.

Z세대에 깔맞춤한 5개 전략들을 실행한 결과, 코치는 2023년 태비백 매출이 전년 대비 세 배 가까이 성장했고, 틱톡과 인스타그램을 중심으로 브랜드 검색량도 크게 늘어났다. 특히 북미 시장에서는 Z세대 고객 비중이 35%를 넘어서며 뚜렷한 세대 전환을 입증했다. 이제 코치는 더 이상 부모 세대의 브랜드가 아니라, Z세대에게 '자기 자신을 표현하는 첫 번째 럭셔리 경험'을 상징하는 브랜드가 되었다. 결국 코치는 가방을 판매한 것이 아니라, Z세대의 감정과 정체성을 담을 수 있는 그릇을 제시한 셈이다.

Zα를 포용하는 조직문화와 리더십의 변화

4

AI와 알고리즘이 세상을 재편하고 있다면, Zα세대는 조직의 문법을 다시 쓰고 있다. 그들은 디지털 환경에서 태어나, 명령과 통제가 아닌 대화와 연결의 언어로 사고한다. 이제 기업이 직면한 진정한 도전은 기술 혁신이 아니라 세대 혁신이다. Zα를 고객으로 이해하는 기업은 많지만, 그들을 조직 구성원으로 포용하는 방법을 아는 리더는 아직 적다. Zα를 포용한다는 것은 미래 세대를 위한 적응을 넘어 조직의 진화를 위한 자기 혁신이다.

그들의 언어로 소통하는 리더, 그들의 가치로 문화적 울림을 만드는 조직만이 다가오는 세대 교체의 파고를 넘을 수 있다. 이 장에서는 세대 혁신을 위한 리더십의 변화와 조직 전략을 살펴본다.

조직 안으로 들어온 Zα, 새로운 협력의 DNA

Zα세대가 조직의 언어를 바꾸다

기업의 위계 구조를 지탱해온 것은 기술이 아니라 세대의 문화를 반영하는 언어였다. 언어가 Zα세대의 등장으로 급격히 재편되고 있다. 이전 세대, 특히 X세대와 M세대는 조직을 '직장'으로 보았다. 성과를 내기 위한 구조, 승진을 위한 질서, 효율을 위한 규율이 존재했다. 그러나 Zα에게 조직은 '가치 참여 공동체'다. 그들은 일을 하는 곳이 아니라 가치를 나누는 공간으로 회사를 정의한다. 이 차이는 단순한 태도의 문제가 아니라, 협력의 문법 자체를 완전히 바꾸고 있다.

Zα는 태어날 때부터 디지털에 둘러싸여 있었다. 그들은 협업 툴(Slack, Notion, Discord, Figma 등)을 자연스러운 '공동 창작 공간'으로 사용한다. 이들에게 협력은 보고체계가 아니라 동시적 협력이다. 이들에게는 업무지시보다 실시간 피드백, 회의실 논의보다 이모티콘과 코멘트가 더 효과적인 커뮤니케이션이다. Zα에게 협력은 '지시를 받는 일'이 아니라, '내가 기여할 수 있는 일'을 찾는 과정이다.

M 세대와 Zα세대의 조직 내 행동 차이

M세대와 Zα세대는 모두 디지털 세대지만, 조직내 행동 DNA는 완전히 다르다.

M세대가 일을 통한 성장을 추구한다면, Zα세대는 일을 통한 존재감을 추구한다. 즉, M세대는 '성과'로 나를 증명하지만, Zα세대는 '참여와 영향력'으로 나를 정의한다. 이 차이는 리더십 구조에도 근본적

구분	M세대 (Millennials)	Zα세대
디지털 적응력	기술을 '도구'로 사용 스마트폰	기술을 '환경'으로 인식 스마트폰, AI
커뮤니케이션 방식	이메일·메신저 기반	숏폼·실시간 대화 기반
협업 형태	팀 중심·결과 보고	프로젝트 중심·과정 공유
동기부여 요소	성장과 보상	의미와 정체성
리더십 선호	코치형 (명확한 방향 제시)	촉진형 (의견 반영, 참여형)
조직에 대한 태도	소속감과 안정 추구	자율과 선택 추구
일의 목적	커리어 중심	경험 중심
관계의 방식	인간적 유대와 신뢰 중시	데이터·가치 중심의 네트워크형

M세대와 Zα세대의 문화 차이

인 균열을 만든다. Zα는 명령형 리더에게서 동기부여를 받지 못한다. 대신 자신이 제안한 아이디어가 반영될 때, 조직의 비전에 '나의 목소리'가 포함되어 있다고 느낄 때 비로소 몰입한다.

Zα는 협업을 '대화의 흐름'으로 이해한다. 그들에게 중요한 것은 '정답'이 아니라 '맥락의 공유'다. 즉, 과정 중의 대화가 곧 결과이며, 조직의 집단지성은 실시간 대화 속에서 축적된다.

예를 들어,

- Zα가 주도하는 회의는 회의록보다 실시간 화이트보드(FigJam, Miro)가 중심이다.
- 발표보다 짧은 피드백 클립이나 이모지 리액션이 더 큰 의미를 가진다.
- 프로젝트 완료보다 공유된 노션(Notion) 페이지의 히스토리가 더 큰 신

뢰를 준다.

이들의 협력은 '문서 중심 → 대화 중심 → 경험 중심'으로 진화했다. 그들에게 협력은 일이 아니라 '공동창작(Co-Creation)'이다. "Zα의 협업은 집단지성이 아니라, '즉시 연결되는 감정의 네트워크'다."

X세대 리더의 딜레마, 권위와 공감의 교차점

지금 대부분의 기업 리더는 X세대다. 그들은 아날로그에서 디지털로, 위계에서 네트워크로 넘어가는 격변의 시대를 온몸으로 견뎌낸 세대다. 성과와 책임, 헌신과 근면은 그들의 핵심 언어였다. 이 언어는 조직을 성장시켰지만, 이제 Zα세대의 언어와 충돌하기 시작했다. 이 두 세대가 함께 일하는 오늘의 조직은, 두 언어가 교차하는 문화적 변곡점에 서 있다.

리더십 변화: 권위 기반 리더십에서 신뢰 기반 리더십으로

X세대 리더십의 토대는 '성과'와 '직급'이었다. 성과가 리더의 자격을, 직급이 발언권을 부여했다. 그러나 Zα는 리더의 권위를 '신뢰의 근거'

세대	주요 가치	협력 방식	리더십 인식	일의 의미
X세대	자율·성과·효율	기능별 협력	실적 중심 리더	자기계발
Zα세대	다양성·공유·자기표현	수평·프로젝트 기반 협력	촉진자형 리더	의미와 정체성

M세대 리더와 Zα세대의 가치관 차이

로 평가한다. 그들에게 리더십은 직위에서 나오지 않는다. "당신은 얼마나 진정성 있게 말하는가?", "나의 이야기를 듣고 있는가?"에서 리더십이 시작된다.

즉, Zα에게 리더는 권력의 소유자(Power Holder)가 아니라 신뢰 설계자(Trust Builder)다.

프로세스 중심에서 '참여형·공동 창작'으로

X세대 리더는 프로세스의 완결성을 중요하게 여긴다. 보고 체계, 승인 절차, 단계별 검토는 그들의 조직 감각을 안정시킨다. 하지만 Zα에게 일의 의미는 '완벽한 절차'보다 '함께 만드는 경험'에 있다. 그들은 계획보다 실험, 지시보다 토론, 결과보다 과정에서 배움을 찾는다. "지시받은 일은 의무지만, 내가 참여한 일은 의미가 된다."

Zα는 프로젝트 초반부터 아이디어를 제시하고, 그 의견이 반영되는 과정에서 몰입한다. 이런 과정이 곧 그들의 동기부여의 원천이다.

단일 커리어 경로에서 유연한 경력 설계로

X세대에게 커리어는 한 회사에서의 성장 서사였다. 한 길을 묵묵히 걸으며 충성, 헌신, 안정으로 평가받았다. 그러나 Zα에게 커리어는 다중적 정체성의 조합이다. 한 직장의 경력만으로는 자신을 설명할 수 없다. 그들은 사이드잡, 프리랜스, 콘텐츠 제작, 디지털 자산 투자 등 여러 경로를 동시에 탐색한다. 따라서 리더는 이들의 경력 궤적을 충성심 부족이 아니라 새로운 생태적 적응력으로 보아야 한다. Zα에게 직장은 인생의 목적지가 아니라, 자신의 정체성을 실험할 수 있는 하나의 무대

이기 때문이다. 그들을 불성실하다고 보지 말고, 다층적 경험을 통해 자신만의 의미를 구축하는 방식이라는 것을 X세대 리더들은 이해해야 한다.

리더십의 재정의, 관리자가 아닌 촉진자

Zα의 협업 문화를 이해하지 못한 리더십은 빠르게 낙후된다. 리더는 더 이상 관리자가 아니라 협력의 촉진자가 되어야 한다. 그는 팀의 방향을 '정하는 사람'이 아니라, 팀의 에너지를 순환시키는 사람이어야 한다.

X세대 리더는 성과를 만들어 온 세대다. 숫자로 증명하고, 실행으로 책임지며, 결과로 평가받는 방식에 익숙하다. 그러나 지금 조직에 들어온 Z세대는 성과를 '결과'보다 '과정과 학습'으로 인식한다. 이 차이를 이해하지 못하면, 성과 관리가 아니라 세대 충돌이 된다.

이제 X세대 리더가 조정해야 할 세 가지 지점은 다음과 같다.

- KPI 보고 방식은 '검증'에서 '학습 공유'로 바뀌어야 한다.

  기존의 KPI 보고는 "목표 대비 몇 퍼센트 달성했는가"를 확인하는 자리였다. 그러나 Z세대 구성원에게 이 방식은 평가의 압박으로만 작동한다. X세대 리더는 이제 KPI를 통제의 도구가 아니라 학습의 기록으로 다뤄야 한다. '숫자 자체보다, 왜 이 목표를 세웠는지, 어떤 가설로 시도했는지, 무엇이 예상과 달랐는지, 더 나아지기 위해 무엇을 바꿀 것인지.' 이 흐름을 듣고 묻는 리더가 되어야 한다. 숫자는 결과이고, 조직의 경쟁력은 그 숫자에 이르는 사고 과정에 축적된다.
- 평가는 '성과 점수'보다 '얻은 교훈과 통찰의 밀도'를 봐야 한다.

X세대 리더에게 성과란 "무엇을 해냈는가"였다. 그러나 Z세대에게 성과는 "무엇을 이해하게 되었는가"에 가깝다. 같은 결과를 냈더라도, 실패에서 명확한 교훈을 도출한 구성원과 성공했지만 이유를 설명하지 못하는 구성원은 장기적으로 전혀 다른 가치를 만든다.

이제 리더는 성과 면담에서 결과를 묻기 전에 먼저 물어야 한다.

"이번 일에서 가장 크게 배운 것은 무엇인가?"

이 질문에 답할 수 있는 조직은 다음 성과를 만들 수 있고, 못하는 조직은 같은 실수를 반복한다.

- 성과 회의보다 '되돌아보는 시간'을 의도적으로 설계해야 한다

X세대 리더는 속도에 익숙하다. 회의는 빠르게, 결정은 명확하게, 실행은 즉시. 그러나 AI와 실험이 일상이 된 조직에서는 속도만으로는 경쟁력이 쌓이지 않는다.

Z세대가 가치 있게 여기는 회의는 목표 달성을 추궁하는 회의가 아니라, '어떤 일들이 일어났는지, 무엇이 어긋났는지. 다음 시도에서는 무엇을 바꿀지'를 함께 정리하는 리플렉션(reflection, 반추) 미팅이다. 이 시간은 생산성이 떨어지는 휴식이 아니라, 집단지능을 쌓아가는 투자 시간이다.

이제 리더십은 성과를 '관리'하는 능력보다, 학습이 조직에 남도록 '설계'하는 능력이다. X세대 리더가 이 전환을 받아들이는 순간, Z세대는 더 이상 '이해하기 어려운 세대'가 아니라 가장 빠르게 성장하는 조직의 자산이 된다.

리더는 그 성장을 조직의 자산으로 전환시켜야 한다. 아래 표에 X세대 리더들이 현재 역량에서 변화해야 할 방향과 행동 내용을 정리한다.

현재	변화	행동 내용
명령형	코치형	지시보다 질문과 피드백을 통해 동기 부여
성과 관리	경험 설계	개인별 핵심 경험 지수를 파악하고 촉진
직급 기반	관계 기반	권위보다 소통과 공감으로 신뢰 확보
단일 리더십	다중 리더십	팀 내 다양한 리더십(프로젝트 리더, 커뮤니티 리더)을 인정.
IT 친화적	AI 친화적	AI 도구 활용을 직접 체험하고 실무에 적용하는 능력을 가져야 함

X세대 리더가 바꾸어야 할 역량

포용의 리더십 조직문화 구축 성공사례

마이크로소프트, 지시에서 코치로

1) 배경: 지시형 문화의 한계와 리더십의 전환

2014년 사티아 나델라(Satya Nadella)가 CEO로 취임했을 당시 마이크로소프트는 철저히 성과 중심의 지시형 문화를 갖고 있었다. 직급 중심의 권위, 부서간 경쟁, 그리고 실패를 용납하지 않는 분위기는 혁신을 늦추고 젊은 세대 직원들의 몰입을 크게 떨어뜨리는 원인이었다. 나델라는 이 문제를 '지식의 부족이 아니라 태도의 문제'로 진단했다. 그가 조직 전체에 던진 메시지는 단 하나였다. "모든 것을 아는 사람(Know-it-all)이 아니라, 배우는 사람(Learn-it-all)이 되자."

2) 변화: 명령형 리더에서 코치형 리더로

나델라는 리더십의 중심을 '명령(Command)'이 아닌 '코칭(Coach)'으로 전환해야 한다고 선언하고 다음과 같은 변화를 추진했다.

- 사내 교육체계 혁신: 성과 통제 중심의 리더십 과정을 성장 피드백 중심으로 개편하였다.
- 내부 소통 플랫폼 확장: 사내 소통 시스템인 팀즈(Teams)를 전면 개방해 직급과 나이에 관계없이 누구나 아이디어를 제안할 수 있는 구조를 만들어서 직급이 아니라 아이디어로 경쟁하는 문화를 정착시켰다.
- 리더십 KPI 재정의: 리더 평가 기준에 코칭 횟수, 팀 성장 속도, 협업지수(Collaboration Index) 등을 포함하여 리더의 역할을 '성장 촉진자'로 재구조화했다.

3) 효과: 신뢰 기반 조직으로의 진화

변화의 결과 Z세대 직원의 재직 만족도와 내부 이동률이 눈에 띄게 상승하였다. 2023년 마이크로소프트는 '세계 최고의 일터(World's Best Workplaces)' 랭킹에서 톱3에 올랐다. 그리고 실패를 학습의 일부로 인정하는 문화가 자리잡으며, 조직은 '학습조직'으로 재탄생하였다.

유니레버, 초개인화 경력 설계

1) 배경: 젊은 인재의 이탈과 '경력 유연성'의 부상

다국적 생활용품 기업 유니레버는 Z세대 인재 확보의 어려움과 내부 정체성 문제를 동시에 겪고 있었다. 기존의 경력 경로는 너무 고정적이었고, 직원들은 상사의 판단에 따라 이동하거나 평가받았다. Z세대에게는 이러한 구조가 '경직된 사다리'로 보였다. 그들은 하나의 직무보다 다양한 경험을 통한 자기 성장을 원했다.

2) 변화: 경력의 주도권을 개인에게

유니레버는 'AI 기반 내부 이동 플랫폼 Flex Experience'를 도입했다.

- 직원이 스스로 참여할 프로젝트를 선택하고, 필요한 역량을 학습하며, 경력을 맞춤설계할 수 있게 했다.
- 상사가 아니라 AI가 연결해주는 '기회 매칭 시스템'이 중심이 되었다.
- 경력 이동이 '평가'가 아닌 '성장'의 일부로 재정의되었다.

이를 통해 경력관리의 구조가 상사 지시형에서 자기 주도형으로 완전히 전환되었다.

3) 효과: 몰입의 선순환 구조

프로젝트 참여율과 내부 만족도는 크게 높아졌고(Z세대 참여율 40% 이상), 인재 이직률은 감소했으며 내부 재배치의 효율도 극대화되었다. 무엇보다 직원들은 자신을 '기업의 부속품'이 아니라 '내 인생을 설계하는 디자이너'로 인식하기 시작했다. 다시 말해, 유니레버는 Z세대에게 직장을 단순한 일터가 아닌 '경험의 플랫폼'으로 전환시켰다.

나이키, 포용성과 사회적 가치의 내재화

1) 배경: Z세대는 제품보다 가치에 반응한다

나이키는 한때 스포츠 퍼포먼스를 중심에 둔 브랜드로 인식되었다.

그러나 Z세대에게 중요한 것은 "무엇을 파느냐"가 아니라 "무엇을 믿느냐"다. 그들은 기업이 단순히 상품이 아니라 '신념'을 말하길 원했다.

2) 변화: 다양성과 포용, 그리고 사회적 메시지의 제도화

나이키는 브랜드 메시지를 내부 문화로 끌어내렸다.

- DEI(Diversity, Equity, Inclusion) 프로그램 강화: 인종 · 성별 · 장애 · 성소수자 다양성을 존중하는 내부 커뮤니티 운영과 채용 · 승진 인사 비율 확대.
- 사회적 가치 캠페인 내재화: 'Dream Crazy', 'You Can't Stop Us' 캠페인을 통해 사회 정의 · 평등 · 환경 지속성을 기업 정체성과 연결.
- Z세대 직원의 자발적 참여: 내부 워크숍과 자원봉사 프로그램에 젊은 직원들의 참여를 장려하고 실제 의사결정에 반영.

1. 'Dream Crazy' 캠페인 (콜린 캐퍼닉)

사회 정의 메시지: 2018년 'Just Do It' 캠페인 30주년을 기념하여 NFL 선수 콜린 캐퍼닉을 모델로 기용했다. 캐퍼닉은 인종차별과 경찰 폭력에 항의하며 경기 전 무릎 꿇기 시위를 주도했던 인물로, "모든 걸 희생해야 할지라도 무언가를 믿어라"라는 강력한 메시지를 통해 사회적 신념을 굽히지 않는 저항정신을 강조했다.

이는 나이키의 온라인 매출 증가와 역대 최고 주가 달성에 기여했으며, 특히 Z세대 소비자층의 강력한 지지를 획득했다.

2. 'You Can't Stop Us' 캠페인

2020년에 정교한 편집 기술로 다양한 종목과 인종, 성별, 장애를 가진 50명 이상의 운동선수들의 움직임을 완벽하게 연결하여, 스포츠는 모두에게 평등하다는 메시지를 시각적으로 전달했다. 다양성, 공평성, 포용성이라는 나이키의 핵심 가치를 효과적으로 보여주며 칸 라이언즈 필름 부문 그랑프리를 수상하는 등 긍정적인 평가를 받았다.

3) 효과: 브랜드와 조직의 정체성 강화

나이키는 Z세대에게 가치 소비의 상징으로 자리잡았다. 그 결과 직원 충성도와 브랜드 호감도가 동시에 상승했다. 내부 설문에서도 직원의 78%가 "나의 가치와 회사의 방향이 일치한다"고 답하며 조직 정체성에 대한 높은 공감대를 보였다. "나이키는 세상을 바꾸는 운동화를 만든 것이 아니라, 세상과 함께 뛰는 문화를 만들었다."

포용은 전략이 아니라 생존조건이다

이제 포용의 리더십은 선택이 아니라 생존의 조건이다. 세대간의 이해가 단절된 조직은 혁신보다 먼저 인재를 잃는다. Zα는 권위에 복종하지 않지만, 공감에는 기꺼이 헌신한다. 그들은 '회사를 다니는 사람'이 아니라, '회사의 문화를 함께 만드는 사람'이 되기를 원한다.

"포용의 리더십은 세대의 다리를 놓는 일이다. 그 다리 위에서 미래의 조직이 다시 태어난다."

미래 실험실

한국 Zα의 글로벌 파급력을 어떻게 비즈니스에 활용할까?

세계는 지금 'Zα세대'라는 거대한 실험실에 들어와 있다. 이 세대는 태어날 때부터 인터넷과 AI를 자연어처럼 사용하며, 기술·문화·윤리·정체성의 경계를 스스로 재조립하고 있다. 그 중에서도 한국의 Zα, 즉 K-Zα세대는 새로운 문명 전환의 촉매자(Cultural Catalyst)로 주목받고 있다. K-Zα의 감정 표현 방식, 밈 문화, MBTI식 자기 해석, 윤리적 소비, 다층적 디지털 정체성은 글로벌 기업들이 '새로운 고객 DNA'를 설계할 때 가장 먼저 참고하는 지표가 되고 있다.

그러나 기회만 있는 것은 아니다. 이미 예견되었지만 외면해온 위협인 회색 코뿔소(생산가능인구 감소, 내수 침체, 기술 과잉 경쟁)가 한국 경제의 활력을 약화시키고 있다. 이제 한국이 미래 경쟁력을 유지하려면 Zα세대의 감성과 창의력을 단순 소비력이 아니라 글로벌 비즈니스 자산으로 전환하는 전략적 상상력이 필요하다.

한국의 Zα세대는 어떻게 세계 문화를 거꾸로 흐르게 만들었는가?

글로벌 문화의 방향이 바뀌다, '역류'의 시작

20세기 문화의 흐름은 언제나 서구에서 아시아로 흘렀다. 음악·패션·언어·기술이 미국과 유럽에서 만들어지고, 일본과 한국을 거쳐 확산되는 구조였다. 그러나 2020년대 들어 흐름이 완전히 뒤집혔다. 맥킨지 아시아퍼시픽의 Z세대 서베이(2019)에서는 한국의 Zα세대를 가장 'Z세대적 사고방식'을 가진 집단으로 평가했다. 호주의 친환경 의식, 중국의 전통 소비 패턴, 일본의 느린 적응 문화와 달리 한국의 젊은 세대는 디지털 기술, 개인화, 다양성 수용의 측면에서 가장 빠르게 진화한 세대다. 이 세대의 특징은 소비자가 아니라 문화 생산자라는 점이다. 과거엔 미국 → 일본 → 한국으로 들어오던 문화가 이젠 한국 → 일본 → 미국으로 '역류'하기 시작했다.

K-Pop이 만든 세대 언어, 음악이 아니라 알고리즘

그 대표적인 증거는 음악이다. 스포티파이(Spotify)가 발표한 2024년 통계에 따르면, 2018년 이후 6년간 K-Pop 스트리밍이 362% 증가했다. 특히 동남아시아에서는 무려 423% 성장, 블랙핑크는 누적 130억 회 이상의 스트리밍을 기록했다. BTS, 블랙핑크, 뉴진스는 더 이상 해외에서 인기 있는 '한국 가수'가 아니라, 전 세계 Zα의 정체성을 구성하는 디지털 문화 언어가 되었다.

흥미로운 점은 Zα세대용 플랫폼에서도 K-Pop의 영향력이 뚜렷하다는 사실이다. 2025년 8월 11일, 미국의 어린이용 소셜미디어 'Zigazoo'의 조사에서 응답자의 25%가 가장 좋아하는 음악 장르로 K-Pop을 2위로 꼽았다. 이는 컨트리(17%)나 힙합(10%)보다 높은 수치였다. 즉, 한국의 음악이 이제 글로벌 유소년 세대의 정체성 코드로 자리 잡고 있는 것이다.

문화 역류의 끝판왕, K-Pop Demon Hunters

이 흐름의 정점을 보여준 사건이 있다. 2025년 6월 넷플릭스에서 공개된 뮤지컬 애니메이션 〈K-Pop Demon Hunters〉(케데헌)이다. K-Pop

K-팝 데몬 헌터스(출처: shutterstock)

걸그룹 멤버들이 악마를 사냥한다는 초현실적 스토리라인을 가진 이 작품은 공개 111일 만에 3억 2,500만 뷰, 넷플릭스 애니메이션 부문 역대 1위를 기록했다. 포브스(2025.10.9)는 이를 두고 "스트리밍 20년 역사상 이런 일은 없었다. 음악이 아니라 문화 자체가 콘텐츠가 된 첫 사례" 라고 평했다.

심지어 미국의 구글 검색 트렌드에서는 해당 캐릭터 '루미', '조이', '미라'가 할로윈 의상 검색 1~3위를 모두 차지했다. 로스앤젤레스, 휴스턴, 호놀룰루 등 대도시권의 80% 이상에서 상위 5위 내에 케데헌 캐릭터가 포함되었다. 이는 한국 콘텐츠가 단순히 '소비되는 문화'가 아니라, 현지인의 상상력을 점유한 문화적 코드로 작동하고 있음을 보여준다.

일본에 부는 K-Zα 문화 역류, 근대 문화의 지각변동

사상 최초로 한국 호감도가 50%를 넘은 J-Zα

문화는 언제나 강한 곳에서 약한 곳으로 흐른다고 믿던 시대가 있었다. 20세기 후반의 아시아는 일본이 문화의 중심이었다. 애니메이션, 패션, 음악, 심지어 '감성'의 코드까지 일본이 생산했고, 한국은 그것을 빠르게 흡수하는 수용자였다.

그러나 2020년대에 들어 이 균형은 완전히 뒤집혔다. 이제 일본의 젊은 세대는 한국을 통해 세계를 본다. 그들은 유튜브로 K-POP을 듣고, 인스타그램에서 한국식 패션을 배우며, 한국 아이돌의 MBTI를 자신의 정체성 언어로 삼는다. 2024년 일본 내각부의 공식 조사 결과는 이를 뚜렷하게 보여준다. 근대 이후 역사상 처음으로 18세에서 29세 사이의 일본 Z세대 중 54.5%가 '한국에 친숙함을 느낀다'고 응답했다. 이는 전 연령 평균인 34.9%보다 20% 이상 높은 수치다. 반면 50대 이상에서는 그 비율이 10% 미만으로 떨어진다. 일본 젊은 세대 안에서 인식의 지형이 완전히 바뀐 것이다.

일본 여성들의 패션 언어도 프랑스에서 한국으로 이동

이 감정적 변화는 패션에서도 극명하게 나타난다. 2023년 일본 최대 온라인 쇼핑 플랫폼 라쿠텐의 조사에 따르면, 10대부터 40대까지 일본 여성들이 가장 많이 패션 영감을 얻은 국가는 '한국'이었다. 50대 여성만이 여전히 '프랑스'를 꼽았고, 그 외 모든 세대에서 한국은 트렌드의 기준이 되었다. 패션의 언어가 프랑스어에서 한국어로 바뀐 셈이다. '패션 아이콘' 조사에서도 결과는 일관됐다. 1위 블랙핑크, 2위 트와이스, 4위 BTS였고 테일러 스위프트는 10위에 머물렀다. 일본의 젊은 세대는 한국을 '외국'이 아니라, 자신들의 취향과 정체성을 대변해주는 또 하나의 자기 이미지로 받아들이고 있다.

혈액형 성격 판단의 종주국 일본이 MBTI로 돌아서다

가장 흥미로운 현상은 '성격 판단 코드의 역류'다. 한때 한국의 기성세대는 일본의 영향을 받아 '혈액형으로 성격을 판단'하던 문화를 당연하게 여겼다.

그러나 이제 일본의 Z세대는 오히려 한국의 MBTI 문화에 열광하고 있다. 2023년 일본 SNS 트렌드에서 '나의 MBTI는 O형보다 중요하다'

는 문장이 화제가 되었고, 일본 아이돌 그룹들 역시 프로필에 MBTI를 표기하기 시작했다. 한국 예능과 아이돌 콘텐츠를 통해 전파된 MBTI는 심리 테스트가 아니라, 세대의 언어이자 자기 표현의 도구로 변모했다. 이것은 단순한 문화 수입이 아니라, 한국의 Zα가 일본의 Zα세대에게 '자기 이해의 프레임'을 제공한 사건이었다.

일본의 혈액형 성격 판단, 왜 등장했는가?

1927년 일본의 심리학자 다케지 후루카와(古川竹二)는 『혈액형과 기질(血液型気質に関する研究)』이라는 논문을 발표했다. 이 연구는 '혈액형과 성격 간에 일정한 상관관계가 있다'는 가설을 제시했지만, 과학적 근거는 매우 빈약했다.

문제는 이 이론이 학문보다 이데올로기적 목적으로 사용되었다는 점이다. 1930년대 일본 제국주의 시절, 군부는 병사 선발과 식민지 통치를 정당화하기 위해 혈액형 기질론을 '민족적 우월성'의 근거로 활용했다.

그들은 "A형이 많은 민족은 규율과 질서를 중시하고, B형이 많은 민족은 감정적이고 충동적이다"라고 주장하며, 일본은 A형이 많으므로 서구적이고 '탈아시아적' 기질을 가졌다고 선전했다. 참고로 일본은 A형 38%, B형 22%, 인도는 A형 21%, B형 40%다. 이는 과학이라기보다 인종 우월론을 포장한 심리 선전술이었다.

2차 세계대전 후, 학계는 이 이론을 완전히 부정했다. 그러나 1970년대에 들어, 노미 마사히코(能見正比古)의 『혈액형 인간학(1971)』이 출간되면서 이 논의는 대중문화의 영역에서 부활했다. 그의 책은 "혈액형으로 연애, 직장, 성격을 알 수 있다"는 가벼운 심리 엔터테인먼트로 포장되었고, 텔레비전 예능과 잡지를 통해 일본 전역에 확산되었다. 이후 '혈액형 심리학'은 한국과 대만으로 전파되며 '과학적 사실'이 아닌 '문화적 놀이'로 자리 잡았다.

흥미롭게도 2020년대 들어 일본의 젊은 세대는 혈액형이 아니라 한국에서 유행하는 MBTI로 자신을 정의하고 있다. 100년 만에 문화의 흐름이 완전히 뒤집힌 것이다.

이런 변화의 배경에는 문화의 표면적 교류를 넘어서는 '공감 코드의 이동'이라는 구조적 전환이 자리잡고 있다. 한국의 Zα는 글로벌 불안, 경쟁, 자아정체성의 문제를 음악·드라마·패션 속에 감각적으로 녹여 내며, 이를 통해 일본의 젊은 세대와 정서적으로 공명한다. 이들이 열광하는 것은 단순히 K-POP의 멜로디나 한국 화장품의 품질이 아니라, 그 안에 담긴 '살아가는 방식과 태도', 즉 Zα세대의 세계관이다. 한국의 Zα는 완벽하지 않지만 현실적이고, 다르지만 타인을 배제하지 않는다. 이런 가치관이 일본 사회의 폐쇄적 구조 속에서 새로운 자유와 자아 탐색의 언어로 작용하고 있는 것이다.

결국 일본에서 일어나고 있는 변화는 '한류'의 확장판이 아니라, 세대의 동화(同化)다. 한류가 '한국의 콘텐츠를 소비하는 현상'이었다면, K-Zα 문화 역류는 '한국식 사고와 감성을 생활 속으로 흡수하는 현상'이다. 패션에서 음악으로, 성격 코드에서 가치관으로, 일본의 젊은 세대는 한국을 통해 자신을 해석하고 있다.

인구절벽 시대, 회색 코뿔소가 한국 경제를 덮치기 시작했다

회색 코뿔소, '모두가 알고 있지만 외면하는 위기'

'회색 코뿔소(Grey Rhino)'라는 개념은 세계위험분석가 미셸 부커(Michele Wucker)의 저서 『The Gray Rhino: How to Recognize and Act on the Obvious Dangers We Ignore』(2016)에서 처음 제시됐다. 이 개념은 이미 충분히 예측 가능하고 눈앞에 다가온 위험이지만, 사람들이 "지금 당장은 아니야"라며 회피하는 상황을 뜻한다. 코뿔소는 덩치가 크고 시야에 뚜렷하게 보인다. 그러나 방심하면 어느새 돌진해 돌이킬 수 없는 피해를 입힌다. '예상치 못한 돌연변이적 위험인 검은 백조(Black Swan)'와 반대다. 2008년 금융위기 당시의 서브프라임 모기지 사태, 기후변화, 노키아의 스마트폰 시장 대응 실패, 코닥의 몰락 모두 '예견된 위기'였지만, 대응이 늦어 재앙으로 번졌다. 이제 이 비유는 한국 사회의 인구절벽 문제에도 정확히 맞아떨어진다.

국가	총 인구	현 인구 배수	0-4세 배수
한국	0.5억	1	1
일본	1.2억	2.04 배	2.6 배
중국	14억	28 배	44배

경쟁국가 한·중·일의 미래 인구 비교

한국의 회색 코뿔소, 인구절벽과 경제 체력의 붕괴

한국의 인구 구조는 이미 세계 최저 수준의 출산율(0.72명, 2024 기준)로 붕괴의 길을 걷고 있다. 이는 OECD 평균(1.5명)의 절반에도 못 미치는 수준이며, 2025년을 기점으로 생산가능인구가 급감하기 시작한다.

서울의 한 초등학교는 신입생이 단 1명뿐이었고, 지방 중소도시는 이미 학교 통폐합과 상권 붕괴를 겪고 있다. 젊은 인구의 감소는 곧 소비 시장의 축소로 이어지고, 기업은 인재 확보난에 시달리며 성장보다 생존을 고민한다. 중소 제조기업은 숙련 기술인력의 단절로 생산라인을 유지하기 어렵고, 서비스·문화 산업조차 내수 기반이 급격히 줄어드는 중이다. 한국의 '성장 엔진'이 동시에 꺼지고 있는 것이다. 이 거대한 회색 코뿔소는 이미 우리의 시야 안에 들어와 있다.

대응 방향: 생산성 혁신과 글로벌 수요 확장

이제 한국이 취해야 할 전략은 첫째, AI·로봇·디지털 기술을 통한 생산성의 극대화, 둘째 국내 인구 감소를 글로벌 수요로 전환하는 전략적 개방이다.

- AI와 하이브리드 인텔리전스 기반의 생산성 혁신: 제조업, 물류, 의료, 농업 등 전통 산업에 '하이브리드 인텔리전스'를 접목해 인력 공백을 메우고, 단위 노동당 부가가치를 극대화해야 한다. '노동 중심 성장'에서 '지능 중심 성장'으로의 패러다임 전환이 핵심이다.
- 글로벌 수요 창출과 K-Zα세대의 역할 확대: 내수시장이 줄어드는 대신, 문화·콘텐츠·디지털 서비스의 수출이 한국 경제의 새로운 엔진이 되고 있다. 특히 K-Zα세대는 글로벌 세대와 동일한 언어·감성을 공유하며 한국의 브랜드, 음악, 게임, 패션을 세계 시장에 연결하는 문화적·경제적 브릿지 세대로 부상하고 있다. 이를 '세대 교체를 통한 글로벌 확장'의 기회로 전환해야 한다. K-Zα세대는 더 이상 한국 경제의 소비자만이 아니다. 그들은 콘텐츠, 플랫폼, 기술을 통해 세계를 상대로 한국의 새로운 시장을 개척하는 디지털 개척자(Digital Pioneer)다.

K- Zα세대의 글로벌 영향력을 어떻게 비즈니스에 활용할까?

한국의 인구절벽은 피할 수 없는 현실이지만, 이 위기 속에서 Zα세대는 전혀 다른 가능성을 보여주고 있다. 그들은 국경과 언어, 나이를 초월한 글로벌 네트워크형 세대, 즉 한국 경제의 외연을 확장할 마지막 성장 동력이다.

미셸 부커의 말처럼, "회색 코뿔소는 당신이 외면할 때 가장 빠르게 달려든다." 그러나 반대로 그 존재를 직시하고 먼저 움직인다면, 그 거대한 코뿔소는 위기가 아니라 새로운 성장의 로켓이 된다. 한국이 Zα

세대의 글로벌 감성과 디지털 역량을 산업과 경제의 축으로 연결한다면, 인구절벽은 '소멸의 곡선'이 아니라 '전환의 곡선'이 될 것이다.

인구의 역설, 작지만 강한 영향력

한국 Zα세대의 규모는 중국이나 인도네시아의 같은 세대의 10분의 1에도 미치지 못한다. 그러나 그들이 만들어내는 문화 트렌드는 아시아 전체의 표준 언어가 되고 있다. 이는 규모의 역설(Scale Paradox)이다.

K-Zα세대는 태어날 때부터 초연결 환경에서 자라난 디지털 네이티브의 결정판이다. 그들에게 국경은 플랫폼 단위로 존재하며, 한국에서의 문화 소비가 곧 글로벌 트렌드로 변환된다. 예컨대, 한 명의 Zα 소비자가 가진 평균 소비 생애가치(Consumer Lifetime Value)는 M세대의 두 배 이상으로 추정된다. 그들은 오프라인 소비보다 디지털 경험에 더 높은 비용을 지불하며, 좋은 브랜드는 '소유'가 아닌 '참여'의 방식으로 지지한다. 즉, 한국의 Zα세대는 양보다 질, 숫자보다 영향력으로 평가받는 세대다. 기업 입장에서는 이들을 단순한 타깃이 아니라 '글로벌 사업 확장의 시작점'으로 이해해야 한다.

한국은 Zα세대는 '비즈니스 시장의 코드 해석기'다

경제학에서 '선도 시장(Lead Market)'이란 개념이 있다. 이는 시장의 규모가 작더라도, 소비자들의 혁신 수용성, 기술 친화도, 사회적 속도감이 높다면 새로운 비즈니스 모델이 가장 먼저 실험되고 검증되는 시장을 뜻한다.

한국은 이미 지난 20년간 이런 선도 시장으로서 자격을 입증해 왔

네이버제트가 메타버스 공간에서 진행한 구찌 패션쇼(출처: 네이버제트)

다. 스마트폰, 5G, 모바일 결제, K-팝, e스포츠, 웹툰 등 모든 글로벌 디지털 비즈니스의 '프로토타입'이 한국에서 먼저 등장했다. 삼성과 LG의 스마트폰은 한국 소비자의 피드백을 통해 UX를 완성했고, 넷플릭스는 한국 콘텐츠를 통해 아시아 시장의 시청 데이터를 확보했다. 또한 하이브의 팬덤 플랫폼 '위버스(Weverse)', 카카오엔터의 글로벌 웹툰 전략, 에스파·뉴진스의 AI 기반 팬 커뮤니케이션 실험 모두 한국 Zα세대의 반응을 지표로 삼았다. 이제 한국 시장은 단순한 내수가 아니라, 아시아 전체의 '코드 해석기'로 기능하고 있다.

글로벌 기업들은 한국의 Zα세대를 '트렌드를 읽는 세대'가 아니라 '트렌드를 번역하는 세대'로 본다. 예를 들어, 나이키는 서울을 도쿄보다 앞선 '문화 실험 도시(Culture Lab)'로 규정하고, Zα 인플루언서와 협업해 커스터마이징 스니커즈 프로젝트를 전개했다.

구찌는 2024년 한국의 Zα 아티스트와 협업해 AR 기반 메타 패션

쇼를 열었는데, 이 콘텐츠는 단 48시간 만에 일본과 대만에서 3천만 회 이상 조회되었다. 즉, 한국 Zα의 문화 코드가 아시아 소비자 감성의 '공통 언어'로 작동한 것이다.

이제 글로벌 브랜드에게 중요한 질문은 "한국에서 성공했는가?"가 아니라, "한국 Zα가 공감했는가?"이다. 그들의 공감은 곧 아시아 시장의 반응 예측치로 기능한다.

〈작지만 거대한 실험실, K-Zα를 활용하는 3가지 기업 전략〉

- 초개인화 마케팅 전략: 기업은 생성형 AI를 활용해 Zα세대의 취향, 감정, 시간대, 참여 행동에 따라 '하나의 브랜드, 수백 개의 경험'을 제공해야 한다.
- 팬덤-커뮤니티 기반 모델 전략: Zα는 광고보다 참여형 캠페인과 밈 문화에 더 강하게 반응한다. 브랜드는 '소비자'가 아닌 '공동 창작자'로 이들을 대해야 한다.
- '선(先) 한국 시장에서의 테스트, 후(後) 아시아 확산' 전략: 한국 Zα세대는 기술 실험과 문화 소비의 민감도가 높다. 한국에서 성공한 모델은 일본, 대만, 태국으로 곧바로 확산된다. 이 과정에서 한국은 트렌드의 진원지이자 실험 플랫폼이 된다.

인구절벽의 시대에 한국은 양적 성장의 길을 잃었지만, Zα세대는 그 공백을 질적 확장으로 메우고 있다. 그들은 세계가 한국을 주목하게 만드는 문화적 촉매이자, 글로벌 기업이 새로운 모델을 실험하는 경제적 실험실이다. K-Zα는 더 이상 단순한 세대가 아니다. 그들은 한국의 미래를 지탱하는 '작은 거인(Micro-Titan)'이며, 한국 비즈니스의 가장 강력한 수출 자산이다.

DRIVE

D ecoupling
R egulation
Hybrid I ntelligence
V itality
E cology

PART 5

Ecology

순환경제로의 대전환과 기후테크의 부상

2024년, 인류는 관측 이래 가장 뜨거운 해를 보냈다. 그것은 단지 기온이 올라갔다는 통계적 사실이 아니라, 산업 문명 그 자체가 한계에 도달했다는 신호였다. 기후는 자연의 문제가 아니라 에너지, 물류, 금융, 도시, 인간의 사고방식이 뒤얽힌 총체적 시스템의 문제다. 기후위기는 자연의 보복이 아니라 인간 시스템의 반작용이다. 우리가 만들어낸 산업·도시·소비의 구조가 지구의 회복 능력을 앞질렀기 때문이다. 그 결과, 지구는 산업이 만든 폐기물을 인간의 삶으로 되돌려주고 있다. 폭염은 에너지 요금을, 홍수는 물류비를, 산불은 식량 가격을, 그리고 가뭄은 공급망 전체를 흔들고 있다.

이제 문제는 탄소가 아니다. 문제는 '순환되지 않는 문명' 그 자체다. 우리는 한 방향으로 흘러가는 선형경제(Linear Economy)를 멈추고, 자원·에너지·데이터·가치가 서로 이어지는 순환경제(Circular Economy)로 문명의 작동 방식을 다시 설계해야 한다.

이 책에서 말하는 'E(Ecology)'는 단순한 환경이 아니다. 그것은 기술이 인간과 자연을 다시 연결하는 지능의 생태계다. 지금 필요한 것은 더 많은 탄소 감축 보고서가 아니라, 새로운 상상력의 회로다. 산업은 순환으로, 기업은 재생으로, 도시는 공존으로, 그리고 인간은 기술과 함께 다시 지구의 일부로 복귀해야 한다.

우리는 이제 관찰자가 아니라 설계자가 되어야 한다. 기후위기는 인간의 실수였지만, 기후 회복은 인간과 AI가 함께 쓸 다음 문명의 서문이 될 것이다.

Part 5에서는 다음의 세부 주제를 다룬다.

1. 지구를 위해 더 이상 두고 볼 수 없는 것들
2. 순환경제 기반 기업으로 가는 길
3. 비즈니스 기회를 창출하는 순환경제 기술 혁신
4. 순환경제 도시로의 대전환: 새롭게 설계하는 넷제로 시티

미래 실험실 AI는 산불을 예측하고 산림을 회복할 수 있는가?

지구를 위해 더 이상 두고 볼 수 없는 것들

1

임계온도 1.5℃, 돌아올 수 없는 선을 넘다

지구의 '임계온도(Critical Temperature)'란 지구 평균기온 상승이 일정 수준을 넘을 때, 기후와 생태계가 되돌릴 수 없는 변화를 일으키는 전환점, 즉 티핑포인트(Tipping Point)를 의미한다. 이 온도는 과학적 계산뿐 아니라, 인류 사회와 생태계가 '적응 가능한 한계'를 함께 고려해 설정된 경계선이다. 기후학적으로는 산업화 이전 대비 지구 평균기온 상승폭이 1.5℃, 2℃, 3℃ 등이 기준이라고 평가된다. 이 수치는 지구의 시스템이 얼마나 버틸 수 있는지를 가늠하는 생태적 경보선이다.

그런데 세계경제포럼(WEF)은 2025년 보고서에서 "지구 평균온도 상승 1.5℃ 제한 목표는 사실상 달성이 불가능하다"고 경고했다. 이는 산

상승 온도	주요 변화 특징	생태계 영향도
~1.5°C	아직 회복 가능성이 존재하나, 이미 다수의 변동이 관측되는 구간	• 극한 폭염, 가뭄, 집중호우, 폭설 등 기상이변의 빈도와 강도가 증가한다. • 해수면은 약 0.3~0.8m 상승하며, 저지대 해안이 침수 위험에 노출된다. • 일부 생태계와 종의 서식지가 축소되고, 고산지대·극지 생물의 이동이 가속화된다.
~2°C	위험이 기하급수적으로 커지는 구간	• 여름철 북극 해빙이 사라질 확률이 높아지고, 그린랜드 빙상이 녹기 시작한다. • 사막화와 열대림 붕괴가 가속화된다. • 수자원 고갈, 농업 생산성 하락, 대규모 산불 등으로 인류 생존 여건이 급격히 악화된다.
3°C 이상	지구 시스템의 비가역적 붕괴 위험 구간	• 남극과 그린란드의 빙상이 붕괴하며 수 미터 단위의 해수면 상승이 예상된다. • 영구동토층에서 메탄이 대량 방출되어 온난화를 가속화한다. • 대규모 기후 난민이 발생하고, 인류의 거주 가능 지역이 급격히 축소된다.

지구 평균온도 상승에 따른 영향

업의 지속가능성과 인류 생존의 경계선이 무너지고 있음을 뜻한다. 관측 이래 가장 뜨거운 해였던 2024년에, 유럽은 대홍수로 농업이 붕괴했고, 미국 서부는 연중 산불로 도시가 마비되었으며, 남미의 가뭄은 파나마 운하를 멈춰 세웠다. 파나마 운하 가뭄의 충격은 상징적이다. 전 세계 해상물류의 약 5%가 통과하는 운하의 수위가 2미터 이상 낮아지면서 선박 운항이 제한되었다. 이로 인해 물류비가 급등하고, 반도체·자동차·식량의 글로벌 공급망이 흔들렸다.

기후위기는 환경 문제가 아니라 공급망 문제가 되었다. 이제 지구의 물과 바람, 산불과 폭우가 산업의 인프라를 직접 흔들고 있다.

파나마 운하의 물류 위기: 수위 2미터가 글로벌 공급망을 멈추다

2024년 파나마 운하의 수위가 평년 대비 2미터 이상 낮아지면서, 지구촌의 물류 네트워크가 일시적으로 마비되었다. 기후변화로 인한 극심한 가뭄이 원인이었다. 운하의 주요 물 공급원인 가툰호(Gatun Lake)의 수량이 100년 만에 최저치를 기록하면서 하루 통과 선박 수는 기존 36척에서 24척으로 제한되었다.

이 변화는 단순한 항로 지연이 아니라, 전 세계 공급망 붕괴의 전조였다. 미국 남부와 아시아를 잇는 수입 곡물, 유럽으로 향하는 LNG, 그리고 전자·자동차 부품의 흐름이 동시에 병목에 걸렸다. 한 척의 지연이 다음 생산라인의 정지로 이어지는 '기후 유발형 공급망 쇼크'였다.

국제운송협회(IAPH)는 "지구 기후위기가 이제 해운경제의 변수가 아닌 구조적 리스크로 전환되었다"고 진단했다. 기후위기는 먼 미래의 위협이 아니라, 물류비와 생산원가를 흔드는 실시간 변수가 되었다. 파나마 운하는 이제 인류에게 묻는다. "기후위기를 외면한 공급망은 얼마나 오래 버틸 수 있는가?"

한국의 기후 역설, RE100 달성이 불가능한 재생에너지 후진국

한국의 기후위기는 기술의 문제가 아니라 산업 인프라의 역설이다. 경제 규모는 세계 10위권, 산업 인프라는 선진국 수준이지만, 에너지 구조만큼은 여전히 20세기형이다. OECD 국가 중 재생에너지 비중이 가장 낮고, 도시의 1인당 탄소 배출은 세계 최고 수준이다. '디지털 선진국'이라는 명성이 '기후 대응 후진국'이라는 불명예와 공존하는 기이한 현상, 이것이 한국의 현실이다.

세계 최하위권의 재생에너지 비중

2022년 전 세계 풍력·태양광 발전 비중은 사상 처음으로 10.3%를 돌파했다. 그러나 한국은 고작 4.7%에 머물렀다(기후·에너지 싱크탱크 EMBER 보고서, 2022). 이는 일본(25%), 영국(45%), 독일(52%)에 비해 현저히 낮은 수치이며, G20 국가 중에서도 두 번째로 낮은 수준이다. 한국은 세계 3위의 1인당 전력 소비국임에도, 전력의 33%를 석탄발전에 의존하고 있다. 이는 선진국 평균(15%)의 두 배를 넘는 수준으로, 결국 '에너지는 많이 쓰면서, 지구는 더럽게 만드는 나라'라는 구조적 모순을 보여준다.

탈원전 정책 이후 신재생 에너지 확대가 이뤄지지 못하면서, 줄어든 석탄발전의 빈자리를 가스발전이 메우는 역전 현상이 발생했다. 즉 탄소 배출의 총량은 줄지 않고 오히려 전력 부문의 화석연료 의존이 심화된 것이다. 이로 인해 한국의 2015~2020년 기간 중 화석연료 기반 전력 비중은 증가세를 보였다.

기후·에너지 연구기관 EMBER는 2022년 보고서에서 경고했다. "한국은 2050 순배출 제로(Net-Zero) 목표를 달성하기 위해 전력 믹스의 구조적 전환이 불가피하다. 현 상태에서는 발전 부문의 탈탄소화가 사실상 불가능하다." 국제기후연구소 CAT(Climate Action Tracker)도 2024년 한국의 기후 대응 수준을 '매우 불충분(Highly Insufficient)'으로 분류했다. 이는 지구 평균온도 상승을 1.5°C 이내로 제한하려는 파리협약 목표와 현 한국 정책 간의 괴리가 심각하다는 의미다. CAT는 특히 한국의 온실가스 감축 목표(NDC)가 "명목상 야심적이지만 실행 가능성이 낮고, 에너지 정책·산업 구조와 일관되지 않다"고 지적했다.

새 정부의 기후 리셋 의지

이재명 정부 출범 이후, 탄소중립을 향한 정책 기조는 '구조개편 중심의 현실화 전략'으로 전환하고 있다. 새로 출범한 '기후·에너지부'는 산업부, 환경부, 국토부에 흩어져 있던 탄소 감축 기능을 통합해 정책 일원화를 시도 중이다. 또한 2035년 중간 목표(NDC)를 상향 조정하고, '국가순환경제위원회'를 신설해 기업·지자체·시민사회의 자발적 감축 활동을 통합 관리하는 체계를 구축하고 있다.

그러나 핵심 문제는 여전히 남아 있다. 그것은 기술의 문제가 아니라, 정치적 선택의 문제다. 탄소중립은 선언으로 달성되지 않는다. 에너지 구조를 뒤집는 결단, 즉 에너지 리셋이 필요하다. 한국의 기후역설은 '에너지 후진국의 기술 부족'이 아니라 '산업 선진국의 시스템 정체'에서 비롯된 결과다. 2050 탄소중립을 향한 길은 선언이 아니라 구조적 전환이 필요하며, 그 시작은 재생에너지 확대가 아니라 도시와 산업의 에너지 소비 구조를 근본적으로 재설계하는 것이다. 기술이 아니라 시스템, 목표 선언이 아니라 실행이 한국의 탄소 미래를 결정할 것이다.

재생에너지 활용 1위 국가 독일: 기후 목표 초과 달성

독일은 1990년 대비 온실가스 배출량을 53% 이상 감축하며, 유럽연합(EU)이 설정한 기후 보호 목표를 선도적으로 초과 달성했다. 2024년 기준, 전력 소비 중 재생에너지가 차지하는 비중은 54.1%로 절반을 넘어섰다. 풍력과 태양광 발전이 전체 전력 생산의 주축으로 자리 잡았고, 석탄발전은 2015년 대비 절반 이하로 감소했다. 이러한 변화의 중심에는 '에너지 전환(Energiewende)'이라는 국가 전략이 있다. 독일은 2023년 개정된 재생에너지법(EEG)을 통해 2030년까지 전체 전력 수요의 80%를 재생에너지로 충당하겠다는 목표를 명문화했다. 더 나아가 2045년 탄소 중립 달성을 위해 수소 인프라와 그린가스 네트워크 확충을 병행하고 있다.

그러나 에너지전환의 성과가 전력 부문에 집중된 반면, 건물·난방·교통 부문은 아직 전환 속도가 더디다. 특히 교통 부문에서는 여전히 내연기관차의 비중이 높고, 도시 난방 시스템의 탈탄소화도 초기 단계에 머물러 있다. 이 때문에 독일 정부는 2021년부터 건물 및 교통 부문 연료에도 탄소배출권 거래를 적용하고, 그 수익을 재생에너지 부담금 경감과 전기요금 안정화에 활용하고 있다.

독일의 사례는 단순한 에너지 구조 개편이 아니라, 도시와 산업의 '탄소 의존 구조'를 해체하고 순환경제로 이동하는 실험이다. 과거에 설정한 '2020년까지 재생에너지 비중 35%를 달성하겠다' 목표는 이미 오래 전에 넘어섰다. 지금의 논의는 "어떻게 100%로 갈 것인가"로 진화했다.

결국 독일의 에너지 전환은 '기술의 변화'가 아니라 '시스템의 혁명'이다. 재생에너지가 전력망의 중심이 되는 순간, 산업 경쟁력·도시 구조·노동시장까지 동시에 바뀐다. 독일의 오늘은, 탄소 이후 시대를 준비하는 모든 도시의 내일을 보여주는 예고편이다.

왜 한국은 RE100보다 CE100의 경로로 갈 수밖에 없는가

RE100은 기업이 사용하는 전력의 100%를 재생가능에너지로 전환하겠다는 글로벌 이니셔티브다. 핵심은 '전기의 출처'다. 기업은 태양광·풍력 등 재생에너지로 생산된 전력을 직접 구매하거나, PPA·REC 같은 제도를 통해 자신이 사용한 전력이 재생에너지였음을 증명해야 한다. 다시 말해 RE100은 에너지 사용 단계에서의 탈탄소를 목표로 한다.

반면 CE100은 전력의 출처만을 묻지 않는다. CE100은 자원과 에너지의 순환성을 중심에 둔다. 생산–소비–폐기의 일방향 구조를 끊고, 재사용·재제조·재활용을 통해 자원과 에너지가 다시 산업 시스템 안으로 돌아오도록 설계하는 것이 핵심이다. 여기서 중요한 것은 "얼마나 깨끗한 전기를 썼는가"가 아니라, "얼마나 덜 쓰고, 얼마나 다시 쓰는가"다.

한국은 구조적으로 RE100을 단기간에 달성하기 어려운 나라다. 재생에너지 발전에 필요한 국토 면적은 제한적이고, 태양광·풍력의 입지 갈등은 이미 사회적 한계에 다다르고 있다. 에너지 자립도가 낮아 전력 시스템은 여전히 원자력과 화석연료 중심으로 운영되고 있으며, 재생에너지 비중을 급격히 끌어올릴 경우 전기 가격과 산업 경쟁력에 직접적인 부담이 발생한다.

하지만 한국은 동시에 순환경제에 매우 유리한 산업 구조를 갖고 있다. 제조업 비중이 높고, 반도체·배터리·자동차·화학처럼 자원 집약적 산업이 밀집해 있다. 이는 곧 버려지는 부산물과 폐기물의 양이 많다는 뜻이기도 하다. 다시 말해 한국 산업은 에너지를 새로 만드는 데는 약하지만, 이미 쓰인 자원과 에너지를 다시 활용하는 데는 강점을 가진다.

배터리 리사이클링, 공정 폐열 회수, 산업단지 내 에너지 공유, 역물류 기반 자원 회수 같은 모델은 한국 제조업 환경에서 즉시 실행 가능한 전략이다. 이는 재생에너지 발전소를 새로 짓지 않아도, 실질적인 탄소 감축 효과를 만들어낼 수 있는 길이다.

그래서 한국의 탄소중립 전략은 'RE100이냐 CE100이냐'의 선택 문제가 아니다. RE100은 장기 목표, CE100은 당장의 현실 해법에 가깝다. 전력을 100% 재생에너지로 바꾸기 전에, 먼저 자원과 에너지의 낭비를 구조적으로 줄이는 것이 한국 산업에 더 빠르고, 더 확실한 감축 효과를 가져온다.

한국 기업이 글로벌 시장에서 경쟁력을 유지하려면, "우리는 재생에너지를 얼마나 썼는가"보다 먼저 "우리는 얼마나 효율적으로 순환하는 산업 구조를 갖췄는가"를 증명해야 한다. 이것이 한국이 RE100의 담론을 그대로 따라가기보다, CE100을 중심으로 한 '한국형 탄소중립 경로'를 설계해야 하는 이유다.

에너지 블랙홀로 변한 도시, 쓰레기의 고향

현대의 도시는 번영의 상징이자, 동시에 지구 자원을 가장 빠르게 소모하는 구조물이다. 도시는 전 세계 인구의 55%를 수용하지만, 세계 에너지의 78%를 소비하고 폐기물의 60%를 배출한다. 그 결과 도시는 생산의 중심이 아니라 소비의 블랙홀, 즉 자원을 흡수하고 쓰레기를 배출하는 '자원 순환의 단절 지점'으로 변모했다. 이 역설은 서울, 도쿄, 뉴욕, 상하이 모두에 공통적으로 나타나는 현상이다. 전기를 생산해 소비하고 버리는 일방통행 구조 속에서, 도시는 지구 자원의 종착점이자 쓰레기의 고향이 되었다.

서울, 1인당 탄소발자국 세계 1위의 역설

서울은 세계에서 가장 빠르게 성장한 도시 중 하나이지만, 그 번영의 이면에는 '탄소 소비형 문명'이라는 그림자가 드리워져 있다. 국제기후단체 CT(Climate Tracker)에 따르면, 서울은 2024년 기준 주요 글로벌 도시 가운데 1인당 탄소배출량 1위를 기록했다. 연간 약 10.4톤에 이르는 이 수치는 파리나 도쿄의 두 배를 훌쩍 넘는다. 이는 단순히 인구 밀도나 산업 규모 때문이 아니라, 서울의 도시 구조와 생활 방식 자체가 에너지 집약적으로 설계되어 있기 때문이다.

대중교통이 잘 발달했음에도 차량 운행량은 계속 늘어나고, 고층 건물 중심의 도시 경관은 냉난방 에너지의 상시 과소비를 낳고 있다. 여기에 배달 중심의 소비 문화가 포장재 사용과 연료 소모, 데이터 트래픽을 동시에 증가시키며 탄소 부담을 키운다. 고층 빌딩의 냉난방, 자동차 중심 교통 체계, 24시간 꺼지지 않는 소비 활동, 그리고 급증하는 데이터센터의 전력 사용이 맞물리며 서울의 탄소 배출 구조를 고착화하고 있는 것이다.

결국 서울의 탄소 문제는 산업의 문제가 아니라 도시 문화와 생활양식의 문제다. 이 역설적인 풍경은 서울만의 특수성이 아니라, 앞으로 전 세계의 모든 메가시티가 마주하게 될 미래의 자화상에 가깝다.

쓰레기 역외화의 한계, 도시가 버린 것의 종말

세계 각국의 대도시는 여전히 '생산과 소비의 중심'이자 '폐기의 출발점'이다. 문제는 이 거대한 소비 시스템이 오랫동안 쓰레기를 외부로 전가해온 구조 위에서 유지되어 왔다는 점이다.

유럽의 주요 도시들은 오랫동안 전자폐기물(E-waste)과 폐플라스틱을 아시아와 아프리카로 수출하며 '깨끗한 도시'의 이미지를 유지해왔다. 미국 역시 매년 수백만 톤의 폐기물을 개발도상국으로 내보내며 처리 비용과 환경 부담을 전가했다. 그러나 2018년 중국이 '국가검역검사총서의 폐기물 수입 금지 정책(일명 National Sword Policy)'을 발표하며 폐플라스틱 수입을 전면 중단하자, 이 시스템은 한순간에 붕괴되었다. 세계 폐기물 시장은 방향을 잃었고, 선진국의 쓰레기가 제자리로 돌아오는 '쓰레기의 역류(Waste Reflux)' 현상이 본격화되었다. 결국 매립지와 소각장이 포화 상태에 이르렀고, 도시 내부에서 폐기물 처리장 설치를 두고 지역 간 갈등이 폭발하고 있다. 런던, 도쿄, 뉴욕, 서울 모두 예외가 아니다.

특히 서울과 수도권의 경우는 '지속 불가능한 소비의 거울'로 주목받고 있다. 2026년경 수도권 매립지가 포화되면 대체 부지를 찾기 어려워지며, 도시는 쓰레기를 버릴 곳이 없는 사회라는 물리적 한계를 맞게 된다. 이는 단순히 폐기물 관리의 문제가 아니라, 선형경제(Linear Economy)가 만들어낸 순환 실패의 사회적 비용이다.

도시가 생산과 소비의 중심이면서도 회수·재활용의 책임을 외면한 결과, 문명은 지금 '쓰레기의 벽(Wall of Waste)' 앞에 서 있다. 도시의 쓰레기는 도시 시스템의 정체성을 반영하는 데이터이다. 버려진 플라스틱, 음식물, 전자폐기물의 흐름을 추적하면, 도시가 얼마나 자원을 낭비하며 성장해왔는지가 드러난다.

기후위기의 새로운 얼굴, 산불의 후유증

"숲이 타면, 공기만 오염되는 것이 아니라 미래가 사라진다." 산불은 단지 한 지역의 재난이 아니다. 그것은 지구 생태계가 스스로를 태우며 보내는 마지막 경고음이다. 이제 불은 기후의 통증 호소가 되었고, 탄소의 순환을 왜곡하는 거대한 변수로 부상했다.

불타는 행성, 남겨진 상처들

UNEP(유엔환경계획)에 따르면, 산불은 전 세계 탄소 배출의 20% 이상을 차지한다. 매년 약 8억톤의 이산화탄소가 불길 속에서 대기 중으로 방출된다. 이는 전 세계 자동차가 1년 동안 내뿜는 탄소의 절반에 해당한다. 더 큰 문제는 산불 이후의 후유증이다. 불에 탄 숲은 단기간에 복원되지 못한다. 잿빛 토양은 수분을 잃고, 미생물 생태계는 붕괴한다. 그 결과, 숲은 더 이상 탄소를 흡수하지 못하고 오히려 탄소 배출원으로 전환된다. 미국 캘리포니아, 캐나다 브리티시컬럼비아, 호주 뉴사우스웨일스의 연구 결과에 따르면, 대형 산불 이후 10년이 지나도 숲의 탄소 흡수 능력은 평균 30~50% 이상 감소했다. 이렇게 '탄소를 흡수하던 숲이 배출원으로 바뀌는 현상'은 지구의 탄소 밸런스를 무너뜨리는 결정적 전환점이다. 숲이 사라지고, 대기가 더 이상 냉각되지 않으며, 지구 생태계가 자기 복원력을 잃어가고 있다. 인간으로 인해 지구는 '자기 소각(Self-Burning) 행성'의 시대에 들어섰다.

한국의 현실, 타버린 숲, 남겨진 침묵

한국이라고 예외가 아니다. 2022년 울진·삼척 산불은 16,000헥타르의 산림을 삼켰다. 서울 여의도의 54배에 해당하는 면적이다. 그러나 2년이 지난 지금까지 복원율은 30%에도 미치지 못한다. 문제는 이 피해가 단순히 나무 몇 그루의 손실이 아니라는 것이다. 한국의 산림은 국가 전체 탄소 흡수량의 60% 이상을 담당한다. 따라서 한 번의 대형 산불은 10년치 국가 탄소 흡수 성과를 한순간에 무너뜨리는 셈이다.

한국환경정책평가연구원(KEI)의 분석에 따르면, 울진 산불로 인한 탄소배출량은 약 300만 톤, 이는 수도권 승용차 200만 대가 1년간 내뿜는 양과 맞먹는다. 더 큰 문제는 이 피해가 지속형 배출(Chronic Emission)이라는 점이다. 불탄 숲은 5년, 10년 동안 미량의 탄소를 계속 방출하며, 산림이 회복되지 않는 한 이산화탄소는 줄지 않는다.

산림 손실의 연쇄효과, 물·토양·도시까지 번지는 균열

산불은 단지 숲만 태우지 않는다. 그 불길은 생태계를 구성하는 모든 층위를 파괴한다.

- 토양 손실: 산불 발생 후 1년 동안 토양 유기물의 80%가 사라진다. 그 결과, 빗물이 스며들지 않아 산사태와 홍수가 빈발한다.
- 수자원 악화: 불탄 지역의 하천에는 미세탄소와 재가 쌓여 수질이 악화되고, 상수원의 정화 비용이 급증한다.
- 도시 기후 교란: 산림이 사라지면 주변 도시의 평균기온이 상승하고, 미세먼지 농도가 높아져 도심 열섬 현상이 심화된다.

미국 NASA의 위성관측 자료에 따르면, 산불 피해 지역 주변 도시의 여름 평균기온은 평균 1.4℃ 이상 상승했다. 이렇게 산불은 숲의 문제를 넘어 도시의 문제, 기후 전체의 문제로 확장된다.

불타는 경제, 기후 재해의 비용화

세계은행은 최근 보고서에서 산불을 포함한 기후 재해로 인한 전 세계 경제 손실이 연간 5조 달러를 넘어설 것으로 전망했다. 그중 산불 피해만 연간 약 1,500억 달러에 이른다. 이 수치는 복구 비용만이 아니라, 농업 생산 감소, 관광산업 붕괴, 보험시장 붕괴까지 포함한 총체적 손실이다. 한국 역시 예외가 아니다. 2022년 울진 산불 당시 복구비용만 1조 5천억 원이 투입되었지만, 그 후유증(탄소 배출, 생태계 복원, 토양 회복, 지역 소득 손실)을 고려하면 실질 경제 손실은 그 다섯 배 이상으로 추산된다.

기후위기의 시대에 산불은 더 이상 자연의 사고가 아니라 경제 시스템을 붕괴시키는 구조적 리스크다. 지구는 이미 경고한 임계점을 넘어섰다. 산업과 도시, 소비와 에너지가 하나의 순환시스템으로 재설계되지 않는다면, 기후위기는 '경제 시스템 붕괴'라는 새로운 이름을 갖게 될 것이다. 우리는 이제 선택해야 한다.

"기후위기를 관망하며 지구 소각을 방치한 세대로 남을 것인가?"

"순환경제를 설계하여 지구 복원에 성공한 세대로 거듭날 것인가?"

순환경제 기반 기업으로 가는 길

"기업은 더 이상 제품을 만드는 존재가 아니라,
순환을 설계하는 존재가 되어야 한다"

2

과거 산업의 경쟁력은 얼마나 많이 만들고, 얼마나 싸게 파는가에 달려 있었다. 그러나 기후위기의 시대 이제 시장은 묻는다. "당신의 제품은 어떻게 소멸되는가?" 탄소중립과 자원위기의 압박 속에서 기업의 혁신은 생산이 아니라 순환(Circularity)의 언어로 전환되고 있다. 자원을 한 번 쓰고 버리는 선형경제는 지속가능성의 문턱에서 이미 한계를 드러냈다. 이제 기업은 제품이 시장을 떠난 이후의 여정까지 책임져야 한다. 소재를 회수하고, 부품을 다시 쓰며, 에너지를 재순환시키는 순환경제 추진력이 기업 경쟁력의 새로운 기준이 되고 있다. 기후위기 시대의 진정한 경쟁력은 "얼마나 빨리 줄이느냐"가 아니라, "얼마나 오래 순환시키느냐"로 결정될 것이다.

순환경제, 재활용이 아니라 기업 활동의 재설계다

순환경제의 본질, "자원의 생애를 다시 설계하다"

선형경제는 자원을 취하고(Take), 만들고(Make), 버리는(Dispose) 방식으로 작동한다. 이 구조는 지난 세기 산업화를 지탱해온 엔진이었지만, 동시에 기후변화, 생물 다양성 손실, 폐기물·오염 증가라는 글로벌 위기의 주범이 되었다. 이 시스템에서는 제품의 '끝'을 전제로 설계가 이루어진다. 따라서 아무리 재활용을 강조해도, 그 기본이 '소비 후 폐기'라면 근본적 문제 해결은 불가능하다. 결국 자원을 덜 버리는 것만으로는 부족하다. 이제는 자원을 다시 설계(Reform)하고, 소비 이후의 단계까지 미리 디자인해야 한다.

순환경제는 단순히 쓰레기를 줄이는 기술이 아니다. 그것은 자원의 생애주기를 처음부터 다시 짜는 경제 시스템의 재설계(Redesign)다. 순환경제는 자원 추출에서 산업 변환, 소비, 폐기까지 모든 단계의 흐름

자원을 활용하는 3가지 경제 모델

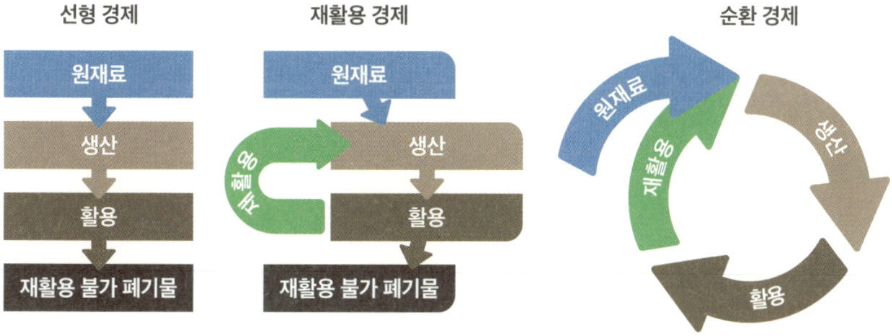

을 하나의 생태계로 연결한다. 그 핵심 목표는 세 가지다.

- 폐기물 및 오염 제거(Eliminate Waste & Pollution)
- 제품 및 자원 순환(Circulate Products & Materials)
- 자연 재생(Regenerate Nature)

즉, 자원을 덜 쓰는 것이 아니라, 자원을 끊임없이 다시 순환시키는 구조를 창조하는 것이다. 이때 순환의 단위는 제품이 아니라 시스템이다. 공급망, 공정, 소비, 재사용, 재생이 하나의 순환고리로 연결될 때 기업은 단순한 제조자가 아니라 순환의 설계자로 거듭난다.

재활용경제 vs 순환경제, 하류의 행동에서 상류의 결정으로

많은 기업들이 아직도 재활용(Recycling)을 순환경제로 오해한다. 그러나 두 개념의 본질은 다르다.

재활용경제는 하류(Downstream), 즉 소비 이후의 행동이다. 반면 순환경제는 상류(Upstream), 즉 설계 단계에서 결정된다. 제품의 환경영향 중 약 80%는 설계 단계에서 결정된다는 유럽환경청(EEA)의 연구 결과가 이를 뒷받침한다.

예를 들어, 분리 배출이나 재활용 캠페인은 하류의 행위지만, 소재를 친환경적으로 설계하고, 분해 가능한 구조를 도입하는 것은 상류의 결정이다. 따라서 순환경제는 곧 설계의 혁신이다. 순환경제는 다섯 가지 핵심 행동원칙, 5R로 구체화된다. 이 5R의 핵심은 'Refuse(거부)'와 'Reform(재구성)'이 상류 단계에서 작동한다는 점이다. 즉, 순환경제는

원칙	개념	핵심 행동
Refuse (거부)	불필요한 소비와 생산 자체를 거부	불필요한 포장·단기 제품 설계의 중단
Reform (재구성)	제품과 시스템을 순환 구조로 재설계	분해형·모듈형 제품, 순환형 공급망 설계
Reduce (절감)	자원과 에너지 사용량 최소화	공정 효율화, AI 기반 에너지 관리
Reuse (재사용)	제품의 수명 연장	리퍼비시, 공유·렌탈 기반 서비스 모델
Recycle (순환)	자원의 재활용 및 재자원화	소재 회수, 폐기물→신소재 전환

순환경제의 5가지 행동 원칙

끝에서 수습하는 것이 아니라, 처음부터 버려지지 않는 설계를 만드는 것이다.

순환경제는 낡은 산업을 치유하기 위한 환경운동이 아니다. 그것은 산업의 존재 이유를 다시 정의하는 경영 혁신의 프레임워크다. 제품이 시장을 떠난 후에도 기업의 책임이 끝나지 않는 시대, 기업은 이제 제품을 만드는 곳이 아니라 순환을 설계하는 곳으로 진화해야 한다. 순환경제는 단순히 자원을 되돌리는 것이 아니라, 기업의 사고방식, 가치사슬, 비즈니스 모델 전체를 다시 잇는 지능 혁명이다.

순환경제를 기업 전략의 중심에 둔 선도 기업들

삼성전자, CES 선언에서 실천으로, 순환경제를 산업표준으로 만들다

삼성전자는 순환경제를 단순한 환경정책이 아닌 글로벌 산업표준으로 확립하려는 대표적 기업으로 2022년 '차세대 환경전략(New Environmental Strategy)'을 발표하였다. 삼성전자의 차세대 환경전략은 2050년 탄소중립 달성을 목표로, '기후행동(Climate Action)', '자원순환(Circular Economy)', '친환경 기술 혁신(Clean Tech Innovation)', '지속가능 운영(Sustainability in Operations)'을 핵심축으로 한다. 주요 내용은 ▲초저전력 반도체/제품 개발 ▲2030년까지 재생에너지 100% 전환(RE100) 추진 ▲모든 플라스틱 부품에 재생레진 적용 ▲제품 수명 연장 및 폐기물 재자원화 ▲물 사용량 최소화 및 재사용 확대 등을 포함하며, 이를 위해 대규모 투자와 기술 혁신을 하는 것이다.

1) 재활용 소재의 산업적 전환

삼성전자는 제품 설계 단계부터 재활용 소재를 적극 도입하고 있다. 2009년 이후 누적 재활용 플라스틱 사용량은 2024년 기준 약 76만 톤을 넘어섰으며, 2024년 한 해에만 약 20만 톤 이상을 제품 부품에 적용했다. 특히 2025년형 갤럭시 S25 시리즈에는 재활용 코발트, 구리, 유리, 플라스틱 등이 사용되었다.

이러한 접근은 '친환경 제품'이라는 캠페인을 넘어, 글로벌 공급망의 원자재 리스크를 완화하는 경제적 순환시스템으로 기능하고 있다. 삼성은 재활용 소재의 안정적 품질을 확보하기 위해 '순환경제연구소(Circular Economy Lab)'을 설립하여 화학적 재활용·소재 복원 기술을 연구하고 있다.

2) 회수와 재사용, 폐쇄형 순환체계의 확장

삼성전자는 전 세계 80여 개국에서 전기·전자제품 회수 프로그램을 운영하는데, 2009년 이후 회수 누적량은 약 690만 톤에 달한다. 이 회수 시스템은 단순한 폐기물 관리가 아니라, 제품을 '소비 후에도 가치가 있는 자산'으로 다루는 공급망 모델로 발전하고 있다. 회수된 전자제품은 소재별로 분류되어 재활용되거나, 리퍼비시 제품으로 재판매되어 제품 생애주기의 연장으로 이어진다. 또한 주요 제조사업장 18곳이 국제 인증기관으로부터 'Zero Waste to Landfill Platinum' 등급을 획득하여 공정 단계에서도 자원 손실을 최소화하고 있다.

3) AI 기반 예측형 순환의 도입

삼성은 CES 2025에서 'AI for All' 비전 아래, AI가 제품의 에너지 효율과 수명을 관리하는 예측형 순환경제 모델을 제시했다. AI 기술이 세탁기의 부품 교체시기를 예측하거나, 냉장고의 에너지 사용패턴을 분석해 효율적으로 운영되도록 돕는다. 이러한 '스마트 수명관리'는 제품의 사용 기간을 늘리고, 폐기물을 줄이는 핵심적 도구가 되고 있다. 또한 삼성전자는 IoT 기반의 제품 추적 시스템을 통해 회수 및 재활용 경로를 디지털화하고, 소비자가 직접 회수 절차에 참여할 수 있도록 하고 있다. 이는 순환경제와 디지털 전환이 결합된 새로운 산업 모델의 전형이라 할 수 있다.

삼성전자의 순환경제 전략은 한국 제조업이 '성장 중심 모델'에서 '지속가능성장 모델'로 전환하는 상징적 사례이다.

그러나 여전히 해결해야 할 과제도 있다. 회수 시스템의 지역적 불균형, 소비자의 낮은 참여도, 재활용 소재의 품질 및 수익성 확보 등이 대표적이다. 그럼에도 불구하고 삼성전자는 순환경제를 기업 정책이 아니라 산업의 표준으로 발전시키려 하고 있다. 이는 "기술혁신이 곧 자원혁신이다"라는 메시지를 전 세계 전자산업에 던지는 행위이며, 한국형 순환경제 전략의 미래 방향을 제시하는 청사진이라 할 수 있다.

HP, 설계에서 회수까지 폐쇄형 순환시스템을 구축하다

HP는 전통적인 전자·인쇄기기 제조사 중 가장 앞서 순환경제를 실현한 기업이다. 제품 설계부터 생산, 사용, 회수, 재활용에 이르는 전 과정에 순환 원리를 통합했다. HP는 이를 '순환을 위한 설계(Design for Circularity)'라고 정의하며, 제품의 내구성·수리성·재활용 가능성을 핵심 설계 기준으로 삼고 있다.

잉크 카트리지를 자동으로 회수해 재활용하는 'Instant Ink' 서비스는 대표적 사례이다. 고객은 사용한 카트리지를 반납하고 새 제품을 받으며, HP는 회수된 카트리지 플라스틱을 다시 생산공정에 투입한다. 이러한 폐쇄형 순환 구조는 단순한 환경 캠페인이 아니라 안정적인 자원 확보 전략이다.

HP는 2030년까지 모든 제품과 포장의 75%를 순환자원으로 전환하겠다는 목표를 세웠다. 2024년 기준, 제품에 사용되는 플라스틱의 26%가 이미 재활용 소재다. 디자인, 서비스, 물류가 통합된 순환시스템을 통해 HP는 지속가능성과 수익성을 동시에 달성하고 있다.

IKEA, '사용 후에도 가치 있는 가구'라는 철학

IKEA는 가구 산업에서 순환경제를 일상 속 행동으로 전환시킨 대표적 기업이다. '제품의 끝은 또 다른 시작'이라는 철학 아래, 고객이 사용한 가구를 다시 사들이고 재판매하는 '바이백(Buy-Back) 프로그램'을 도입했다. 매장에서 운영하는 'Circular Hub'는 수리된 중고가구를 합리적인 가격에 재판매하며, 이익보다 순환의 경험을 중시한다.

제품 설계 단계부터 철저히 순환을 고려한다. 조립식 모듈 구조, 교체 가능한 부품, 세탁·재활용이 쉬운 소재 등은 모두 제품의 수명을 연장하기 위한 장치이다. 유리병 폐기물이나 사용된 목재를 새로운 제품 원료로 재활용하는 공급망 재구성도 진행 중이다.

IKEA의 순환경제는 고객 참여를 기반으로 한다. 소비자가 '버리는 대신 되팔고 다시 쓰는 경험'을 통해 순환 가치사슬의 일부가 된다. 이 모델은 순환경제가 기업의 생산성뿐 아니라 브랜드 신뢰와 고객 충성도를 강화하는 전략임을 보여준다.

LG화학, 화학산업의 순환경제를 선언하다

LG화학은 국내 제조기업 중 가장 적극적으로 순환경제를 기업 전략의 핵심으로 내세운 사례이다. 석유 기반 플라스틱 중심의 산업구조를 벗어나, 폐플라스틱을 원료로 한 PCR(Post-Consumer Recycled) 소재를 확대하고 있다. 이를 위해 화학적 재활용 기술과 바이오리파이너리 공정을 결합해 자원순환형 소재 생산체계를 구축하고 있다.

LG화학은 순환경제를 ESG의 부속 항목이 아닌 미래 성장 전략으로 정의한다. 재활용 원료를 활용한 고부가가치 소재 개발, 친환경 포장재, 순환형 가치사슬 구축 등을 동시에 추진 중이다. 또한 해외 기업과 협력해 '폐기물→연료→화학제품'으로 이어지는 완전한 순환 구조를 실증하고 있다.

이러한 전략은 단순히 환경규제 대응이 아니라 자원안보 확보, 원료비 절감, 기술우위 확보로 이어지고 있다. 화학산업의 근본적 구조를 '선형 생산에서 순환생산으로' 전환하는 한국형 모델을 제시한 셈이다.

ESG의 재정의, 재무 중심에서 탄소 중심으로

ESG는 더 이상 투자 보고서의 항목들이 되서는 안된다. 이제 그것은 탄소·에너지·자원 데이터가 실시간으로 흐르는 내부 통제 시스템으로 변해야 한다. AI가 데이터를 감시하고, 블록체인이 투명성을 보증하며, 기업은 지속가능성을 측정 가능한 언어로 관리하게 된다. 이렇게 ESG 2.0 시대의 경쟁력은 데이터의 투명성과 알고리즘의 윤리성으로 결정된다.

ESG의 중심축이 이동하다, 재무에서 탄소로

지난 10년간 ESG는 주로 투자자의 관점에서 재무 리스크를 측정하는 도구로 활용되었다. 기업들은 '지속가능경영보고서'를 통해 환경(E), 사회(S), 지배구조(G)의 활동을 기록했지만, 그 결과는 대체로 '평판 관리'와 '투자 유치' 수준에 머물렀다. 그러나 이제 ESG는 '투자를 위한 평가의 숫자'에서 '지구를 위한 탄소의 실적'으로 전환되고 있다. 그 이

축	측정 기준	목표
E (Environment)	탄소·에너지·자원 순환 데이터	Net Zero 기반의 지속가능 공정
S (Social)	시민·고객·공급망의 참여 데이터	포용적 순환 생태계 구축
G (Governance)	데이터 기반 투명성·AI 감시 시스템	실시간 탄소 통제 평가 및 관리 체계 구축

ESG 경영의 지표

유는 단순하다. 기후위기 시대의 리스크는 숫자가 아니라, 탄소로 측정되기 때문이다. 기업의 가치는 이제 "얼마나 돈을 벌었는가"보다 "얼마나 탄소를 줄였는가, 얼마나 자원을 순환시켰는가"로 평가받는다. 따라서 새로운 ESG는 위의 세 가지 지표를 중심으로 재정의된다.

이제 ESG의 중심은 '재무공시'에서 '탄소공시'로 이동하고 있다. ESG는 더 이상 보고서의 항목이 아니라, 실시간 운영체계(Operating System)가 된 것이다

디지털 ESG, 데이터를 중심으로 진화하는 새로운 경영 구조

이 변화를 실제로 움직이게 만드는 힘은 디지털 기술이다. 센서, 사물인터넷(IoT), 클라우드, 인공지능, 블록체인이 하나로 연결되면서 ESG는 더 이상 선언이나 보고서의 언어가 아니라, 기업이 매일 작동하는 방식 그 자체로 바뀌고 있다. 과거의 ESG가 "우리는 친환경을 지향합니다"라는 정성적 평가였다면, 이제의 ESG는 "지금 이 순간 얼마나 배출했고, 어떻게 줄이고 있는가"를 숫자로 보여주는 데이터 경영으

로 진화하고 있다.

이 디지털 ESG는 크게 세 단계의 흐름으로 작동한다.

먼저, 데이터를 모으는 단계다. 공장, 사무실, 물류창고 곳곳에 설치된 센서가 전력 사용량, 탄소 배출량, 폐기물 발생량을 실시간으로 기록한다. 예를 들어 BMW는 스마트팩토리에 IoT 기반 탄소 모니터링 시스템을 도입해, 어느 공정에서 얼마나 탄소가 발생하는지를 즉시 확인한다. 이제 탄소는 연말에 계산하는 숫자가 아니라, 현장에서 바로 보이는 지표가 되었다.

두 번째는 분석하고 예측하는 단계다. 이렇게 쌓인 방대한 데이터를 AI가 분석해 "어디를 바꾸면 가장 효과적으로 줄일 수 있는지"를 제안한다. 마이크로소프트의 'AI for Sustainability'는 공정 데이터에 날씨 정보와 전력망 데이터를 결합해, 기업의 탄소 배출을 자동으로 계산하고 앞으로의 배출 추세까지 예측한다. 흔히 말하는 스코프 1, 2, 3—즉 자체 시설, 전력 사용, 그리고 공급망 전체에서 발생하는 배출까지—를 사람이 일일이 계산하지 않아도 된다. ESG가 관리 업무가 아니라 의사결정 도구가 되는 순간이다.

마지막은 공개하고 신뢰를 만드는 단계다. 블록체인 기술을 활용하면 탄소 감축, 재활용, 공급망 개선 과정이 조작 불가능한 기록으로 남는다. SAP, IBM, 오라클 같은 기업들이 제공하는 ESG 클라우드 플랫폼은 이러한 데이터를 한 곳에 모아 투자자, 고객, 규제기관이 언제든 확인할 수 있게 한다. ESG가 "믿어달라"가 아니라 "보여주겠다"의 영역으로 이동하는 것이다.

이렇게 보면 디지털 ESG는 단순한 보고 시스템이 아니다. 기업이 에너지를 쓰고, 물건을 만들고, 이동시키는 모든 과정을 실시간으로 더 지속가능하게 조정하는 운영 엔진에 가깝다. 이제 ESG는 비용이나 의무가 아니라, 기업이 스스로를 효율적으로 관리하고 미래 리스크를 줄이는 새로운 경영 인프라가 되고 있다.

지속가능성은 더 이상 의지가 아니라, 시스템의 문제가 되었다. 그리고 그 시스템을 가능하게 만든 것이 바로 디지털 기술이다.

AI가 ESG를 바꾸다, 지속가능성의 인텔리전스

AI는 ESG의 세 영역(E · S · G)을 동시다발적으로 혁신하고 있다.

1) E: AI가 환경 데이터를 읽다

- 구글은 AI 냉각 제어 시스템으로 데이터센터 에너지 사용을 30% 절감했다. 이는 매년 10억 kWh 이상의 전력 절약과 50만 톤의 탄소 감축 효과를 낳았다.
- 스페인 렙솔(Repsol)은 AI 기반 탄소 추적 시스템으로 정유 공정의 배출량을 실시간으로 계산하여 2024년 15% 감축 목표를 조기 달성했다.
- 한국의 SK하이닉스는 AI 기반 전력 수요 예측 모델을 통해 공정 단위의 에너지 효율을 12% 향상시켰다.

2) S: AI가 사회적 신뢰를 복원하다

- 스타벅스는 AI를 활용해 원두 공급망의 ESG 리스크를 실시간 점검한다. 각 농장의 토양, 수자원, 노동 데이터를 수집해 윤리적 생산을 보장한다.
- 유니레버는 소비자 데이터 분석을 통해 지역 사회의 환경 캠페인 참여

율을 높이고, 브랜드 신뢰도를 25% 향상시켰다.

3) G: AI가 투명한 거버넌스를 만든다

- IBM의 왓슨 오픈스케일(Watson OpenScale)은 AI 의사결정의 편향성을 자동 감시하고, ESG 데이터의 조작 가능성을 차단한다.
- 스위스 홀심(Holcim)은 AI 기반 ESG 리포팅 자동화로 200여 개 사업장의 데이터를 통합 관리하며, 공시 정확도를 98% 이상 향상시켰다.

AI는 결국 ESG를 '지속가능성의 인텔리전스(Sustainability Intelligence)'로 전환시키고 있다. ESG는 기업의 AI 시스템이 매 순간 수행하는 판단 체계가 되었다.

디지털 ESG의 효과, 비용 절감에서 가치 창출로

AI와 데이터 기반 ESG는 단순한 리스크 회피가 아니라, 직접적인 수익 창출 메커니즘으로 작동하고 있다.

- 맥킨지에 따르면, 디지털 ESG를 도입한 기업은 평균 에너지 비용 25%, 폐기물 처리 비용 40%를 절감하였다.
- S&P500 기업 중 ESG 디지털화 기업은 비디지털 기업 대비 평균 ROE가 2.3배 높게 나타났다.
- 블록체인 기반 탄소회계 시스템을 도입하여 탄소 투명성을 강화한 기업은 투자 유치 성공률이 30% 이상 상승하였다.

이제 ESG는 규제가 아니라 기술 혁신의 촉매제다. AI가 ESG를 자동화할수록, 기업은 탄소를 줄이는 동시에 신뢰와 경쟁력을 쌓아간다.

기후위기 시대에 순환경제는 기업의 선택지가 아니라 생존조건이다. 단순히 친환경을 외치는 기업은 고객으로부터 외면받게 될 것이다. 이제 시장은 "얼마나 순환적으로 운영되는가"로 기업의 진정성을 판단한다. 순환경제를 도입한 기업은 단지 탄소를 줄이는 것이 아니라, 비용 구조를 혁신하고, 고객과의 관계를 재정의하며, 새로운 필요를 만들어내는 존재로 거듭난다. 기후위기 시대의 승자는 자원을 적게 쓰는 효율화 기업이 아니라, 자원을 가장 오래 가장 현명하게 순환시키는 기업이 될 것이다.

비즈니스 기회를 창출하는 순환경제 기술 혁신

3

기후위기는 새로운 시장의 시작을 알리는 경고음이 되고 있다. 더 이상 '환경보호'는 비용의 문제가 아니다. 그것은 기업의 성장 방정식이자 비즈니스 모델의 재설계 과제다. 기업이 직면한 질문은 단순하다. "지속가능성을 말할 것인가, 구현할 것인가?" 문제 해결의 핵심이 바로 순환경제에 있다.

순환경제는 한마디로 제품을 팔지 않고, 순환을 파는 경제다. 자원을 한번 쓰고 버리는 선형경제에서 벗어나, 생산-소비-회수-재사용이 하나의 닫힌 고리로 연결되는 구조를 뜻한다. 여기에 AI·IoT·바이오·디지털 트윈 같은 기술이 결합하면, 순환의 고리는 단순한 환경운동이 아니라 새로운 수익 창출의 메커니즘으로 작동한다. 기후테크(Climate Tech)는 바로 이 순환의 엔진이다. 에너지, 소재, 물류, 폐기물,

데이터의 흐름을 하나로 연결하여 지속가능한 비즈니스 모델을 현실로 만든다.

순환경제 기반 비즈니스 모델의 4대 혁신 축

순환설계(Circular Design): 제품을 다시 태어나게 설계하라

순환경제의 출발점은 '설계'다. 한 제품이 얼마나 오래, 어떻게 다시 쓰일 수 있는지를 설계 단계에서 결정하는 것이다. 네덜란드의 페어폰(Fairphone)은 부품 교체가 가능한 모듈형 스마트폰을 만들어, 폐기 대신 수리와 업그레이드를 기본 구조로 설계했다. 삼성전자는 갤럭시 S 시리즈의 리퍼비시 프로그램을 확대하여 '제품의 두 번째 생명'을 시장화하고 있다. IKEA 역시 나사를 몇 개만 풀면 재조립이 가능한 '업그레이드형 가구'를 출시하며, 가구를 일회용이 아닌 장기적 서비스 상품으로 바꾸었다. 제품을 처음부터 분해·수리·재사용을 고려해 설계하는 것, 그것이 순환의 첫 단추다.

페어폰, 분해 가능한 스마트폰이 만든 새로운 수익모델

네덜란드의 페어폰은 '수리 가능한 스마트폰'이라는 개념으로 모바일 산업의 패러다임을 바꾸었다. 대부분의 스마트폰 제조사들이 새 모델 판매에 집중하는 동안, 페어폰은 고장 나면 스스로 고쳐 쓰는 폰을 내놓았다. 이 제품은 사용자가 나사 몇 개만 풀면 배터리, 카메라, 디스플레이를 직접 교체할 수 있도록 설계되어 있다. 수리용 부품은 온라인 플랫폼에서 판매되는데, 매출의 약 30%가 교체 부품에서 발생한다. 페어폰은 단발성 판매가 아닌 제품 생애주기 전체를 수익화한 모델을 만들어낸 것이다. 회사는 "더 오래 쓰게 하는 것이 곧 우리의 이익"이라는 철학으로, 순환경제를 비즈니스 지속가능성의 언어로 전환했다. 이 모델은 기술보다 사고방식의 혁신으로 평가받는다. 제품의 수명주기를 늘리고, 고객이 수리에 직접 참여하게 하며, 결국 '판매 후 관계가 단절되지 않는 기업과 고객의 순환 생태계'를 구축한 것이다.

순환공급망(Circular Supply Chain): 회수와 재사용을 시스템으로 만들다

제품을 회수하고 자원을 다시 투입하는 것은 더 이상 폐기물 관리가 아니라 공급망 관리의 혁신이다. 파타고니아는 'Worn Wear' 프로그램을 통해 헌 옷을 수거하고, 세탁·수선 후 다시 판매함으로써 고객과 순환의 관계를 맺는다. 애플은 로봇 '데이지(Daisy)'를 통해 아이폰을 자동 분해하여 희귀금속을 회수하고, 이를 신제품 생산에 재투입한다. 현대자동차는 배터리 재사용과 소재 리사이클을 아우르는 'Resource Loop' 전략을 추진 중이다. 이는 자동차 제조를 넘어 '순환 제조업'으로의 전환을 의미한다. 공급망의 각 노드를 자원순환의 단위로 연결할 때, 기업은 비용을 절감하면서도 탄소배출을 근본적으로 줄일 수 있다.

건설용 중장비의 순환 제조로 수익을 창출하는, 캐터필라

캐터필라(Caterpillar)는 건설·광산 중장비 산업에서 순환공급망을 가장 완성도 높게 구현한 기업이다. 이 회사는 재제조(Remanufacturing), 즉 부품의 회수·재가공·재조립을 핵심 생산 전략으로 삼아 '최고 품질의 제품을 더 낮은 자원 소비로 지속 생산하는' 순환경제 모델을 확립했다.

현재 캐터필라는 전 세계 9개 지역에 부품 회수 및 재제조 거점을 두고 있으며, 약 3,600명의 전문 인력을 고용해 회수·검수·재조립 과정을 운영한다. 회수된 부품은 단순 수리 수준이 아니라, 새 부품과 중고 부품을 혼합하여 완전 재조립하는 방식으로 신제품 수준의 성능을 보장한다. 핵심은 제품이 파손되기 전에 교체하는 사전 예방 시스템이다.

캐터필라는 예측 정비 데이터를 기반으로 부품 수명을 진단하고, 고장이 나기 전 회수하여 새 부품과 함께 재조립함으로써 제품의 품질을 유지하면서도 자원 소모와 비용을 획기적으로 줄인다.

일반적으로 중장비 산업에서 전체 제조 비용의 약 65%는 재료비, 35%는 간접비로 구성된다. 캐터필라는 제품 설계 단계에서부터 재조립 효율을 고려해 간접비를 줄이고, 결과적으로 경쟁업체보다 현저히 높은 생산성을 확보했다. 고객은 신제품 대비 50~60%의 비용으로 동일한 성능의 장비를 사용할 수 있으며, 이를 교육과 커뮤니케이션을 통해 고객에게 명확히 인식시키는 것이 재제조 비즈니스의 핵심 성공 요인 중 하나이다.

매트 불리(Matt Bulley) 이사는 "고객이 신제품의 절반 비용으로 동일한 성능을 얻고 있음을 확신시키는 것이 재제조 성공의 가장 중요한 요소"라고 강조한다.

캐터필라의 사례는 순환경제가 단순히 폐기물 감축이 아니라 제품 설계·공급망·고객관계 전체를 재설계하는 경영혁신임을 보여준다. 한번 쓰고 버리는 생산의 시대에서, '다시 쓰고 더 강해지는' 산업시스템으로 전환한 대표적 모델이라 할 수 있다.

서비스화 전환(Servitization): 제품에서 경험으로, 소유에서 순환으로

순환경제는 단순히 '다시 쓰는 것'을 넘어서 '소유하지 않는 소비'를 설계한다. 미쉐린은 타이어를 판매하는 대신 '주행거리 기반 구독형 타이어 서비스(Tire-as-a-Service)'를 제공한다. 고객은 타이어를 소모품으로 사는 대신, 주행거리만큼 지불하고, 유지·교체·회수를 모두 위탁한다. HP의 'Instant Ink' 모델은 잉크를 제품이 아닌 구독 서비스로 바꿨다. 사용량을 센서로 감지해 자동 공급하고, 폐카트리지는 회수·재활용된다. 국내 가전업계 역시 냉장고·세탁기를 렌털로 전환하며, 제조 이후의 전 과정을 서비스 수익 모델로 만들고 있다. 이런 변화는 제품의 생애주기를 확장시키고, 자원을 '순환적 서비스'로 전환시킨다.

순환자원 기반 바닥재 서비스 모델, Desso

데소(Desso)는 네덜란드 기반의 바닥재 회사로서 순환경제 원칙을 전략의 중심에 놓고 비즈니스 모델을 근본적으로 전환했다.
데소는 카펫 타일과 바닥재를 임대(Lease) 형태로 고객에게 제공하는 '바닥재 서비스' 모델을 출시했다. 이 과정에서 고객은 제품을 구매하지 않고 사용권만을 갖는 대신, 제품의 수명 종료 시점을 데소가 관리하여 회수하고 재처리하도록 설계되었다. 이 같은 구조는 자원 귀속을 공급자 측에 남겨 놓으며, 회수된 바닥재는 다시 원사 및 뒷면 소재로 분해되어 재제조 공정에 투입된다.
또한 데소는 재료 혁신을 병행했다. 예컨대 옥수수 부산물 및 대나무 실 등을 활용해 생분해 가능하거나 재사용 가능한 원사를 개발했고, 음용수 처리 과정에서 발생하는 석회질을 자사 바닥재 뒷면 소재로 재활용하는 등 폐기물-자원 원료화를 추진했다. 생산 측면에서도 두 개의 제조 공장(네덜란드 및 벨기에)이 100% 수력발전 및 재생 가능 전력으로 가동되고 있으며, 이를 통해 재료·에너지·설계·서비스 모든 단계에서 순환경제 모델을 구현하고 있다.
이 모델의 핵심은 다음과 같다:

① 서비스화(Lease) 모델: 고객이 제품을 구매하지 않고 사용함으로써 생산자는 회수·재사용을 책임진다.
② 순환을 고려한 디자인(Design for Circularity): 제품 설계 단계부터 분해·회수·재처리를 염두에 두고 소재 선택과 구조를 결정한다.
③ 원료·생산 혁신: 재생 및 재활용 가능한 소재를 도입하고, 제조 공정을 재생에너

지 기반으로 전환한다.

④ 자원순환 가치사슬 구축: 회수된 제품을 다시 원재료 수준으로 환원하고 재투입함으로써 폐기 → 매립의 선형 모델을 폐기물 없는 순환모델로 바꾼다.

데소의 사례는 제조업이 단순히 제품을 판매하는 것을 넘어서 사용 경험을 제공하고 자산을 관리하며 순환체계를 설계하는 기업 모델로 진화할 수 있다는 가능성을 보여 준다. 즉 소유(Ownership) 중심의 경제에서 사용(Usership) 중심의 경제로, 그리고 사용 후 폐기(End of Life) 중심에서 사용 후 회수·재사용(ReUse) 중심으로의 전환이 가능하다는 것을 입증하는 대표적 사례이다.

데이터 기반 순환운영 (Digital Circularity): 자원을 데이터로 관리하라

순환경제의 미래는 데이터 위에서 완성된다. IoT와 AI는 제품의 사용 상태, 자원 흐름, 탄소배출을 실시간으로 감시하고 최적화한다. 구글은 데이터센터 냉각을 AI로 제어해 에너지 사용량을 30% 이상 절감했으며, SK E&S는 폐열과 폐가스를 IoT 기반으로 회수·재공급하는 순환시스템을 구축했다. 또한 SAP Green Ledger(그린 지갑)와 같은 플랫폼은 제품 단위의 탄소발자국을 추적해 탄소회계(Carbon Accounting)를 가능하게 한다. AI와 블록체인은 기업이 자원의 순환흐름을 투명하게 기록하고, ESG 인증과 동시에 비즈니스 효율을 높이는 인프라가 된다.

데이터센터를 디지털 순환운영하는 구글 딥마인드

구글은 데이터센터 운영에서 순환경제를 '디지털 자원관리'로 구현한 대표적 기업이다. 냉각 설비의 에너지 소비를 AI로 제어함으로써, 자원의 사용과 회수를 데이터로 관리하는 디지털 순환운영(Digital Circularity) 모델을 완성했다.

구글은 2016년부터 딥마인드의 머신러닝 기술을 데이터센터 냉각 시스템에 적용했다. 수천 개의 센서가 실시간으로 온도·습도·전력 부하 데이터를 수집하면, AI가 이를 분석해 최적의 냉각설정값을 자동으로 조정한다. 그 결과 냉각 관련 에너지 사용량이 평균 30~40% 절감, 전체 전력효율(PUE)은 약 15% 개선되었다.

AI 제어는 단순히 에너지를 줄이는 기술이 아니라, 설비를 데이터 자산으로 전환해 지속적으로 학습·보정하는 순환체계이다. 냉각기와 펌프의 작동 조건이 데이터로 기록되고, 그 정보가 다시 운영 최적화에 투입되면서 자원→데이터→운영→절감→데이터의 순환이 완성된다.

이 모델은 순환경제의 새로운 형태를 제시한다. 자원절감이 '소재'의 문제가 아니라 '정보'의 문제로 확장되며, AI·IoT·빅데이터가 결합된 순환운영을 통해 산업의 디지털 전환과 환경 지속가능성이 동시에 실현된다.

"우리가 AI를 통해 에너지 사용을 줄일 수 있었던 이유는, 데이터를 단순한 기록이 아닌 자원으로 인식했기 때문이다." (딥마인드 AI 팀 인터뷰, 2023)

구글의 사례는 운영 효율의 문제를 순환의 문제로 재정의한 전환점이다. 데이터를 자원으로 인식하고, 자원을 다시 데이터로 환원시키는 '디지털 순환경제'의 출발점이라 할 수 있다.

순환경제는 '덜 쓰기' 담론이 아니라 '더 현명하게 쓰기' 전략이다. 기업이 순환경제를 채택한다는 것은 자원의 흐름을 통제하는 새로운 권력을 가진다는 뜻이다. 기후테크는 이 순환의 엔진으로, 기술을 통해 폐기물을 자원으로 바꾸고, 데이터를 통해 자원의 생애를 연장시킨다. 순환경제를 비즈니스 모델로 설계하는 기업만이, 기후위기의 시대에 새로운 시장의 주인이 될 수 있다. 이제 제품을 만드는 시대에서, 순환을 설계하는 시대로 이동하고 있다.

순환경제 도시로의 대전환: 새롭게 설계하는 넷제로 시티

"도시는 이제 소비의 무대가 아니라, 순환의 실험실이 되어야 한다"

4

이제 기후위기의 전장은 국가가 아니라 도시다. 한 도시의 배출, 한 도시의 소비, 한 도시의 폐기물이 인류의 미래를 결정짓는다. '넷제로(Net Zero)'를 향한 도시의 전환은 선택이 아닌 생존의 문제다. 도시는 이제 소비의 무대가 아니라, 순환의 실험실이 되어야 한다. 버려지는 것은 다시 자원이 되고, 흘러 나가는 에너지가 다시 도시로 돌아오는 순환의 회로를 설계하는 일. 그것이 바로 21세기 도시가 맞이한 가장 위대한 도전이자, 새로운 문명의 시작이다.

도시, 기후위기의 최전선에 서다

오늘날 인류는 그 어느 때보다 '도시화된 지구'에서 살고 있다. 2030년이면 전 세계 인구의 60%가 도시에서 거주하게 되며, 이 도시들은 의식주와 관련된 모든 산업 생산품의 최종 소비처가 된다. 도시는 인류의 문명을 이끌었지만, 동시에 지구온난화의 주범이 되었다. 현재 전 세계 탄소 배출의 70% 이상이 도시에서 발생하고, 그 대부분은 건물과 교통 시스템에서 비롯된다.

도시의 건물은 이제 '보이지 않는 탄소 배출 공장'이다. 매주 약 150만 명의 인구가 거주할 새로운 건물이 지어지고 있으며, 이 건설 과정에서 사용되는 콘크리트와 강철은 막대한 양의 화석연료를 소비한다. 건물은 전 세계 에너지 관련 CO_2 배출량의 38%를 차지하고 있으며, 이 추세가 지속된다면 2050년까지 건설 부문에서만 매년 6억 톤 이상의 배출이 예상된다. 재생가능 에너지는 아직 도시 에너지 사용의 20%에 불과하고, 그 중 3분의 2는 건물 부문에서, 나머지 3분의 1은 운송 부문에서 활용되고 있다(IRENA, 2016).

도시의 에너지 구조는 여전히 화석연료에 의존하고 있다. 기후변화는 도시의 기본 서비스, 기반시설, 주택, 그리고 인간의 생계와 건강에 직접적인 위협이 되고 있다. 그래서 도시야말로 위기의 해법을 설계할 수 있는 가장 강력한 실험실이다. 2025년 기준, 세계 100대 도시 중 절반 이상이 2050년까지 탄소중립(Net Zero)을 달성하겠다고 선언했다. 하지만 이 목표를 달성하려면 기술이 아니라, 도시 시스템 전체의 재설계가 필요하다. 산업, 교통, 주거, 소비, 그리고 시민의 행동이 하나의 순환구조로 연결될 때, 비로소 도시의 탄소중립은 현실이 된다. 도시는 기후위기의 피해자가 아니라, 변화의 주체가 되어야 한다. 각 도시마다 지리적 여건과 산업 구조, 사회적 맥락이 다르기 때문에, 탄소중립을 위한 정책과 협력 체계 또한 차별화된 전략이 필요하다.

앞으로 도시는 단순한 생활공간이 아니라, 지구의 미래를 설계하는 '순환의 플랫폼'으로 진화해야 한다. 넷제로 시티의 시대는 곧, 도시가 스스로 생태계의 일원이 되는 시대다.

순환도시의 핵심 원칙: 가까움, 연결, 순환

순환경제 도시는 단순히 탄소 배출을 줄이는 도시가 아니다. 그것은 자원, 에너지, 그리고 사람의 흐름이 하나의 생태적 회로로 맞물려 돌아가는 시스템이다. 도시가 소비의 종착지가 아니라 자원과 에너지가 다시 순환되는 살아있는 유기체가 되는 것이다. 이 새로운 도시 질서의 중심에는 가까움(Proximity), 연결(Connection), 순환(Circularity)이라는 세 가지 원칙이 있다.

가까움: 도시를 '15분 생활권'으로 재설계

순환도시의 첫 번째 원리는 가까움이다. 가까움이란 도시의 기능과 삶의 요소들이 물리적·심리적으로 밀착되어 있는 상태를 뜻한다. 주거, 일터, 학교, 병원, 문화공간 등 시민의 일상이 한 생활권 안에서 이루어질 때, 도시는 이동에 쓰이는 막대한 에너지를 절감할 수 있다. 이 원리는 교통 효율을 넘어 에너지의 사용 구조 자체를 재설계하는 전략이다. 이동거리가 짧아질수록 교통 부문에서의 화석연료 소비가 줄고, 도시의 탄소 배출도 급감한다. 지역 내 상권과 서비스가 살아나며, 도시는 외부 자원에 의존하지 않는 경제적 자립성을 회복한다. 가까움은 또한 공동체의 회복력을 강화한다. 시민은 자신이 사는 공간과 더 긴밀히 연결되고, 지역사회는 생활권 단위의 순환경제를 구축할 수 있다. 이처럼 도시의 가까움은 단순히 '거리의 개념'이 아니라, 에너지 절약·사회적 연결·경제적 자립을 동시에 실현하는 도시 설계의 새로운 기본 원칙이다.

연결: 데이터로 작동되는 도시의 순환 플랫폼

두 번째 원리는 연결이다. 도시의 산업, 시민, 행정이 실시간 데이터로 자원 흐름을 공유할 때, 도시는 거대한 순환 플랫폼이 된다. 에너지 사용량, 폐기물 배출, 교통 흐름, 수자원 이용이 모두 하나의 데이터 네트워크 위에서 상호작용하면, AI가 이를 분석해 자원의 최적 경로를 제시한다. 예를 들어, 음식물 쓰레기 데이터는 바이오가스 플랜트와 연동되어 에너지로 재활용되고, 건물의 잉여 전력은 블록체인 기반 마이크로그리드에서 인근 가정으로 자동 분배된다. '연결된 도시'는 개별 시스템이 아닌 자율적·순환적 도시 운영체계(Circular Operating System)로 진화한다.

순환: 도시가 스스로 자원을 생산하는 생태계

세 번째 원리는 순환이다. 에너지, 폐기물, 물, 식량이 도시 안에서 재사용되고 재생산되는 단계에 도달할 때, 도시는 더 이상 외부로부터의 일방적 공급에 의존하지 않는다. 재생에너지 설비가 설치된 건물은 자체적으로 전력을 생산하고, 빗물 재이용 시스템이 도시의 수자원을 절약하며, 폐기물은 열·연료·소재로 재자원화된다. 순환의 궁극적 형태는 '도시가 자원의 소비자가 아니라 공급자가 되는 것'이다. 즉, 도시가 스스로 자립하는 인공 생태계로 진화하는 것이다.

가까움은 에너지를 절약하고, 연결은 효율을 높이며, 순환은 자립을 완성한다. 이 세 가지 축이 유기적으로 맞물릴 때, 도시는 단순히 탄소를 줄이는 공간이 아니라 경제적·사회적 회복력을 갖춘 순환생태계로 변모한다. 이 구조 안에서 시민은 단순한 소비자가 아니라 자원의 생산자이자 데이터의 참여자가 된다. 결국 순환도시는 삶의 방식을 바꾸는 혁명이며, 도시의 미래를 '지속가능한 순환의 리듬'으로 되돌리는 문명적 실험이다.

C40과 15분 도시 이니셔티브

21세기 도시 혁신의 실험실은 이제 'C40 도시 네트워크'에 있다. C40은 전 세계 100여 개 대도시 시장들이 참여하는 글로벌 협의체로, 기후위기 대응과 탄소중립 실현을 위한 도시간 연대 플랫폼이다. 파리, 런던, 암스테르담, 바르셀로나, 코펜하겐, 서울 등 세계 주요 도시들이 이 네트워크를 통해 기후정책·순환경제·지속가능한 교통 등 다양한 도시 솔루션을 공유하고 있다. C40은 단순히 환경 협약이 아니라 '도시 차원의 문명 실험장'이다. 국가 단위 협약이 정치적 이해로 지체될 때, 도시들이 모여 현장에서 기후위기 해법을 현실화하고 있다.

15분 도시 선언과 그 철학

C40이 주목한 대표적 도시 모델은 바로 '15분 도시(15-Minute City)'다. 이 개념은 파리 시장 안 이달고(Anne Hidalgo)가 2016년 제시한 도시 비전에서 비롯되었다. 그녀는 "모든 시민이 15분 안에 일하고, 배우고, 돌보고, 소비할 수 있는 도시를 만들겠다"고 선언했다. 이는 단순한 교통 정책이 아니라, 이동 시간의 민주화를 통한 도시 구조개혁 선언이다. 15분 도시는 자동차 중심의 도시 설계를 사람 중심으로 되돌리는 운동이며, 동시에 도시 에너지 소비를 구조적으로 감축하는 순환경제의 핵심축이다.

이 철학은 가까움을 통해 지역 내 자급을 높이고, 연결을 통해 도시 데이터를 통합하며, 순환을 통해 자원과 에너지를 지역 내부에서 재활용하도록 설계된다. 결국 탄소를 줄이는 도시를 넘어 삶의 질을 높이는 도시로의 패러다임 전환이다.

파리의 실험: '사람의 속도'로 돌아가는 도시

파리는 15분 도시를 실현하기 위해 자동차 도심 진입 제한, 자전거 전용도로 1,000km 확대, 초등학교 부지를 활용한 커뮤니티 허브 구축을 추진했다. 학교가 시민들이 학습·건강·문화 서비스를 공유하는 지역 플랫폼이 되었다. 이로 인해 파리는 2023년 기준 자동차 통행량을

파리의 15분 도시 개념도(Micael; Paris en commun)(**출처**: Cities Forum, **일러스트** Micaël Dessin)

40% 줄였고, 도심의 이산화탄소 배출량은 2010년 대비 30% 이상 감소했다. 도시는 속도를 늦추었지만, 삶의 속도는 오히려 빨라졌다.

암스테르담의 도넛경제 모델

암스테르담은 2020년 C40 네트워크 안에서 가장 진보적인 실험을 시도했다. 영국 경제학자 케이트 라워스(Kate Raworth)의 '도넛경제(Doughnut Economy)' 개념을 도시정책에 공식 도입한 것이다. 이 모델은 인간의 기본 욕구(주거·식량·건강·교육 등)를 충족시키되, 지구의 생태적 한계를 넘지 않는 경제 시스템을 의미한다.

암스테르담 시는 도시를 건설, 에너지, 폐기물, 식품의 네 가지 순환축으로 재설계했다.

- 건설 부문: 건축폐기물의 95% 이상을 재활용, 신축 건물에 재활용 자재 사용 의무화
- 식품 부문: 음식물 쓰레기를 바이오가스로 전환, 버스 연료로 재사용
- 에너지 부문: 모든 공공건물에 재생에너지 설비를 설치, 지역 내 전력의 60%를 재생에너지로 공급
- 사회 부문: 순환경제 교육 프로그램을 시민학교(Circular School)로 운영

암스테르담은 쓰레기 제로 도시(Zero Waste City)를 넘어, 도시가 스스로 재생하는 시스템(Regenerative City)으로 진화하고 있다.

서울의 참여: 동아시아 순환도시의 실험

서울도 2020년 C40의 정식 회원으로 가입하며 '넷제로 시티' 전략을 발표했다. 2024년부터는 '제로웨이스트 시범구'를 중심으로 다회용컵 순환, 배달용기 감축, 에너지 공유플랫폼 구축 등 시민참여형 순환

경제를 실험 중이다. 서울형 15분 도시는 '주거·교육·복지·문화가 자급하는 생활권'을 목표로 하며, 이를 위해 자전거도로 확장, 공공데이터 개방, 에너지 자립마을 육성을 추진하고 있다. 도시는 기술이 아니라 시민의 행동으로 변한다는 점에서, 서울의 시도는 아시아형 순환도시 모델로 평가받고 있다.

서울: 제로웨이스트 시범구에서 시작된 시민참여형 순환경제

서울은 2024년부터 '제로웨이스트 시범구' 프로젝트를 본격적으로 추진했다. 성동·마포·강남 등 일부 지역을 대상으로, 배달용기 감축·다회용컵 순환·에너지 공유 플랫폼을 시범 도입했다.

카페에는 다회용컵 회수함이 설치되어 리워드 기반의 회수 시스템이 작동하고, 주민센터와 공동주택에는 분리수거 데이터가 실시간으로 표시되는 '디지털 자원순환 보드'가 설치되었다. 또한 시민이 자발적으로 참여하는 순환경제 협동조합이 운영되어, 폐플라스틱과 음식물쓰레기를 지역 자원센터에서 직접 처리한다. 서울시는 이 프로그램을 통해 쓰레기 배출량을 1년만에 20% 감축하고, 지역 내 순환자원 회수율을 두 배 이상 높이는 성과를 냈다.

서울의 실험은 기술보다 시민의 참여가 도시 순환을 완성한다는 점을 잘 보여준다. 행정이 만든 시스템보다, 시민의 행동이 만든 변화가 더 지속적이라는 사실을 증명한 것이다.

C40과 15분 도시 이니셔티브는 결국 도시의 연대를 통한 문명적 전환운동이다. 각 도시가 서로의 경험을 공유하고, 그 데이터를 개방하며, 공동 목표로 향하는 과정에서 새로운 순환의 질서가 만들어지고 있다. 기후위기의 시대에 도시가 경쟁의 주체가 아니라 공유와 협력의

네트워크로 진화할 때, 도시는 더 이상 지구를 소모하는 소비자가 아니라, 지구를 회복시키는 순환의 설계자가 된다.

에너지 프로슈머 도시: 생산자이자 소비자가 되는 시민

도시의 에너지 전환은 더 이상 발전소나 공기업만의 일이 아니다. 도시의 주체는 시민 자신이다. 넷제로 시티의 성공 여부는 기술보다도 시민이 '소비자'에서 '생산자'로 바뀌는 속도에 달려 있다. 이 새로운 시민형 에너지 생태계의 중심에는 에너지 프로슈머(Energy Prosumer)라는 개념이 있다. 스스로 전기를 생산하고, 남는 에너지를 이웃과 공유하거나 시장에서 거래하는 '생산적 시민'이다.

재생에너지 자립의 가능성과 현실

많은 사람들은 "도시가 과연 재생에너지로 자립할 수 있을까?"라고 묻는다. 답은 '부분적으로는 가능하다'이다. 태양광·풍력·건물일체형 발전(BIPV)·지열·폐열회수 등 다양한 기술이 결합될 때, 도시는 점진적으로 중앙집중형 에너지 시스템에서 분산형·자급형 시스템으로 이동할 수 있다.

- 도시형 태양광: 옥상, 발코니, 주차장, 공공시설 등 유휴공간을 활용한 '소형 태양광'이 도시 전력망의 새로운 축이 되고 있다. 예컨대 서울의 햇빛발전 협동조합은 시민이 직접 투자하고 운영하는 분산발전 모델로,

학교·아파트·공공건물 옥상에 소형 패널을 설치해 자체 전력을 생산한다. 2024년 기준 서울의 주택형 태양광 보급량은 2GW를 넘어섰으며, 전체 전력의 약 7%를 자가발전으로 충당하고 있다.

- 건물일체형 태양광(BIPV) 및 태양유리: 고층건물의 외벽·커튼월·창문에 반투명 태양전지를 설치하는 기술이 빠르게 상용화되고 있다. 일본 도쿄의 미나토구 신사무청사, 독일 프라이부르크 시청사, 그리고 한국의 세종정부청사 일부 구역은 이미 '에너지 생산형 건축물'로 설계되었다. 최근에는 페로브스카이트 기반 태양유리가 상용화 단계에 들어서, 건축 디자인과 발전 효율을 동시에 충족시키고 있다. 참고로 페로브스카이트 기반 태양유리는 기존 유리창에 페로브스카이트 물질을 코팅해 빛을 흡수하여 전기를 생산하는 차세대 태양광 기술로, 얇고 유연하며 투명하게 만들 수 있어 건물 외벽, 창문, 차량 등 다양한 표면에 적용 가능하고, 실내광에서도 효율이 높으며, 제조 비용이 저렴하여 상용화가 유망하다.
- 도시형 소형 풍력·배기풍 발전: 도시에서는 넓은 땅이 없어 대형 풍력 발전을 설치하기 어렵다. 대신 최근 주목받는 방식은 도시 안에서 이미 만들어지고 있는 '바람'을 전기로 바꾸는 것이다. 고층건물 옥상, 다리 난간, 건물 공조 시스템의 바람이 모이는 덕트에는 생각보다 강한 인공 바람이 계속 흐른다. 이 바람을 이용해 작은 풍력 발전기를 돌리는 방식이 '도시형 소형 풍력발전'이다. 이 발전기는 크기가 작고, 바람의 방향이 자주 바뀌는 도심 환경에서도 작동하도록 설계되어 있다. 건물 위에 설치해도 소음과 진동이 적고, 태양광 패널과 함께 쓰면 건물의 전력 일부를 스스로 충당할 수 있다. 전력을 대량으로 생산하기보다는, 엘리베

이터 조명이나 공용 공간 전기처럼 보조 전원을 담당하기에 적합하다. 실제로 런던의 BT타워와 바레인의 세계무역센터(WTC)는 고층 건물에 소형 풍력과 태양광을 함께 설치해, 도시형 재생에너지가 현실적으로 작동할 수 있음을 실증하고 있다. 이는 발전을 위해 도시를 바꾸는 것이 아니라, 도시가 만들어내는 에너지를 다시 활용하는 방식이라는 점에서 의미가 크다.

- 지하철 회생제동·폐열 회수: 도시 지하철의 제동 전력과 터널의 폐열을 재활용하는 기술도 현실화되고 있다. 서울교통공사는 회생제동 시스템을 통해 연간 약 20만 가구가 사용할 수 있는 전력을 회수하며, 런던 지하철은 폐열을 지역난방에 활용한다.

도시는 더 이상 에너지를 소비만 하는 공간이 아니라, 스스로 에너지를 만들어내는 작은 발전소들의 집합체로 바뀌고 있다. 이처럼 도시는 거대한 분산형 에너지 네트워크로 재편되고 있으며, 각 기술이 조합될수록 재생에너지 자급 비중은 가파르게 상승한다.

AI·마이크로그리드가 만드는 에너지 순환

에너지 프로슈머 도시는 단순한 자가발전의 집합이 아니다. 도시의 모든 건물과 가정이 AI 기반 마이크로그리드(Microgrid)를 통해 연결되어야 비로소 진정한 순환이 가능해진다. AI는 날씨, 수요 패턴, 전력요금, 저장용량을 실시간으로 예측해 전력을 자동으로 배분한다. 이 과정에서 시민은 소비자이자 데이터 제공자, 그리고 시장의 참여자가 된다.

- 도쿄의 '커뮤니티 ESS' 프로젝트: 각 지역 단위로 배터리(ESS)를 설치해, 태양광으로 생산된 전기를 저장하고 피크시간대에 이웃과 공유한다. AI가 각 가정의 사용 패턴을 분석해 에너지 거래를 자동화한다.
- 코펜하겐의 '시민형 에너지 공유망': 시민들이 공동출자한 풍력·태양광 설비에서 생산된 전력을 블록체인 플랫폼으로 거래한다. 거래 과정은 스마트계약(Smart Contract)으로 투명하게 기록되며, 시민은 에너지 판매 수익을 배당받는다.
- 서울의 '에너지 공유 플랫폼': 2025년부터 일부 자치구에서 AI 전력 거래 시범사업을 추진하여, 아파트 단지 내 잉여 전력을 전기차 충전소나 공공시설에 자동 분배하는 구조로 발전하고 있다.

에너지 자립, 도시순환의 핵심 축

이러한 흐름은 단순한 전력 생산을 넘어, 도시의 경제·사회적 회복력을 결정하는 요소가 된다. 에너지 자립은 탄소를 줄이는 기술이 아니라, 도시의 지속가능성을 확보하는 생존 전략이다. 도시가 스스로 에너지를 만들고, 저장하고, 교환할 수 있을 때, 그곳의 시민은 더 이상 외부 자원에 의존하지 않고, 스스로 도시의 순환 생태계를 완성할 수 있다.

미래의 도시는 시민이 모여 만든 에너지 생태계가 된다. 옥상의 태양광 패널, 유리창의 태양전지, 지하철의 회생제동, 건물의 배기풍까지, 도시의 모든 표면과 움직임이 에너지를 생산하는 회로로 변한다. 그 에너지는 AI와 블록체인이 연결한 디지털 그리드를 따라 흘러가며, 시민은 더 이상 전기를 '구매'하는 존재가 아니라, 도시의 에너지를 공동으로 창조하고 순환시키는 주권자가 된다.

도시의 에너지 자립은 곧 탄소중립의 핵심이며, 시민이 생산자가 되는 순간 도시의 미래는 지속가능한 순환으로 전환된다.

라스트마일의 탄소역설과 도시 물류 혁신

도시의 탄소배출에서 가장 빠르게 증가하는 영역은 '라스트마일(Last Mile)'이다. 제품이 공장에서 소비자에게 전달되기까지 수천km를 이동하지만, 전체 여정의 마지막 1km가 전체 탄소배출의 40% 이상을 차지한다. 이것이 바로 '라스트마일의 탄소역설(Carbon Paradox of Last Mile)'이다. 짧은 거리일수록 배출 효율이 떨어지고, 배송 속도를 높일수록 탄소가 더 늘어나는 역설적 구조를 일컫는다.

라스트마일은 그동안 '속도 경쟁의 상징'이었다. 즉시배송·새벽배송·1시간 배송이 일상화되면서 소비자는 편리함을 얻었지만, 도시 교통 혼잡·에너지 낭비·폐기물 증가가 동반되었다. 탄소중립 시대의 도시는 이제 '빠름의 논리'에서 '순환의 논리'로 전환해야 한다.

라스트마일의 탄소역설과 도시 물류

배송 차량 한 대가 소비자 한 명에게 제품을 전달하기 위해 이동하는 거리는 짧지만, 운행빈도·공회전·부분 적재 등으로 인해 탄소 배출량은 전체 물류의 평균을 크게 초과한다. 특히 온라인 주문이 폭증하면서, 소형 차량·이륜차·드론·소형 창고가 도심에 집중되고 있다. 이 과정에서 운송 네트워크의 단절·비효율·중복배송이 누적되며 '도시형 탄소 과잉' 현상이 나타난다. 맥킨지는 2030년까지 도심 물류의 탄소 배출이 현재 대비 30% 이상 증가할 가능성이 있다고 분석했다. 이 문제를 해결하지 못하면, 제조·유통 단계의 감축 노력이 라스트마일에서 다시 상쇄되는 '탄소 되돌림 효과(Carbon Rebound)'가 발생한다.

탄소역설을 해결하기 위해 선진 도시들은 순환형 도시 물류(Circular Urban Logistics) 모델을 도입하고 있다. 이 접근은 '친환경 배송차량' 도입 수준을 넘어서 물류의 구조 자체를 재설계하는 전략이다.

- 마이크로 허브(Micro Hub): 도심 외곽의 물류센터 대신, 도심 내부의 소형 거점에서 다수의 주문을 통합 처리하는 모델이다. 자전거·소형 전기차·도보 배송 등 탄소 제로 수단을 활용해 마지막 1km를 담당한다. 예를 들어 파리의 우정공사(La Poste), 암스테르담의 시티허브 네트워크(CityHub Network) 등에서 시도되고 있다.
- 탄소 기반 최적화 알고리즘: AI와 실시간 교통데이터를 이용해 이동경로를 최소 탄소 배출 기준으로 재설정한다. 구글의 'AI for Routes' 프로젝트와 아마존의 'Carbon Aware Routing'은 동일한 시간 내에서 평균 10–15%의 배출 절감을 달성했다.
- 공유형 물류 인프라(Shared Logistics Platform): 여러 배송업체가 공동으로 차량·창고·배송망을 사용하는 구조이다. 이는 도심 내 운행 차량 숫자를 줄이고, 부분적 재고·패키징 낭비를 감소시킨다. 서울의 '공공물류허브' 프로젝트, 일본 야마토운수의 공동배송 시스템이 대표적이다.
- 순환형 패키징 및 회수 시스템: 일회용 포장재를 회수·재사용할 수 있는 폐쇄형 플랫폼 구축이 필수적이다. 쿠팡·CJ대한통운은 재사용 박

스와 접이식 컨테이너를 도입하고 있으며, 유럽의 순환 회수 시스템(Loop Return System)은 도시 내 회수율 85 %를 달성하고 있다.

자율자동차 배송이 라스트마일의 해법이 될까?, Nuro의 도전

라스트마일 물류에서 흔히 사용되는 오토바이는 속도 측면에서는 유리하지만, 도시 교통 혼잡·이중 주차·불법 주차 등의 문제를 유발하고 있다. 더불어 오토바이 배출가스도 문제로 지적돼 왔다. 캘리포니아에서의 한 보도에 따르면 "오토바이는 승용차보다 오존물질 배출이 10배 이상 많다"고 한다.

그런 가운데 뉴로(Nuro)는 라스트마일 배송 혁신의 대표주자로 떠올랐다. 뉴로는 미국 캘리포니아주 마운틴뷰를 기반으로 자율주행 배송 차량을 상업적으로 운영하기 시작했다. 2021년 12월, 편의점 체인 세븐일레븐과 협업해 캘리포니아에서 상업적 자율배송 서비스를 시작했

뉴로 R2 자율주행 배송차량(출처: NURO)

다. 이로써 뉴로는 라스트마일 배송에서 '운전자 없는 전기차 기반 배송 차량'이라는 새로운 대안 모델을 실제로 구현했다.

이 사례에서 주목할 점은 다음과 같다:

- 배송차량이 전기차 기반 자율주행 차량이라는 점에서, 화석연료 기반 오토바이나 경유 소형차 대비 배출 저감 잠재력이 크다.
- 배송망 설계에서 운전자·주차·교통혼잡 문제를 줄일 수 있다는 점에서 도시 물류의 구조 변화 가능성을 제시한다.
- 라스트마일 배송을 '집화 → 차량 이동 → 소비자 도착'이라는 단순 흐름이 아닌, 자율운행·미니허브·재사용 포장재 회수 등과 결합된 순환형 물류 네트워크의 일환으로 재설계할 수 있음을 보여준다.

뉴로의 사례는 라스트마일 혁신이라는 맥락에서 유의미한 신호이지만, 자율주행 자동차 배송이 바로 탄소 문제를 해결한다고 결론짓기보다는 라스트마일 문제를 해결하기 위한 구조 재설계의 가능성을 보여주는 출발점으로 이해하는 것이 옳다.

도시 쓰레기 제로화, 순환의 가장 현실적 전쟁터

순환경제의 첫 시험대는 언제나 쓰레기다. 도시의 순환 능력은 얼마나 많은 것을 '만드는가'가 아니라, 얼마나 적게 버리고, 얼마나 많이 되살리는가에 달려 있다.

쓰레기는 도시 문명의 그림자이다

인류는 산업화 이후 '생산의 성공'만큼이나 '폐기의 실패'를 축적해 왔다. 전 세계적으로 매년 약 22억 톤의 도시 폐기물이 발생하고, 이 중 45% 이상이 매립 또는 소각되고 있다(세계은행, What a Waste 2.0, 2023). 2025년이면 도시에서 발생하는 생활폐기물이 2016년 대비 약 70% 증가할 것으로 예측된다. 문제는 양뿐 아니라 질이다. 플라스틱 포장, 전자폐기물, 음식물 쓰레기 등은 재활용이 어렵거나 유해물질을 포함해 환경을 오염시킨다. 특히 도시의 일회용품 문화와 편리성 중심의 소비 패턴이 쓰레기를 '일상'으로 만들어 버렸다. 이제 쓰레기는 기술의 문제가 아니라 도시 문명의 윤리적 문제로 변하고 있다.

스톡홀름, 쓰레기를 에너지로 바꾸는 북유럽의 해법

스웨덴의 수도 스톡홀름은 쓰레기를 버리지 않는 도시로 불린다. 그 이유는 도시 쓰레기의 99%를 재활용하거나 에너지로 전환하는 폐기물 에너지화(Waste-to-Energy) 시스템 덕분이다. 도시의 모든 가정과 기업은 RFID 칩이 내장된 스마트 쓰레기통을 사용한다. AI가 분류된 쓰레기를 실시간으로 감시하고, 수거 차량은 센서 데이터에 따라 최적의 동선을 계산해 움직인다. 이렇게 모인 폐기물은 고온 소각시설에서 에너지로 전환되어, 도시 전체 난방의 약 40%를 공급한다. 스톡홀름은 이미 인근 국가로부터 쓰레기를 '수입'할 정도로 자원순환 체계를 완성했다. 이 모델은 도시가 폐기물을 제거하는 공간이 아니라, 자원을 다시 생산하는 순환형 공장(Circular Factory)으로 진화할 수 있음을 보여준다.

서울, 쓰레기의 이동을 데이터로 추적하다

서울은 2023년부터 '디지털 쓰레기 트래킹 시스템'을 단계적으로 도입했다. 배출–수거–운반–재활용–매립의 전 과정을 RFID·IoT 센서로 연결해 쓰레기의 이동경로를 데이터로 기록하고 분석한다. 이 시스템은 각 구·업체·시설별 처리 효율을 실시간으로 시각화해서 자원순환율을 정량적으로 관리할 수 있게 한다.

MIT 센서블시티 연구소(Senseable City Lab)의 폐기물 추적(Trash Track) 프로젝트는 이 접근의 원형을 보여준다. RFID 태그를 부착한 3,000개의 폐기물을 뉴욕·시애틀 등에서 추적한 결과, 쓰레기의 상당수가 재활용 시설이 아닌 예상치 못한 지역으로 흘러가고 있음이 밝혀졌다. 이는 '보이지 않는 흐름'의 시각화가 정책·시민의식·산업 효율 모두를 개선시킬 수 있음을 증명했다.

쓰레기의 근본적 문제, '버리는 습관'의 사회적 구조

기술과 제도가 아무리 발전해도, 도시가 '버리는 방식' 자체를 바꾸지 않으면 제로는 불가능하다. 쓰레기의 진짜 문제는 소비가 생산보다 빠른 사회 구조에 있다. 우리는 '사용 후 폐기'를 기본값으로 인식하고 있으며, 생산자는 여전히 '팔린 순간 책임이 끝나는' 시스템 안에 있다.

순환경제의 완성은 기술이 아니라 책임의 확장에 있다. 생산자·소비자·지자체·기술기업이 하나의 순환네트워크로 연결되어야 도시는 비로소 '버리지 않는 문명'으로 진화할 수 있다.

도시가 변해야 세상이 변한다

도시는 기후위기의 피해자가 아니라 해결의 주체가 되어야 한다. 순환경제 도시란, 산업의 효율과 시민의 삶이 공존하는 넷제로 생태계다. 이전 세대의 도시는 성장을 향해 달렸지만, 앞으로의 도시는 지속가능성을 향해 순환한다. 기후위기를 극복할 수 있는 진정한 힘은 기술이 아니라, 시민의 참여와 산업의 연대가 만들어내는 순환의 의지다. 도시가 그 의지를 품을 때 지구는 비로소 숨을 돌릴 수 있다.

미래 실험실

AI는 산불을 예측하고 산림을 회복할 수 있는가?

"AI는 지구의 상처를 읽고,
인간의 회복을 돕는 새로운 동반자가 될 수 있을까"

기후위기의 시대, 인류는 예측할 수 없는 자연 앞에서 한계를 인정해야 하는 순간에 서 있다. 과거 기술은 자연을 통제하기 위한 도구였지만, 이제 AI는 그 역할을 넘어 자연의 변화를 읽고 회복을 돕는 '지구의 감각기관'으로 진화하고 있다. AI는 산불을 막기 위한 조기 경보 시스템을 넘어, 재난 이후의 회복 과정과 생태계의 복원을 함께 설계하는 새로운 파트너가 되고 있다. 기술의 목적이 효율에서 회복으로, 데이터의 가치가 예측에서 공존으로 확장되는 대전환이다.

미래 실험실에서 우리는 묻는다. "AI는 지구의 상처를 이해하고, 인간과 함께 치유할 수 있는가?" 그 답을 찾기 위해 우리는 세 가지 질문을 살펴본다.

- AI는 산불을 예측할 수 있는가?
- AI는 재난의 후유증을 완화할 수 있는가?
- AI는 불탄 숲을 복원할 수 있는가?

AI는 인간의 한계를 보완하지만, 인간의 역할을 대체하지는 않는다. 지속가능한 복원은 인간의 직관, 자연의 회복력, AI의 분석이 결합될 때 비로소 완성된다. 기술이 아닌 책임 있는 협력이 지구의 미래를 결정할 것이다.

AI는 산불을 예측할 수 있는가?

산불은 인간의 대응 속도를 초월하는 재난이다. 그러나 AI는 위성, 드론, 기상 데이터를 결합해 산불의 확산 패턴과 방향을 읽을 수 있다.

- NASA FIRMS: 위성 데이터로 산불을 예측하는 지구의 눈: 미 NASA의 FIRMS(Fire Information for Resource Management System)는 지구 관측 위성 MODIS와 VIIRS에서 수집한 열 감지 데이터를 분석해 전 세계 산불 발생을 24시간 이내에 탐지한다. AI 알고리즘은 온도, 습도, 바람, 지형 정보를 결합해 '산불 위험지도(Fire Risk Map)'를 실시간으로 생성하며, 이 정보는 즉시 정부와 산림청에 전달되어 소방 헬기 출동과 주민 대피를 유도한다. 2024년 기준, FIRMS는 전 세계 160개국에서 활용되고 있으며, 캐나다·호주에서는 예측 정확도 85%를 달성했다.

- Google AI for Wildfire: 인공지능이 불길의 방향을 예측한다. 구글은 2020년부터 인도, 미국, 캐나다 등지에서 AI 기반 산불 예측 시스템 Google AI for Wildfire를 운영하고 있다. 위성 이미지와 실시간 풍속 데이터를 분석해 불길의 이동경로를 6시간 단위로 예측하고, 지도 앱에 경보를 표시한다. 이 시스템은 산불 발생 후 30분 이내에 스마트폰 알림을 통해 대피정보를 전송하는데, 2023년 캘리포니아 산불 당시 약 8만 명의 생명을 구했다. 구글의 목표는 단순 경보가 아니라 '불길을 예측하는 디지털 트윈 숲(Digital Twin Forest)'을 구축하는 것이다.

AI는 재난을 단순 감시하는 존재가 아니라, 자연의 변화를 읽는 해석자이자 대응 전략가로 변하고 있다.

AI는 재난의 후유증을 완화할 수 있는가?

산불이 끝난 뒤의 문제는 훨씬 더 길고 복잡하다. 피해 지역의 복구, 주민의 심리 회복, 산림의 재생은 수년이 걸리는 장기적 과정이다. AI는 이 '보이지 않는 시간' 속에서도 조용히 혁신을 만든다.

- 재난 데이터 매핑: 드론과 위성이 촬영한 영상을 AI가 분석해 피해 면적을 자동 산정한다. 이를 통해 복구 우선순위를 정하고 예산 배분을 효율화할 수 있다.
- 피난 경로 최적화: AI는 도로 상황·풍향·화염 확산 속도를 종합 분석

해 대피로를 자동으로 설계함으로써 인명 피해를 최소화한다.

- 이재민 지원 챗봇: 캘리포니아주 정부는 AI 상담봇을 통해 이재민의 심리 상담, 보조금 신청, 정보 안내를 실시간으로 지원한다.

AI는 차가운 계산기계가 아니라, 행정의 손을 확장시키는 인간 중심 기술로 기능한다. 기술은 냉정해 보이지만, 그 목적은 결국 인간을 '다시 살게 하는 따뜻한 알고리즘'을 구현하는 데 있다.

AI는 숲을 복원할 수 있는가?

복구의 최종 단계는 생태계의 회복, 즉 숲의 재생이다. 이제 AI는 단순한 예측을 넘어 복원과 설계의 주체로 나서고 있다.

- 디지털 트윈 숲(Digital Twin Forest): 인공위성·드론·센서 데이터로 가상 숲을 재현해 어떤 식생이 생존율이 높은지, 토양 회복이 빠른지를 시뮬레이션한다. 한국의 국립산림과학원은 AI 기반 복원모델을 구축해 산불 후 조림 성공률을 기존보다 40% 높였다.
- 드론 이용한 산림 조성(Flash Forest): 캐나다의 기후테크 기업 플래쉬 포레스트(Flash Forest)는 AI와 드론을 결합해 산불 피해 지역을 자동 복원한다. AI가 토양·기후 데이터를 분석해 최적의 식생 조합을 계산하고, 드론이 초당 수십 개의 씨앗 캡슐을 투하한다. 하루 최대 10만 그루의 나무를 심을 수 있으며, AI는 6개월 뒤 해당 지역을 재탐색해 생존율을

평가하고 복원 전략을 수정한다. 현재까지 1,500만 그루 이상의 나무가 복원되었다. 이는 AI가 단순한 분석도구가 아니라 지구 생태계의 공동 설계자(Co-Designer)로 진화했음을 보여준다.

- 생태계 모니터링 알고리즘: 마이크로소프트의 'AI for Earth' 프로젝트는 동물의 이동, 수분량, 식생 변화를 감지해 숲의 회복 단계를 정량화한다.

이렇게 AI는 자연을 대체하는 기술이 아니라, 자연의 회복력을 증폭시키는 파트너로 진화하고 있다.

AI 기반 산불 대응부터 복원까지의 가치사슬

산불 대응은 단순한 재난 관리가 아니라, 발생 이전의 예측 단계부터 재난 이후의 생태 복원 단계까지 이어지는 하나의 가치사슬이다. AI는 이 모든 단계에 개입하며 기존 시스템과는 다른 속도·정확성·회복력을 만들어낸다.

첫 번째 단계는 예측이다. 위성 이미지, 드론 촬영, 기상센서가 수집한 데이터를 AI가 통합 분석해 산불 발생 가능성과 위험도를 산출한다. 이 과정에서 AI는 대규모 데이터의 흐름을 실시간으로 정리하며 위험지대를 식별하는 '지구의 조기 경보 시스템' 역할을 수행한다.

두 번째 단계는 경보다. 예측 정보는 즉시 지역 주민, 산림청, 지자체에 전달되며, 앱·문자·지도 서비스 등 다양한 인터페이스로 시각화된다. AI는 위험의 정도를 판단해 경보 수준을 자동 조정하며, 최단시간 내에 인간의 의사결정을 지원한다.

세 번째 단계는 대응이다. 대피 경로는 AI가 도로 상황, 화염 확산 속도, 풍향 정보를 계산하여 자동으로 설계하고, 소방 인력과 자원의 배분도 AI 기반 시뮬레이션으로 최적화된다. 이는 대응 속도를 앞당길 뿐 아니라 구조 인력의 안전도 동시에 확보한다.

네 번째 단계는 피해 분석이다. 드론과 위성이 촬영한 영상에서 AI는 피해 면적, 토양 손상도, 식생 파괴 영역을 자동으로 분류하며 복구 우선순위를 제안한다. 예산 배분, 인력 투입, 복원 계획이 과학적 근거 위에 설계되는 순간이다.

다섯 번째 단계는 복원이다. AI 드론은 기후·토양 데이터에 기반해 최적의 수종을 선정하여 씨앗 캡슐을 투하하고, 이후 동일 구역을 다시 탐색해 생존율을 평가한다. 디지털 트윈 숲은 시뮬레이션을 통해 토양 회복 경로와 식생의 재생 가능성을 사전에 예측해 복원의 정확성을 높인다.

여섯 번째 단계는 모니터링이다. AI는 일정 주기로 숲의 온도·수분·식생 변화·동물 이동 등을 분석하며 회복률을 객관적으로 평가한다. 이는 단순히 복원의 결과를 기록하는 과정이 아니라, 다음 복원 전략을 설계하는 데이터 기반의 순환적 단계이다.

마지막 단계는 재설계다. 산불에 취약한 산림 구조를 재설계하고, 위험 지역에 센서·드론을 배치해 '상시 감시가 가능한 산림 네트워크'를 구축하는 단계이다. 이는 산불 대응을 단발성 재난 관리가 아니라, 지속적인 산림 회복력을 강화하는 시스템으로 전환하는 과정이다.

7단계에 걸친 AI 기반 가치사슬은 예측과 대응, 복원과 재설계를 하나의 흐름으로 통합하며, 자연 재난 대응의 패러다임을 단순한 사후 복구에서 지속가능한 생태 순환복원(Ecological Regeneration System)으로 전환시키고 있다.

AI 기반 생태 복원의 한계와 책임

AI는 산불 예측과 생태 복원에서 강력한 도구로 부상하고 있지만, 그 활용에는 반드시 인식해야 할 구조적 한계가 존재한다.

첫째, AI는 데이터 편향이라는 태생적 제약을 갖는다. 산불은 지형의 굴곡, 난류(亂流) 형태의 바람, 국지적 기후 변화같은 미세한 환경 변수에 의해 크게 좌우되는데, 위성이나 센서가 포착하지 못하는 지역에서는 예측 정확도가 크게 떨어진다. 특히 산악 지형이 많은 한국의 경우 데이터 공백이 지속적인 문제로 남아 있다.

둘째, 기후위기로 인해 발생하는 비정상적 기후 패턴은 기존 모델을 무력화한다. 과거 데이터에 의존하는 알고리즘은 '기후 정상성(Climate Normality)'이 깨진 환경에서 적응력이 떨어지며, 이를 해결하기 위해서는 새로운 형태의 AI 학습 체계가 필수적이다. 기후가 더 이상 반복되지 않는 시대에는, AI 모델도 반복성을 전제로 설계된 구조를 넘어서는 재구축이 필요하다.

셋째, 기술 의존이 가져올 위험도 존재한다. AI 드론 조림이나 자동 경보 시스템이 고도화될수록, 일부 지역사회는 생태 복원을 '기술로 해결할 수 있는 문제'로 오해하기 쉽다. 그러나 생태계의 회복은 기술·정책·지역 공동체·환경학이 결합된 종합적 과정이며, 기술은 그중 하나의 구성요소일 뿐이다. AI가 숲에 나무를 심을 수는 있지만, 숲을 돌보는 것은 결국 인간 공동체의 역할이다.

이러한 한계를 인식하는 것은 기술 비판이 아니라, 인간과 자연, 기술이 함께 작동하는 생태적 복원의 조건을 명확히 하기 위한 출발점이다. AI는 복원의 속도를 높일 수 있지만, 회복에 의미를 부여하는 것은 인간이다. 지속가능한 복원은 기술이 아닌 책임의 문제이며, 기술은 그 책임을 이행하는 새로운 도구로 기능할 뿐이다.